PASIÓN DE RUMBERO

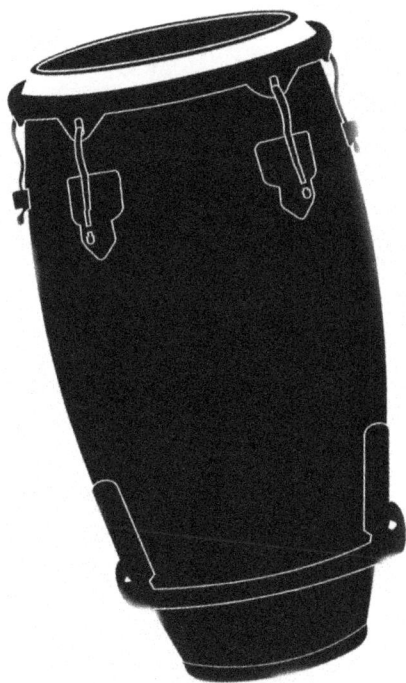

UNOS & OTROS
EDICIONES

María del Carmen Mestas Alfonso

Para mis queridos hijos Carmen y Ruddy

A Sandra del Valle Casals, nieta de todos mis amores

A mis padres Manuel y Fela y a los inolvidables Isabel, Pedro y Manolito

A Víctor Joaquin Ortega

A mis hermanos Alina, Víctor, Alberto, Marielena, Néstor y Mario

A Gregorio Hernández, El Goyo, por aportarme sus conocimientos y asesoría, por su entusiasmo y ayuda, a Ramón Torres, Frank Padrón, Amado de Jesús Dedeu, Mauricio Abreu, Evelio Hernández, Cary Diez, Emir García Meralla, Miguel Ángel García, Jorge Calderón, Lázaro Noris y Osmar Méndez.

Mi reconocimiento para autores y amigos como Leonardo Acosta, Helio Orovio, Liliana Casanella Cué y Rosa Marquetti, cuyas valoraciones han sido muy importantes para la realización de este libro en su acercamiento al tema tratado. También en especial para Armando Nuviola y Dulce María Sotolongo, por todo su interés en esta nueva edición de *Pasión de rumbero*.

Apreciables han sido las consultas en los *blogspot* de *El Cancionero Rumbero* y *La rumba no es como ayer*. Además, los artículos de algunas páginas digitales de *La Jiribilla* y *Cubanow*, entre otras. Mi gratitud a esta Editorial y a todos y a todas los que de una manera u otra han contribuido a esta obra.

ÍNDICE

LA RUMBA TIENE NOMBRE DE MUJER

Los íremes tomaron por asalto el Patio Central del Pabellón Cuba, todo era colorido, alegría, fiesta, entre el publico destacan: Nancy Morejón, Tato Quiñones, Amado Dedeu, parecía el patio central de un solar habanero. La musicóloga Cary Diez, diría las palabras de presentación y otra voz de mujer, fina, intelectual, mulata, dominó el escenario, trasladó al auditorio a principios del siglo XX, empezaron a llegar a la rumba: Malanga, el timbero mayor, Papá Montero, canalla rumbero, Chavalonga, disputado por mujeres, Chano Pozo,vestido de *smoking* y en alpargatas, Carlos Embale con una guayabera color Changó, Benny Moré, gigantesco hoy como ayer, cantando a los rumberos famosos junto a Rumbatá, una música que nació en los barrios marginales y hoy es Patrimonio Inmaterial de la nación cubana. María del Carmen Mestas tenía una deuda con esos personajes que conoció desde la infancia.

Hay que sentir verdadera pasión por la rumba para escribir un libro como este, a ritmo de tambor bailan los recuerdos a través de testimonios de primera mano recogidos durante más de cincuenta años a personajes de la talla de Mañungo, el Rafael Ortiz del 1,2,3... la conga más famosa del mundo, a Tío Tom porque a esta fiesta de caramelos si pueden ir los bombones o a Petrona, orgullosa de haber nacido en la Timba, la hermana de Chano Pozo, bebe de la fuente original y nos brinda un valioso documento para saciar nuestra insaciable sed por la música cubana.

Heredera de Nicolás Guillén, supo digerir su savia poética española y cubana, todo mezclado y volcar de imágenes lorquianas, esta enciclopedia diversa, multifacética, compleja, popular, donde poesía, plástica, danza, cine y música están en función de ofrecer la biografía y anécdotas de estos hombres y mujeres nacidos casi todos en solares y barrios marginales, muchos de ellos en Cayo Hueso, Belén, Atarés o en solares de Cienfuegos y otras regiones del país. Casi no hay músicos de academia porque la rumba es genética, se hereda, te contamina cuando la vives, se esconde en un rincón del alma y explota cuando menos lo esperas, porque decir rumba es decir cubanía.

Como es mujer no olvidó a la mujer rumbera, tan preterida, tan maltratada hasta por el propio ritmo y los propios rumberos, aquí estamos con Nieves Fresneda, Merceditas Valdés, Celeste Mendoza, Teresa Polledo, Natividad Calderón, Manuela Alonso, Zenaida Armenteros, Estela, con Yuliet Abreu, La Papina, representantes de la nueva generación.

Y si de juventud y relevo se trata hay que resaltar en esta edición la inclusión de las generaciones actuales de rumberos, los encargados de seguir el legado y mantenerlo vivo, fresco en los bailadores en estos tiempos de reguetón. Aquí también están Iyerosun, Timbalaye, Osaín del Monte y Rumbatá, porque a decir de la autora:

> La rumba va a seguir alumbrando nuevos caminos, caminos sin fin en la tarde, en la noche, en el abrazo de los amantes, pura ofrenda a Ochún y a otros dioses del panteón yoruba, milagro de la vida que nace. Rumba tierna y a la vez bravía surgida para gozar, besar los cielos del amor, rumba buena con sabor a agua fresca de tinajón; toque de tambores sonando desde la memoria o anuncio de amaneceres en esplendor.

Y ya el Benny no podrá lamentarse en su centenario de la muerte física: *Qué sentimiento me da, cada vez que yo me acuerdo de los rumberos famosos... volveremos a ir a la rumba con Malanga...* con Chano y con María del Carmen Mestas, porque tiene nombre de mujer.

Palabras al lector

Caminaba dentro de la rumba, la percibía, pero no era capaz de distinguir de qué se trataba; era apenas una adolescente que vivía en Atarés, un barrio prisionero del género musical que estremece los cuerpos y hace vibrar la sangre. Mi curiosidad creció en aquellas calles de «rompe y raja», donde a cualquier hora podía espejear una navaja y correr la sangre. Se me hizo familiar la figura de Chavalonga, siempre rodeado de mujeres; se sentía admirado, lo decía su sonrisa de desafío. Cuando un día pregunté quién es, alguien contestó: «Un rumbero». Tal vez, desde ese instante, sentí el deseo de desentrañar la vida de esos músicos que crecieron en los solares, en el vértigo del rechazo social, marcados por el ambiente, con el alma estrujada por amores que no fueron. Hasta ellos llegué y supe de sus luces y sombras, pero, sobre todo, lo que aportaron al género que han engrandecido. Por eso estos retratos en crónicas, entrevistas, anécdotas, con sus figuras más representativas en este intento de aprehender un pedazo de nuestra historia musical.

María del Carmen Mestas

LAS RAÍCES

El hombre sintió un mareo; todo comenzaba a dar vueltas en su cabeza; quiso abrir los ojos y solo distinguió sombras en un desfiladero interminable. ¡Mamá! ¡Mamá!, intentó decir, pero la voz se le ahogó en el pecho, en aquel pecho tan lleno de batallas, casi siempre libradas por mujeres; muchas las había ganado; otras estaban perdidas en su memoria porque, como solía jactarse: «Casi todas las palomas comen maíz en mi mano». ¡Él era Malanga, el mejor bailador de la rumba! Sí, él era el rey absoluto, un rey muy feo al que solo el esplendor del baile lograba embellecer.

Aquel día bailó, mientras todos seguían sin pestañear el rápido juego de los pies, el contoneo maravilloso de su cuerpo, del que parecía brotar aquella música frenética.

Había ojos de admiración, ojos de envidia, ojos para el crimen; porque allí se fraguó la tragedia que terminó con el mito más auténtico de la rumba cubana: José Rosario Oviedo.

Y claro que el género ha conocido otros rostros: el sublime Papá Montero, tan canalla y tan rumbero, pero leyenda también, Andrea Baró, Roncona, Chenche, Mulenze y otros como el inolvidable Chano, quien terminó sus días en las calles neoyorquinas: quiso besar la gloria, y encontró la muerte.

La rumba ha sido pasión para cantantes, tamboreros, bailadores y compositores del género, quienes en distintas épocas dejaron su huella: Chacharín, Yerbita, Bonilla, Yeya Calle, Ma'Zunzún, Macho Cárdenas, Jorge Tiant, Macho el Guapo, Macuá, Camisote, Víctor Herrera, Borroto, El Borondó, Quimbundo, Eloy Martín. Xiqués, Miguelito, Cara ancha, Juancito Núñez, Juan Bosco, Regino, Santa Cruz, Platanito, Percherón, Manguín, Guasabá, Vitite, Jitobito, Rosita La Maldad, Fuico, Los Arango, Cheka, Negro lindo, Guillermo Valdés, Chamba, Machaco, Mamita Collazo, Ma'Rafaela, Margarita Zequeira, Candunga, La China, Elodia, La Africana, Petronila Álvarez, Hueso, Carlos Gómez, Papito, El Hachero, Eulogio El Amaliano, Justa Chumbembe. El Peky y los Aspirinas, un caso insólito de fervientes adoradores de este ritmo que sus numerosos miembros de la villa Guanabacoa cantan, bailan y tocan.

De alguna manera también ha marcado a grandes intérpretes como a Rita Montaner, quien cantó números clásicos de Chano Pozo. Además, como ha dicho el musicólogo Leonardo Acosta: «el propio Benny Moré, por lo general asociado al son, al mambo, la trova y al bolero, creció en un ambiente rumbero, y esto se refleja en su estilo, en sus improvisaciones y en los propios guajeos de la banda gigante. El mismo Benny proclama con orgullo su condición de rumbero (y guaguancosero) en «Elige tú, que canto yo», cuyo estribillo tiene además un inconfundible sabor a guaguancó y es en esencia idéntico al que cantara Chano Pozo con la banda de *jazz* de Dizzy Gillespie: «cubano bí, cubano bó) cubano- be, cubano bop…».[1]

Compositores como Alejandro García Caturla se inspiraron en ella y, según Alejo Carpentier, cuando este autor «compuso «La rumba», no quiso un movimiento rítmico para orquesta, una rumba cualquiera, que pudiera ser la primera de una serie; pensó en la rumba, en el espíritu de la rumba, de todas las rumbas que se escucharon en Cuba, desde la llegada de los primeros negros».[2]

La cultivaron Amadeo Roldán, Ernesto Lecuona y Eliseo Grenet, entre otros. Guido López Gavilán nos ha regalado su excelente «Camerata en guaguancó».

La rumba en la poesía, danza, artes plásticas y cine

Ramón Guirao, poeta, ensayista, crítico y periodista abordó el tópico negro o negrista en la poesía de Cuba con *Bailadora de rumba*, publicado en 1928 en el *Diario de la Marina*.

[1]. Leonardo Acosta. *Del tambor al sintetizador.* Ed. Letras Cubanas. La Habana, 1983, p. 67.
[2]. Alejo Carpentier. *La música en Cuba.* Fondo de Cultura Económica. México, 1946, p. 247.

Bailadora de guaguancó,
piel negra,
tersura del bongó.
Agita la maraca de su risa
con los dedos de leche
de sus dientes.
Pañuelo rojo
-seda-,
bata blanca
-almidón-,
recorren el trayecto
de una cuerda
en un ritmo afrocubano
de
guitarra
clave
y cajón
¡Arriba, María Antonia,
alabao sea Dios!
Las serpientes de sus brazos
van saltando las cuentas
de un collar de jabón.

Nuestro Poeta Nacional, Nicolás Guillén, la hizo suya en su lírica con el poema *Rumba*:

La rumba
revuelve su música espesa
con un palo.
Jengibre y canela...
¡Malo!
Malo, porque ahora vendrá el negro chulo
con Fela.

Pimienta de la cadera,
grupa flexible y dorada:
rumbera buena,

rumbera mala.
En el agua de tu bata
todas mis ansias navegan:
rumbera buena
rumbera mala.

Anhelo el de naufragar
en ese mar tibio y hondo:
¡fondo
del mar!

Trenza tu pie con la música
el nudo que más aprieta;
resaca de tela blanca
sobre tu carne trigueña.
Locura del bajo vientre,
aliento de boca seca;
el ron que se te ha espantado,
y el pañuelo como riendas.
Ya te cogeré domada,
ya te veré bien sujeta,
cuando como ahora huyes,
hacia mi ternura vengas,
rumbera
buena;
o hacia mi ternura vayas,
rumbera
mala.
No ha de ser larga la espera,
rumbera
buena;
ni será eterna la bacha,
rumbera
mala;
te dolerá la cadera,
rumbera
buena;
cadera dura y sudada,

rumbera
mala...
¡Último
trago!
Quítate, córrete, vámonos...
¡Vamos!

De la vena poética de José Zacarías Tallet nació *La rumba*, que la argentina Berta Singerman tuvo como una de sus cartas de presentación e incluso la recitó, en 1934, cuando filmó *Nada más que una mujer*. El género ha estado en el repertorio de nuestros más grandes declamadores: Eusebia Cosme y Luis Carbonell, quienes desde su sabiduría lírica le dieron todo el auténtico sabor de lo cubano. Otros que lo glorificaron en sus versos fueron Emilio Ballagas y Marcelino Arozarena. La Premio Nacional de Literatura 2001, Nancy Morejón conmueve con su *Elogio de Nieves Fresneda*.

En su libro *Hotel Central*, Premio Julián del Casal, 1998, Sigfredo Ariel se inspira para crear el poema *Nosotros los amalianos*.

Eloy Machado, El Ambia, conocido como El poeta de la rumba tuvo esta manifestación como musa. De él son *Tambor de mi alegría* y *Soy todo*, que Los Van Van convirtieron en popular *hit*.

Desde su fundación, Danza Nacional la ha incluido en algunas de sus obras: *Orfeo antillano, Panorama de la música y la danza cubana, Penélope y el samurai, Suite cubana, Oh, la rumba y Raíces*, entre otras.

El Conjunto Folklórico Nacional de Cuba la tiene en su repertorio a partir de su creación; su primer ciclo se tituló, precisamente, *Rumbas y comparsas*, presentado en escenarios de casi todo el mundo. Otro montaje, en ocasión del XXV aniversario del grupo fue nombrado *La rumba de los muertos*, de Gerardo Lastra.

Alberto Alonso la trató en su ballet *Antes del alba* con diseños del pintor Carlos Enríquez y música de Hilario González. El coreógrafo, en 1953, concibió el ballet *El solar*, que luego fue la comedia musical *Mi solar*. Produjo *La rumba*, donde bailó Sonia Calero.

Víctor Cuéllar se interesa por el ritmo que inserta en *Fausto: escena para bailarines*. Una elaborada rumba presenta Iván Tenorio en su pieza de 1973, *Rítmicas*.

19

Elementos de la rumba aparecen en *Tocororo, fábula cubana*, un gran espectáculo en el que el notable bailarín Carlos Acosta debutó como coreógrafo en el 2003.

En el Teatro Mella, con motivo de su 45 aniversario, el Conjunto Folklórico Nacional de Cuba, presentó la coreografía *Ave María, rumba* del maestro Pancho González con música de Guido López Gavilán y texto de José María Tallet.

En el espectáculo musical *Amigas*, de la compañía Lizt Alfonso, está incluida la escena *Se armó la rumba*.

La manifestación musical y danzaría se ha ido fijando en el universo plástico. Con sus valiosas obras, Wifredo Lam, situó la temática afrocubana en el contexto internacional. Y la rumba, expresión de nuestra identidad, fue motivo para importantes artistas en diferentes etapas. La plasmaron en sus lienzos maestros como Mariano Miguel. La figura del mítico Papá Montero cobró vida en el pincel de grandes creadores. Eduardo Abela legó su hermoso cuadro *El triunfo de la Rumba*. Esteban Ayala, uno de los más creativos diseñadores gráficos en los años sesenta, mostró en su cartelística a Los Papines, cultivadores de la ritmática expresión. La xilografía *Rumberos del momento* de Julio César Peña Peralta, resultó ganadora en 2001 del Gran Premio que otorga la Trienal Internacional de Grabado de Kanagawa, Japón. La pintora y grabadora Diana Balboa expuso en México su excelente realización *Rumberos de La Habana*.

El cine cubano ha reflejado esa clave; en la etapa del silente se filmó en 1908 *La rumba*, con interpretación de la bailarina Paquita *La bella Romero*. Es asunto en *Tam Tam* o *El origen de la rumba*, cinta dirigida en 1938 por Ernesto Caparrós y protagonizada por Chela Castro; en otro documental, *La herrería de Sirique*, 1966, de Héctor Veitía, actúa el grupo Clave y Guaguancó de Mario Alán; Antonio Fernández Reboiro fue el realizador en 1972 del corto *Rumba*, en el que baila la estelar Sonia Calero; *La Rumba*, 1978, con guión de Julio García Espinosa y dirección de Oscar Valdés, nos acerca a tan rica manifestación. Aparecen Celeste Mendoza y su grupo así como Carlos Embale con Los Muñequitos de Matanzas. Odilio Urfé se refiere al género y Dizzy Gillespie a momentos cruciales de la vida de Chano Pozo en Estados Unidos y sus aportes a la música de ese país. *Buscando a Chano Pozo*, se intitula la película de Rebeca Chávez, inspirada en el autor de clásicas composiciones como «Blen

blen blen» o «Manteca». Del gran conguero hallamos otra visión en *Chano Pozo, la leyenda negra*, de Ileana Rodríguez Pelegrín. En 64 minutos se exhibió *La Rumba en TV*. Estrenado en 1950 con un argumento baladí, lo dirigió Evelia Joffre. Actuaron, entre otros, Lolita Berrio y Rolando Ochoa.

Por su autenticidad, resulta muy valioso el documental *Quién baila aquí. La rumba sin lentejuelas*, del cineasta Elio Ruiz, rodado en el solar de La Madama.

Los Papines: Nunca es tarde si la rumba es buena, responde a Mundo Latino, y está dirigido por Jesús Dámaso González López es *A sudar el cuero*, tiene guión y dirección de Jorge Aguirre. *Havana Cajón*, de Nelson Navarro, revaloriza los cajones de rumba.

El español Oliver Hill dirigió *La rumba me llama*, donde aparecen grupos rumberos reconocidos y la vanguardia de la música cubana: Juan Formell y Los Van Van, Pupy y los que Son Son, Mezcla, Orishas. Presentó el filme en el 37 Festival del Nuevo Cine Latinoamericano.

Otro audiovisual: *El patio de la rumba* fue concebido por Reinaldo Miranda y aborda el rescate del género en la provincia de Pinar del Río.

Muy gustado es el *videoclip*: *Amores rumberos*, realizado por El Club de los Soneros Dorados, interpretado por Haila Mompié y Mayito Rivera y dirigido por Henri García y Carlos Sanabria.

Así no ocurrió siempre

El barracón, primero, y los solares después, fueron espacios para el nacimiento y desarrollo de la rumba. De las cuarterías al salón de baile, aquella explosión del ritmo irradió en el mundo. Informantes aseguran que el primer intento de internacionalizarla ocurrió por 1913, de lo cual se ocuparon Lew Quinn y Joan Sawyer, quienes contrataron en Nueva York a percusionistas cubanos para tocarla. En Greenwich Village, en 1925, Benito Coalla abrió el club El Chico, donde tanto tamboreros como bailarines de la Isla arrebataban en las fiestas nocturnas del local. En París, ocurrió otro tanto cuando, en 1932, en el Plantation, la orquesta del cubano Don Azpiazu marcaba los compases para que girara Mariana,[3] «alma tangible de la rumba».[4]

También fue desvirtuada en su pureza, y de ello da cuenta Alejo Carpentier:

> Por una rara paradoja, la boga mundial que favoreció ciertos géneros bailables cubanos a partir de 1928, hizo un daño inmenso a la música popular de la isla. Cuando los editores de New York y de París establecieron una demanda continuada de sones, de congas, y de rumbas —designando cualquier cosa bajo este último título— impusieron sus leyes a los autores de una música ligera, hasta entonces llena de gracia y de sabor. Exigieron sencillez en la notación, una menor complicación de ritmos, un estilo «más comercial». Dóciles, muchos de los favorecidos por el mercado extranjero, se aplicaron a internacionalizar lo cubano, reduciendo al banalismo cuatro tiempos del jazz, expresiones que debían su encanto y su fuerza, precisamente, a una gráfica inhabitual.[5]

Es cierto que se hizo música sin valor etiqueteada bajo el nombre de rumba. Por la década del 20, el violinista español Xavier Cugat, quien vivió su juventud en La Habana, llevó a Nueva York, tanto la conga como la rumba dentro de una fórmula puramente comercial, con lo que contribuyó a falsear nuestros ritmos.

El pianista y compositor cubano Armando Oréfiche (1911-2000) con su orquesta Lecuona Cuban Boys contribuyó a la difusión de la rumba y la conga en escenarios de Europa, aunque se le criticó las adaptaciones que hizo para llegar al gusto de esos públicos. Creó *Rumba azul, Rumba blanca, Rumba colorá, Rumba internacional, Rumba porteña.* Otras las llamó: *Canto a Río de Janeiro* y *En la plantación,* calificadas de rumba lenta. A la conga aportó *La conga del carnaval de Uruguay, Cafunga* y *La conga Bicloti,* entre otras.

---

[3]. Se llamaba Alicia Parlá, una de las primeras rumberas en llevar el ritmo por Europa.

[4]. Alejo Carpentier. Ese músico que llevo dentro, t. II. Ed. Letras Cubanas, La Habana, 1980, p.559.

[5]. Alejo Carpentier. La música en Cuba. Fondo de Cultura Económica, México, 1964, p.276.

Se exportaron rumberas con maracas en la cintura que actuaron principalmente en cabarets y teatros, y cuyo baile poco se emparentaba con el más genuino.

Estilos y pasillos

La orquesta Van Van, de Juan Formell, ha popularizado un estribillo «*Vamos a ser sinceros, los cubanos somos rumberos*»; pero, exactamente: ¿qué es la rumba?

Se trata de un género con múltiples influencias de procedencia africana y elementos hispánicos, que el negro humilde creó para expresar, mediante el canto o el baile, sus penas o alegrías. La rumba es del tiempo de España. Los esclavos negros tuvieron sus rumbas de protesta; entre las cantadas en el siglo XIX figuraba la que decía: «*ambere, mayorá, ambere*»; es decir, hambre, mayoral, hambre. Según investigadores de nuestro folclor, en el baile de la yuka, cultivado por los congos, está uno de los antecedentes fundamentales de la rumba: también es indudable el acento español; ya el poeta Federico García Lorca, durante su visita a Cuba en 1930, ante una rumba en el barrio de Belén, hacía notar: «Salen los negros con los ritmos que yo descubro típicos del gran pueblo andaluz». Y es cierto que es fácil de apreciar en el *lalaleo, llorao*, característico de los andaluces. Al contacto con la cultura colonial, el negro asimiló rimas, giros melódicos...

El complejo de la rumba, profundamente cubano en su esencia y proyección, reconoce algunas variantes, aunque las vigentes son el yambú, la columbia y el guaguancó.

Expresión del folclor urbano, el yambú tiene su origen en el siglo XIX y es una rumba lenta. Según Argeliers León: «La parte del canto es breve y se le antepone, a veces, un *tarareo* o *lalaleo*, llamado diana, y sirve de preparación para la entrada del coro».

La música es muy melodiosa. La hembra baila con coquetería y el hombre trata de enamorarla; sin embargo, no existe el vacunao.[6]

Dicen que en un antiguo caserío cerca de la línea del ferrocarril, llamado Columbia, en Matanzas, nació esa variante, baile

---

6. Movimiento pélvico de significación erótica.

exclusivo de los hombres, aunque algunas mujeres como Andrea Baró se hizo famosa interpretándolo. Los textos son casi siempre breves. La estructura de la columbia presenta dos partes definidas: la de canto solo, y la conocida por capetillo, que es la bailada. Otra característica es el *llorao*.

Brilla en la columbia la agilidad del bailador, que puede hacerlo con un vaso de ron o agua en la cabeza: otros demuestran su destreza girando con varios machetes o cuchillos en la mano.

Aclara Argeliers:

> El bailador de columbia, el columbiano, ha ido incorporando al baile gestos y posturas miméticos, haciendo varias figuras en que imita un cojo, un epiléptico, o acciones como torear, empinar papalote, pescar, jugar a la pelota, montar bicicleta, disparar un arma de fuego, marchar marcialmente, etcétera, sin dejar de responder con gestos precisos a los toques del quinto. Además, acostumbra a resolver otros pasos acrobáticos como ponerse un sombrero dando una vuelta de carnero, o agarrar un pañuelo con la boca bien al dar una vuelta sobre el suelo o en un instante en que se deje caer, momentos que aprovecha el quinteador para ejecutar una figuración rítmica que le obligue a responder. De ahí que el toque del quinto resulte más segmentado en la columbia que en el guaguancó, y su estructura expresiva que se repite en el baile y en el canto quede articulada a manera de «motivos» cortos antecedentes con sus correspondientes consecuentes, en un diseño que resulta muy angular. Hasta el cantante refleja este dibujo angular con los gestos con que acompaña su canto.[7]

Actualmente, muy cultivado es el guaguancó. El baile consiste en la persecución de la hembra por el bailarín, quien intenta «vacunarla», mientras ella se defiende del ataque con maestría. Es erótico y picaresco. De origen urbano, en el guaguancó se narran poéticamente diversos hechos, y ha sido una fiel crónica de los avatares del negro.

[7.] Argeliers León. *Del canto y el tiempo*. Ed. Letras Cubanas, La Habana, 1982, p.159.

Se afirma que los trabajadores portuarios matanceros Apolonio y Víctor Lamadrid llevaron el guaguancó a La Habana entre 1896 y 1897. Establecidos en el barrio de Colón, ellos organizaron el coro *La nueva idea*. Durante las viejas festividades de diciembre se dio a conocer la Tahona de Carraguao, a la que dieron vida los panaderos de ese barrio. Esta especie de comparsa callejera rivalizaba con el Congo Real Progreso, que dirigía Isidoro Pérez.

La rumba cobraba fuerza a través de sus diferentes pasillos: *el palatino, la resedá, la jiribilla*; la llamada *rumba de botella* o *mañunga* es una variante de la *columbia*. También existe la *rumba de santo*, bailada en los toques de santería a su principio o final. *La rumba managua* es de Trinidad y se le considera una modalidad del *guaguancó*.

¿Abakuá en la rumba?

El autor del libro *Relación barrio-juego abakuá en ciudad de La Habana*, Ramón Torres Zayas, se refiere a la influencia abakuá en la rumba:

> Ya desde el siglo XIX se puede apreciar cómo destacados músicos pertenecían a la hermandad abakuá, pues fue quizá esta manifestación del arte una de las más favorecedoras al sector negro y mestizo del decimonónico. Se dice que Miguel Faílde, creador del primer danzón en Cuba, era miembro de la Bakokó de Matanzas; mientras que Claudio Domingo Brindis de Salas, llamado el Paganini Negro, lo era de Ekereguá, entidad del barrio que lo vio nacer, Jesús María. Pero donde indiscutiblemente se aprecia la impronta abakuá en la música, es en la rumba. Asegura el investigador Ivor Miller que: «muchos rumberos y compositores han sido abakuá, porque el estilo original de la rumba fue marginado y raramente grabado antes de la revolución».

Desde luego, atribuir al abakuá la paternidad de la rumba

constituiría un ejercicio de plena autosuficiencia y escaso rigor científico, pues solo se puede hablar del género cuando se ha desarrollado un proceso de amulatamiento cultural, donde confluyen variadas interinfluencias, sobre todo europeas y africanas. Específicamente en la rumba, como género acústico de percusión y canto que contiene un componente danzario muy importante, se considera que su clase es derivada de un patrón antecesor que aún se utiliza para empezar los cantos en la música abakuá. El fallecido profesor de percusión Gregorio Hernández, El Goyo, sostenía, desde su práctica profesional y religiosa abakuá, que la base de la rumba, como se conoce hoy día, surgió y se desarrolló desde los carabalíes, primero en los cabildos y luego en la sociedad abakuá. Al solar llevaron las maneras de tocar, los conceptos, no los instrumentos, porque tenían otro lugar y otra función…

Y agrega Torres:

La rumba incorpora una narración o historia, a través del canto del solista apoyado por el coro, elemento este de profunda raíz africana; pero los abakuá fueron más allá, y se encargaron de adaptar el diseño rítmico del *tambor obi apá*, que interpreta en la rumba el *Tumbador*. Ambos son sonidos graves del *set*, que integran en sus respectivas orquestas de percusión (abakuá-rumba). De igual modo el tambor *bonkó enchemiyá* (conocido también como *enchemí*) exportó al quinto su función improvisadora, y el último agregó a su discurso musical variados elementos del primero. También uno de los diseños rítmicos o «motivo» interpretado por el *bonkó enchemiyá* se le aplicó a un tercer tambor llamado tres-dos en la rumba. El complejo musical abakuá suele emplear dos palitos percutientes (itones) que golpean la barriga del *enchemí*. Según el desaparecido Gregorio Hernández, El Goyo: «estos fueron adaptados en la rumba y tocados con cucharas en una primera etapa, cuando se usaban los cajones. Después, con el uso de las tumbadoras al principio, se tocaban en la barriga del tumbador, y con el surgimiento de los grupos profesionales, por un factor estético se tocó sobre un pedazo de caña brava, y se le llamó *catá*».

En la escena

El teatro asimiló muchas expresiones musicales criollas y, entre ellas, la rumba interpretada desde los lejanos tiempos de los Bufos de Salas, allá por 1869, con grandes cultivadores como el actor Enrique Guerrero. A partir del siglo XX en el vernáculo y también en los circos, donde siempre había rumberas se le llamó *rumba de teatro* o de *pañuelo*.

En entrevista con Eduardo Robreño, enciclopedia de la escena cubana, me refería:

En los programas del Alhambra, aquel teatro de hombres solos que fue visto por todo el mundo, después de cada tanda el propio Regino López, uno de sus grandes actores, la bailaba, pues aunque era asturiano, tenía un don especial para lo nuestro. Regino hacía la rumba moviendo los hombros con un estilo muy propio. También otro actor, Chicho Plaza, por cierto, cuñado de Regino, la bailaba con soltura. En 1920 entró al Alhambra un mozo llamado José Benito de la Serna, quien sonó con el nombre artístico de Pepe Serna, y procedía de una familia muy acomodada de Jagüey Grande. ¡Yo lo vi bailar! Y te digo que era inigualable, sobre todo en la *jiribilla*, forma muy del sur de Matanzas. Puedo afirmar que Alhambra fue cátedra del género, incluso varias obras se basaron en él como *La tierra de la rumba* y *La rumba en España*.

Recordamos que Jorge Anckermann con solo dieciséis años fue el autor de la música de la obra teatral *La gran rumba* (parodia de la revista española *La Gran Vía*) y de numerosas composiciones dentro de esa línea, escritas especialmente para el escenario. El 13 de octubre de 1909 se estrenó en el teatro Molino Rojo la zarzuela *Adiós a la rumba*, letra de Mario Sorondo y música del propio Anckermann y Luis Casas Romero. Se conoce que la compañía de Alberto Garrido, padre, llevó al Teatro Martí: *Una rumba en los aires*. Los sellos Edison, Víctor, Columbia y Brunswick grabaron rumbas en las voces de grandes estrellas del vernáculo cubano como Luz Gil, Blanquita Becerra, Amalia Sorg, Consuelo Novoa, Adolfo Colombo, Sergio Acebal, Regino López y Arquímides Pous. Alberto Garrido, uno de los más afamados negritos de la escena cubana, recreaba el ritmo a su modo en complicados y graciosos pasillos que arrancaban grandes aplausos; aún quedan filmes en los que se puede apreciar lo gran bailarín que fue.

Según anota el investigador José Reyes Fortún, en su documentado artículo «50 años de discografía cubana»:

> Las primeras grabaciones de rumbas se remontan a 1906 a partir de los registros realizados en La Habana a Adolfo Colombo y Claudio García para los cilindros Edison, como *La reina de la rumba* (Ed. 14154) y *Mamá Teresa*, antigua rumba del siglo XIX. También resultan interesantes las rumbas grabadas por Colombo junto al trovador Alberto Villalón; como ejemplo citamos *Mujer chismosa*, conocida también como *El pagaré*, por el sello Columbia (1908), para el incipiente sistema de discos. Todos esos registros recogen un concepto de fresca inspiración netamente criollo.

Subraya Reyes, en el mismo artículo aparecido en la revista *Salsa Cubana*, la incursión en la rumba de trovadores como José Castillo con la grabación de «Mujer majadera» y Manuel Corona Raimundo, con grabaciones realizadas por el mismo en la etapa de 1917-1918, como las tituladas «Arrollar en carnaval», «Quisiera ser mosquito», «Qué malas son las mujeres», «Rubén en las trincheras», y «Corona» y «Rubén en las trincheras para el sello Columbia». Se sumaron a esta manifestación: Juan Cruz y Juan de la Cruz Hermida. De Florencio Zorrilla, «Floro», resalta que incluyó la rumba en su amplio catálogo con piezas como «Anaona», «No te acuerdas»,

«Chantecler», «Bilongo y espina» y la muy gustada «Panchita mía», junto a Miguel Zaballa.

Coros y claves

Vinculados a veces a los cabildos de antecedentes africanos, los coros de clave formaban un canto colectivo que se escuchaba en navidad y otros festejos. En La Habana fueron muy acreditadas las agrupaciones La Maravilla, El Tronco y El Arpa de Oro.

Hacia 1886, surgieron en Matanzas otros grupos corales o bandos de clave, entre ellos, figuraban el Bando Verde, el Rosado, el Azul, El Marino, El Resedá, y Los Congos de Angonga. Existieron los coros de rumba El Flamboyán, El Toronjil, La Perla, Los Melodiosos y otros más.

En Sancti Spíritus fue muy popular el coro La Yaya, de Juan Echemendía. Otros coros de clave: que afirmaron su presencia fueron el Grano de Oro y el Joven Clave. De igual manera, en Trinidad aparece la tonada trinitaria, que luego pasa a Cienfuegos.

A imitación de los coros de clave, se popularizaron en los distintos barrios habaneros, los de guaguancó, cuyo nacimiento data de finales del siglo XIX. Los más prestigiosos fueron Los Roncos, de Pueblo Nuevo; El Paso Franco, de Carraguao; El Lugareño, de Jesús María; Los Jesuitas, de Colón.

Muy conocidos: Los Amalianos, El Capirote, El Rápido y El Rápido Fiñe, integrado por niños.

Cajones que hablan

El sencillo instrumental de la rumba fue perfeccionado con el tiempo; al cajón de bacalao se le dio cepillo para suavizar la madera y poder percutir con más facilidad sobre él; luego se usaron los cajoncitos de velas, cucharas, botellas, güiros, sonajeros…Contaban que a Manano, rumbero habanero, siempre presente en las fiestas, no solo le pagaban para que asistiera, sino que le contrataban sus cajones, que sonaban de maravilla.

Para tocar la rumba se utilizan tres tambores; quinto, salidor y tres golpes; un par de marugas metálicas (*nkembi*) usada en la muñeca por el tocador de quinto en la columbia, y las claves que sirven al cantante para llevar el ritmo. En el *yambú*, de aire cadencioso y lento, y en ocasiones sucede con el *guaguancó*, donde se utilizan dos cajones; el pequeño hace el quinto y el más grande (sonido grave) de tumbador.

La rumba amordazada

El folclor que creció de la fuente de lo negro fue rechazado como extraño, y hasta calificado de bárbaro; sin embargo, como ha dicho el ensayista Ambrosio Fornet, ese factor nos daba un rostro específico; lo que teníamos de negros era lo que nos distinguía como cubanos.

El canto ancestral del tambor sufrió toda suerte de prohibiciones por las autoridades. Ya desde 1890 un anuncio relata que se multaba con cinco pesos a don Pedro Pérez, vecino de la calle Jovellanos 72, por haber ofrecido en su morada una fiesta de tambor y canto acompañada de gran escándalo y quejas de los vecinos.

En 1893, en Matanzas, «son detenidos en el solar de la calle Manzano 251 después de salir sin autorización tocando cajones y bailando rumbas ñáñigas por las calles, un grupo de pardos y morenos de ambos sexos».

Uno de nuestros mejores compositores, Eduardo Sánchez de Fuentes, se negaba a admitir la presencia de los ritmos negros. Sobre este aspecto hacía notar Fernando Ortiz:

> Algún músico cubano, arrastrado por su afrofobia, como Sánchez de Fuentes, llegó a aplaudir cierto bando municipal habanero, dictado en 1900, cuando la primera intervención militar de Estados Unidos, prohibiendo absolutamente el uso de tambores de origen africano en toda clase de reuniones, ya se celebren en la vía pública como en el interior de los edificios.[8]

[8.] Fernando Ortiz. *Africanía de la música Folclórica de Cuba.* Universidad de Las Villas, 1965.

Otro bando publicado años más tarde en los periódicos se refería a que el jefe de la policía recordaba que debía cumplirse la disposición del 5 de abril de 1919 que prohibía el toque de tambores y otros instrumentos de origen africano, y los movimientos y frases indecentes que los acompañan.

A pesar de los tiempos de clausura, la rumba ha conocido momentos de infinita gloria; de ella surgieron leyendas y personajes en una interminable cabalgata de recuerdos, anécdotas e historias que, en ocasiones, son pura ficción.

Su boga hizo que muchos se inspiraran para interpretarla y, como dato curioso, podemos citar que, hasta el famoso Carlos Gardel, junto a Le Pera, compuso una arrabalera rumba y grabara «Por tus ojos negros» y «Sol tropical». No podemos olvidar que El Morocho tuvo contacto casi diario con la orquesta del cubano Don Azpiazu, en París, en la etapa que el ritmo arrebataba, tal como lo consigna Eduardo Robreño en el prólogo de *Gardel, mito y realidad*.

Fue tal el furor que, como gancho de taquilla, se rodaron películas con ese título; incluso el mismo Gardel, luego de filmar *Cazadores de estrellas*, fue invitado por la Paramount a actuar en *Rumba*, en la que compartiría papeles con George Raft y Carole Lombard. La propuesta no prosperó a causa del mal inglés de El Zorzal Criollo, según testimoniara un conocedor de estos asuntos: Mario Battistella, uno de los autores de *Arrabal amargo*.

Hay que destacar que Walt Disney cuando visitó La Habana, en 1940, se interesó vivamente por la percusión cubana y grabó rumbas y toques de tambor en los solares, música que incorporaría a varios de sus dibujos animados.

La rumba ha estado presente en las composiciones de autores que cultivaron fundamentalmente otros géneros como Alberto Villalón, Sergio de Karlo, Rosendo Ruiz... Nuestro genial trovador Sindo Garay vivió el embrujo de la rumba y creó: «Anís del diablo», «La mujer sandunguera», «La vergüenza», «Recuerdos de Oriente» y una dedicada al gran fajador Kid Chocolate. En su etapa, muy gustadas fueron rumbas como «La última la traigo yo», del filinero José Antonio Méndez. Caló en uno de nuestros más grandes compositores, Ernesto Lecuona, tan apegado a los elementos afrocubanos, quien a pesar de estar gravemente enfermo cuando viajó a España, concluyó su última obra titulada «Concierto en rumba».

Y en el palenque del Conjunto Folklórico Nacional se celebraba cada semana el *Sábado de la Rumba*, encuentro ideado por el extraordinario investigador y folclorista Rogelio Martínez Furé, su animador indiscutible. Allí, disfrutando del wemilere podíamos encontrar a Harry Belafonte, o al Premio Nobel de Literatura Wole Soyinka, o cualquier otro viajero deseoso de nuestros ritmos. La fiebre rumbera continúa en ese lugar conocido ahora por Patio de la Rumba.

Se rumbea en el Callejón de Hammel, en el barrio de Cayo Hueso, que el pintor Salvador González ha convertido en una galería de arte a cielo abierto y en la Peña del Ambia en la Uneac.

Un gran impacto ha tenido entre los habaneros el Palacio de la Rumba, frente al Parque Trillo, al que acuden agrupaciones rumberas de primera línea de toda la Isla.

El género despierta entusiasmo en muchos países. En los últimos treinta años, los domingos por la tarde, en el Central Park de Nueva York, la rumba halla espacio, principalmente entre los cubanos radicados en esa ciudad, los puertorriqueños y otros latinoamericanos. Todos se reúnen para cantar y gozar de esta música mientras comen y toman cerveza y la sabrosa damajuana, especie de bebida alcohólica casera. Sin embargo, no todo ha sido miel, pues, entre 1999 y el 2000, estos encuentros fueron prohibidos por el entonces alcalde Giuliani; aunque hoy continúan. El percusionista, cantante y compositor Eddie Bobé fue uno de los que ha impulsado este proyecto del que existe el disco ya clásico *Central Park Rumba*. Y en el que participaron notables del género como Orlando Ríos Puntilla y Pedro Martínez, entre otros. La placa reúne piezas como «El más cumbanchero», «Columbia para los guerreros», «Bonko», «Compa galletano», «Rumba para los olu batá…» Junto a Manuel Martínez, El Llanero Solitario, ya desaparecido, nuclearon en ese lugar a jóvenes deseosos de disfrutar la genuina rumba. El productor e historiador neoyorkino René López documentó el rico trabajo de varios grupos rumberos, entre ellos Los Muñequitos y Afrocuba, ambos de Matanzas.

En la actualidad, las principales agrupaciones salseras usan variantes de la rumba. Willie Colón, Rubén Blades, Santana y otros, la fusionan al *jazz*, sin olvidar que está presente en los compositores de la Nueva Canción con Pablo Milanés, creador de «Los Caminos»,

Gerardo Alfonso con su inspirado guaguancó «Sábanas Blancas» y en obras del trovador Noel Nicola. Chucho Valdés, considerado uno de los más grandes pianistas de jazz del mundo, ha compuesto números como «El rumbón» y «El rumbón the party»; y le rindió homenaje a su padre, Bebo Valdés, con el concierto *Rumba para Bebo*, en el Festival de Jazz de Barcelona, 2013. Otro ejecutante, Frank Fernández, atrapado por la magia del ritmo creó la pieza «Guaguan-piano» tocada con Los Muñequitos de Matanzas. Él sería el productor del disco de esa agrupación *De palo p'a rumba*. El género motiva a otros autores e intérpretes. William Vivanco explora en nuestras raíces; su música vibra con lo mejor de la ritmática cubana. El artista, que disfruta a plenitud su mestizaje sonoro, se vale de interjecciones y onomatopeyas, que provienen de los pregones callejeros y la rumba, que bebió desde niño en su natal Santiago de Cuba. El trovador Tony Ávila, la toma para expresarse y, buen ejemplo es «La vida tiene sus cosas», un sabroso guaguancó-son, muy aplaudido por sus seguidores. Igualmente, Kelvis Ochoa se nutre del género, que asume en algunas de sus composiciones, además de sentirse fiel admirador de Carlos Embale, figura emblemática del género. La joven rapera Telmary la recrea en «Rumba p'a ofrendarte», en el disco *La rumba soy yo*. Con «sentimiento Manana». La violinista, compositora y cantante Tammy López llevó a ritmo de guaguancó el poema «Celos eternos» de Rubén Martínez Villena; ella ganó el premio de creación convocado por la los Estudios Ojalá para musicalizar la obra poética del poeta. Ivette Cepeda teje en su voz el rico guaguancó «Alcé mi voz», de Roly Rivero que ha paseado en sus giras por varios países. El pianista Alejandro Falcón introduce elementos de la rumba en su disco *Claroscuro*, en la hermosa pieza «Monk en Pueblo Nuevo». Él llamó *Jazz en guaguancó* al concierto que realizó en el Teatro Nacional para homenajear los sesenta y siete años de Los Muñequitos. Para esa ocasión interpretó emblemáticos temas de la afamada agrupación llevados a nuevos arreglos y al *jazz*.

El guarapachangueo

Y la vida sigue marcando como en todo el cambio. En la actualidad, existe la forma del toque rumbero, denominado *guarapachangueo*, que ha revolucionado el esquema rítmico percutido y la forma de decir, creada por esos grandes innovadores que son Los Chinitos de la Corea. Lo caracteriza la síncopa, el contratiempo y la polirritmia que adopta. Ellos, además, han dado vida al ambicioso proyecto Abbilona, que ya reúne 32 CDS; se trata de antológicas grabaciones sobre rituales afrocubanos, en las voces de los más notables akpwones y, entre ellas, la del inolvidable Lázaro Ross, quien en su juventud abrazó con amor la rumba, la cantó y bailó.

De su vigencia

Singular ejemplo de resistencia cultural, el género obtuvo reconocimiento internacional en el 2001 con el disco *La rumba soy yo*, que ganó el Grammy Latino en la categoría de música folclórica, con producción general de la musicóloga Cary Diez y dirección musical del maestro Joaquín Betancourt. Son muchas las agrupaciones que la han interpretado o siguen haciéndolo: Los Muñequitos de Matanzas, Clave y Guaguancó, Yoruba Andabo, Los Papines, Afrocuba, Los Chinitos de la Corea, Agüiriyo, Raíces Profundas, Alafia, Ensila Mundo, El Solar de los Seis, Oba Ilú, Afroamérica, Rumberos de Cuba, Rumba Timba, Los Nani, Rumboleros, Los Reyes del Tambor, Columbia del Puerto, Rumbalay, Obini Batá, Wemilere, Rumba Eriera, Ventú Rumbero, Los Ibeyis, Rumbatá, Osaín del Monte, Tambores de Bejucal, Addaché, Rumbávila, Oloyú Oba, Ecué Tumba, Iroso Obba, Obbinisa Aché, Timbalaye, Omi Olorum, Obba Ilú de Cienfuegos, Ocharéo, Abbó Aché, Grupo de Tata Güines, Jr., Rumba Vieja, Rumba Morena, Iyerosun, Rodney y explosión rumbera, Eyiroso...

Está presente en proyectos comunitarios como Echú Alabbony, en el reparto Juanelo de San Miguel del Padrón, que dirige Natividad Calderón o en el de Quisicuaba. También en la creación de En clave de rumba, espacio que en la Uneac, conduce la musicóloga Cary Diez o en el gustado programa radial *La rumba no es como ayer*, de Radio Metropolitana. Crece en importantes eventos como la *Fiesta del Tambor* o en *Percuba*.

Vale destacar la trascendencia del proyecto Timbalaye, presidido por el coreógrafo y bailarín, Ulises Mora e Irma Castillo, directora artística, con acciones en diferentes países para promover la cultura cubana y, en especial, la rumba. Con invitados extranjeros, se han celebrado en La Habana distintas ediciones del *Encuentro Internacional de Rumba Cubana Timbalaye*, uno de ellos dedicado a Fernando Ortiz.

En el 2012, la rumba se convirtió en la primera manifestación músico–danzaria en ser avalada como Patrimonio Cultural de la Nación. La declaración fue dada a conocer en la Unión de Escritores y Artistas de Cuba, Uneac, por su presidente el escritor y etnólogo Miguel Barnet.

En el 2016, fue incluida por la Unesco en la Lista representativa del Patrimonio Inmaterial de la Humanidad, en un acto celebrado en Addis Abeba, Egipto.

El género continúa desarrollándose en la música, la danza, la literatura, la plástica y el cine, incluso en la forma de gesticular y caminar del cubano y la cubana y así será, porque es fuente viva y esencia de la nacionalidad.

En ocasiones agredida, falseada o en la cima, la rumba no es solo historia; ella también asume el porvenir; hoy, numerosos jóvenes la cultivan con gracia y autenticidad: los admirados Lucumí, Didiel Acosta, Manley López Herrera... Niños como el simpático Angelo Julio, la ha recreado en la Fiesta del Tambor. Nuevos grupos de aficionados en localidades y barrios de toda la Isla, reafirman su vigencia.

Como ha expresado el propio Barnet: «La rumba nació con destino de eternidad». ¿Y quién puede negarlo?

MALANGA

El cuerpo se le quedó inmóvil y el alma voló quién sabe adónde; todavía tenía los ojos abiertos y en aquella boca que amó tempestades brillaba un hilo fino de sangre. José Rosario Oviedo, Malanga, el timbero mayor que hacía solo un rato se había sumergido en el goce de la rumba, estaba ahora helado como un muerto, porque ya lo era.

La víspera tuvo un extraño sueño: una mujer sin rostro lo tomaba de la mano y conducía por un sendero en el que únicamente rondaba el vaho del silencio. Despertó y el vértigo lo hizo sentir en la cama como barco a punto de zozobrar; a duras penas se asomó a la ventana y las ráfagas frías lo estremecieron: poco a poco logró sobreponerse; tenía que ser así porque para él hoy sería un día grande; lo esperaban los braceros para bailar y allí, ante todos, debía demostrar que seguía siendo el rey, el elegido de la diosa Rumba.

Camino a su destino encontró a un viejo que se le acercó y le dijo: «Malanga, no vayas, regresa, vas a tener un mal encuentro». El bailarín soltó su risa y los dientes pequeños y cortantes centellearon; resuelto, volvió a echar a andar deseoso del desafío, porque había pensado que donde hay hombres sobran los fantasmas.

Antes de llegar, se detuvo imaginando la ritmática del cajón y las cucharas, y ensayó los pasos de la columbia, baile exclusivo de hombres, aunque Andrea Baró y Chichí Armenteros se hicieron célebres ejecutándolo. Bateó a las mil maravillas, toreó con un paso magistral burlando al novillo dispuesto a embestirlo fieramente; luego se dispuso a empinar un papalote empeñado en escapar allí donde el horizonte es más azul...Como un bailarín de *ballet* trazaba los más complicados pasillos siempre con la punta de los pies.

Y el jolgorio había empezado. Chenche y Mulenze, con su acostumbrada maestría, dieron una magnífica disertación a la concurrencia. Después, José Rosario, que nunca salía el primero, bailó y bailó ganando la admiración de todos. Pequeño, regordete, con sus gestos rápidos, se arriesgó con una botella sobre la cabeza bien erguida y, a continuación, de la cintura extrajo varios afilados cuchillos, y en una danza única, violenta, febril, arrancó aplausos al asombro de los presentes. Luego, se le vio divertido, jaranero, pasearse con orgullo entre las mujeres; llevaba en la mano un vaso en el que quedaban unos tragos de aguardiente barato.

La noche se mecía en un oleaje de brillantes estrellas cuando de pronto el timbero mayor soltó la bebida y se llevó las manos al estómago adolorido; ahora su mirada vagaba perdida en el vacío; las piernas se le aflojaron y cayó pesadamente haciendo un ruido seco. Alguien solícito preguntó: «Malanga, Malanga, hermano ¿qué te pasa?». El rumbero quiso responder, pero las palabras se le ahogaban. Lo cargaron y, al poco rato, expiró.

¿Quién fue el asesino?, ¿Qué mano echó en su vaso el cristal molido?, ¿Despecho de amor?, ¿Venganza?, ¿Rivalidad con otro rumbero? ¿Quizás la política? Porque a no dudarlo Malanga se había buscado sus enemigos con su defensa a ultranza del Partido Liberal del cual era sargento político. Cada quien dio su versión de los hechos; sin embargo, la verdad nunca se supo; quedó tan oculta como la losa donde reposa el famosísimo rumbero. A partir de aquel momento, la leyenda echó a rodar, alimentada por la fantasía popular. Hoy, no hay baile de rumberos donde no se oiga este sincero lamento: Malabé, Malabé/ siento una voz que dice: /Areniyé, eh/ *Malanga murió/ Unión de Reyes llora/ murió el timbero mayor/ que viene regando flores/ desde Matanzas a Morón.*

Sin ausencias

Dicen que nació el 5 de octubre de 1885, en la finca La Esperanza, en Alacranes; otros afirman que fue en Unión de Reyes, en las propiedades de un rico hacendado de apellido Oviedo.

Simpático, con la piel picada de viruela, con los ojos saltones, el apodo de Malanga le creció desde la niñez como la fama que habría de acompañarlo. Era un negro colorado que navegaba con maestría en la rumba y la tocaba muy bien.

En Güines tenía clientela fija que no se perdía una función en los portales del café La Bombilla, al lado de una tabaquería. Malanga se desplazaba a menudo a ese lugar para gozar de las rumbas y los comerciantes se lo agradecían de veras; porque los parroquianos aumentaban en esos días. Con los braceros viajaba preferentemente a Ciego de Ávila, a los cortes de caña. Hay una anécdota que refleja su vocación por la rumba. Una vez fueron a buscarlo al cañaveral; lo necesitaban con urgencia. El mar de cañas se extendía en un verdeamarillo interminable, y las voces sacudían la tarde: «¡Malanga, Malangaaaaaaa!», pero él no aparecía. Alguien lanzó la sugerencia: «¿Caballeros, por qué no tocamos un cajón?» Dicho y hecho y, en efecto, al poco rato allí estaba Malanga bailando con una guataca en la mano.

Aseguraban que llegó a ser tan célebre que el club Atenas, sitio exclusivo de la intelectualidad mestiza de La Habana, le abrió las puertas porque de boca en boca corrían sus prodigios danzarios. Otro dato interesante es el que lo refleja en la escena del teatro Alhambra en competencia de baile con el actor Pepe Serna. Malanga había creado el grupo Los Timberos de Unión de Reyes y con esta agrupación se movía por distintas regiones del país.

No solo alegrías hubo en la vida de José Rosario; pues sufrió la muerte de su hija Bernarda al mes de nacida y las relaciones estables que en ese momento llevaba con la mamá de la niña se rompieron; algunos de sus amigos murieron en la famosa Guerrita de Agosto de la que es posible que él participara.

En Unión de Reyes le pidió a su amigo Faustino Dreke que lo acompañara a Camagüey, donde se celebraban grandes fiestas.

Un viejo músico de aquella época Cecilio Campanería —Campana Naveró— atestiguó que a él y a otros rumberos los invitó Chenche y Mulenze para ir a Morón a «correrla en grande», pero que todos "olieron la traición" y se negaron; solo Malanga, impetuoso y desafiante salió en busca de la parca. No valieron las advertencias, las súplicas; no entraba en razones.

«Yo lo vi emprender aquel viaje sin regreso… y sigo diciendo que fue la envidia, la envidia de Chenche y Mulenze. El veneno salió de sus manos».

¿Dónde están los restos de Malanga? Es otra incógnita, pues un enterrador de la época que lo conoció aseveraba que no le dio sepultura en el camposanto de Ciego de Ávila; entonces, si murió allí como muchos afirman, ¿a qué sitio lo llevaron? ¿Acaso su cadáver fue ocultado para interrumpir las averiguaciones? ¿Se trata en realidad de un crimen?

Varias indagaciones no han logrado arrojar más luz sobre este hecho que conmovió a los rumberos; sí se sabe que fue en la década de 1920, presumiblemente en 1926 o 1927, y que en Unión de Reyes, al conocerse la noticia, el alcalde Ramón González Quevedo decretó tres días de fiestas; así se cantaba a la tristeza, como homenaje al timbero mayor. Su amigo Faustino Dreke, el último que lo vio con vida en la zona de Vuelta Arriba, lleno de pena se inspiró en un guaguancó que dice: *Un dolor, que lástima Malanga murió en el Ciego,/ Unión de Reyes llora como Malanga murió./ Le preguntaba a los rumberos Chenche Mulenze, quién lo mató/ y ellos le contestaban Unión de Reyes llora, como Malanga murió.* A lo largo del tiempo el número ha sufrido variaciones. En La Habana, lo hizo popular Roncona.

En Unión de Reyes existe el Parque de la Rumba José Rosario Oviedo, y los músicos continúan haciendo que repiqueteen largo los cueros, para que Malanga siga viviendo. No, no hay ausencias para este hombre clavado en el fuego de la luna, tan negro, tan rumbero.

Al célebre rumbero se le han dedicado varios números de rumba como el titulado «Recuerdo a Malanga», grabado por la agrupación matancera Columbia del Puerto. Aparece mencionado en Columbia Libre (n.º 2), en la grabación cantada por Miguel Ángel Mesa, «Aspirina», en *Rapsodia Rumbera*.

Tríptico para un rumbero se titula el documental dedicado a la rumba y en especial a José Rosario Oviedo, Malanga.

PAPÁ MONTERO

Cuando veía una buena hembra, Papá Montero se estremecía de pies a cabeza y su mirada zalamera ya pensaba en aquellos encuentros de alcoba que, como macho único, solía vivir y en la que solo hablaban los sentidos, la lujuria. Labios ardientes, caderas en rítmico vaivén. Sus portentos como excelente rumbero y buen amante corrían por su natal Sagua la Grande. Al verlo, las mujeres caían rendidas de deseo y se dejaban llevar como sumisos corderitos para calmar la pasión que él les despertaba. La pechugona Tina; Rosaura, hambrienta siempre de sexo; Lina, la de los ojos nostálgicos; Mirna, con cinco matrimonios encima; Susana que nada tenía de casta; Caridad, pura sandunga; Soledad, la esmirriada hija del boticario... Su lista parecía no tener fin.

¿Qué de especial tenía aquel negro de piel lustrosa? ¿Sería que en las lides amorosas era más hombre que todos los hombres del pueblo? Lo cierto es que los chismes de comadre llegaron hasta la esposa que noche tras noche, veía su lecho vacío. Papá Montero era ducho en decir mentiras: «Es la rumba, mujer; el cuerpo se me va tras los tambores. Comprende, amorcito, esa música me atrae y no me puedo aguantar». Cedía la furia de ella y lo perdonaba una y otra vez mientras pensaba: «Algún día se cansará de los jolgorios. El tiempo no pasa por gusto».

Se equivocó porque aunque muchos inviernos se sucedieron, Papá Montero, siempre figurín, mantenía su vigor igual que en los años mozos. ¿Acaso había descubierto el secreto de la juventud? o ¿Serían los mejunjes que Beba le preparaba con plantas exóticas cuando la luna era más blanca? Ah, pero todo en la vida tiene un desenlace y a él, según aseguran los que mucho saben, le llegó una mala noche en pleno apogeo del carnaval: un marido mil veces engañado le clavó con saña un cuchillo en el corazón.

De la Villa del Undoso y de otros alrededores, los más reconocidos rumberos y, se cuenta que hasta el mismísimo Malanga, desde Matanzas, acudieron a la funeraria llena de ofrendas florares. Nadie faltó a la cita. Unos, en señal de respeto; otros, sus más enconados enemigos, porque querían tener la certeza de que el hombre estaba bien muerto. Hubo entrecortados sollozos, gritos, suspiros y dolor entre las mulatas y negras más bellas de Sagua la Grande y la Isabela de Sagua, todas admiradoras de Papá Montero.

Y pasó lo inesperado cuando a la una de la madrugada muy enlutada llegó la esposa tantas veces engañada. En sus ojos no había lágrimas y ya cerca del ataúd, donde parecía dormir aquel esposo infiel, exclamó para que todos la oyeran: «A llorar a Papa Montero, zumba, canalla rumbero». Aquella frase de despecho de la mujer tantas veces herida quedó para la posteridad.

¿Sólo una ficción?

De ese personaje que, quizás, vivió a principios del siglo XX, aún se siguen forjando todo tipo de leyendas: lo real es que ha sido fuente de inspiración para poetas, pintores, músicos y cineastas.

El realizador Octavio Cortázar llevó a la pantalla *La última rumba de Papá Montero* con el Conjunto Folklórico Nacional de Cuba y con la participación de Sonia de la Caridad, Jorge Dixon, Johanes García, René de la Cruz, Rafael Sosa y Jorge Cao, entre otros. Cantan Carlos Embale, Luis Carbonell, Candito Zayas y Teresa Polledo.

En el premiado filme *La Bella de Alhambra*, la actriz Isabel Moreno, lo recrea. Nuestra más grande trovadora María Teresa Vera a dúo con Rafael Zequeria grabó para el sello Pathé la rumba «Papá Montero». Son varios los intérpretes que en diferentes épocas interpretaron en discos la pieza «Papá Montero», de Eliseo Grenet. Lo retrataron los pinceles de Mario Carreño, Emilio Fernández Vega, José Chiú, Pedro Ramón López y Eduardo Abela.

Del rumbero que afirman rivalizó con Malanga, Nuestro Nicolás Guillén escribió el poema *Velorio de Papá Montero*.

Quemaste la madrugada
con fuego de tu guitarra:
zumo de caña en la jícara
de tu carne prieta y viva,
bajo la luna muerta y blanca.

El son te salió redondo
y mulato, como un níspero.
Bebedor de trago largo,
garguero de hoja de lata
en mar de ron barco suelto
jinete de la cumbancha:
¿qué vas a hacer con la noche,
si ya no podrás tomártela,
ni que vena te dará
la sangre que te hace falta,
si se te fue por el caño
negro de la puñalada?

¡Ahora sí que te rompieron

Papá Montero!

En el solar te esperaban,
pero te trajeron muerto;
fue bronca de jaladera,

pero te trajeron muerto;
dicen que él era tu ecobio
pero te trajeron muerto;
el hierro no apareció,
pero te trajeron muerto.

Ya se acabó Baldomero;
¡zumba, canalla y rumbero!

Sólo dos velas están
quemando un poco de sombra;
para tu pequeña muerte
con esas dos velas sobra.
Y aún te alumbran más que velas,
la camisa colorada
qué iluminó tus canciones,
la prieta sal de tus sones
y tu melena planchada.

¡Ahora sí que te rompieron,
Papá Montero!

Hoy amaneció la luna
en el patio de mi casa;
de filo cavó en la tierra
y allí se quedó clavada.
Los muchachos la cogieron
para lavarle la cara,
y yo la traje esta noche
y te la puse en la almohada.

la última rumba
de Papa Montero

PAPA MONTERO'S LAST RUMBA

MÚSICA LATINA *Nostalgia*

MARIA TERESA VERA
Y RAFAEL ZEQUEIRA
ME PARECE MENTIRA

CHANO

Por las amplias avenidas de la Gran Manzana fluye un río humano; él siente aquel mundo tan distante que solo añora el regreso. Una oleada de recuerdos lo lleva a Rita, de quien tanta ayuda recibió, a Laura, la mujer que lo amó en las buenas y en las malas, a los destartalados solares de El África y el Ataúd, donde siempre rumbeó de lo lindo, al bullicioso bar de San Isidro, lleno de trasnochadores ante los que estrenó algunos de sus primeros éxitos. De pronto, sonrió ahora era el adolescente que junto a su amigo, Juan Antonio Jo Ramírez, El fantasmita, formó un dúo callejero para recoger lo que la gente le «tiraba» por su actuación. Nombres como los de Silvestre Méndez, quien fue novio de su hermana Petrona, Agustín Gutiérrez, Félix Chappottín y, muy en especial, Miguelito Valdés estaban muy presentes en ese tránsito evocador. Al muñanga[9] Chano, desde hace días un extraño presentimiento lo agobia. ¿Será que acaso lo ronda la muerte? Rechaza esos pensamientos y echa a caminar para perderse en la nevasca de aquella tarde tan fugitiva como su propia alma.

Hoja de vida

La música del tambor encendía sus ojos con una luz rara, le aceleraba la sangre y a la vez se derramaba como bálsamo en su corazón. Luciano «Chano» Pozo nacido el 7 de enero de 1915, vivió torturado por muchas razones: la infancia desvalida, el reformatorio —su peor castigo— y las mujeres que lo abandonaron: flores de una noche de frenesí; cada fracaso lo volvía violento, porque en el fondo no era más que un niño indefenso, víctima de una sociedad donde poca cabida tenían los más pobres y, en especial, los negros.

---

[9]. De la potencia abakuá *Efori Muñanga Ekoe*.

No fue solo un virtuoso de la percusión. Chano se destacó desde jovencito como bailarín de excepcionales facultades. Su sentido exacto del ritmo, musicalidad, se expresaron también en la danza y fue figura principal de varias comparsas: El Barracón, La Mexicana, La Colombiana Moderna, La Sultana y La Jardinera.

Por la década del 30 intervino en un espectáculo del compositor Obdulio Morales; se trataba de una jazzband llamada Los Melódicos, que en su nómina sumó a valiosos congueros del carnaval

En 1938, fue bailarín durante varios meses en el cabaret Afrocubano, que se encontraba en la azotea del Club San Carlos, en la barriada viboreña.

Participó en el filme *Fantasmas del Caribe,* que dirigió Ernesto Caparrós en 1943 y para el que compuso una alegre conga, muy en su estilo.

Su obra como compositor es muy rica: «Timbero, la timba es mía», «Blen, blen, blen», «Muna Sangafimba», «Güabina Yerabo», «Nagüe», «Rumba en swing», «Tambombarana»,«Tuñaré», «Moleya», «Repiquetea el tambó», «Rómpete», «Abasí», «Guachi guaro», «Tin Tin Deo», «Por qué tu sufres», «Pin Pin cayó Berlín», «Serende», «Seven Seven», «Ariñañara», «Oh», «Manana», «Macuá», «Cómetelo to», «El Yerbero», «Cubana Be, Cubana bo» y, entre otras, «Parampampín» tema central de la superproducción *Congo Pantera*, de Tropicana, donde tanto se lució. En una de sus más memorables creaciones «Manteca», comparte el crédito con Dizzy Gillespie.

Es posible que las primeras grabaciones las hiciera con el maestro Leonardo Timor para el sello RCH Víctor; «Loló, loló», «La rumba y la guerra», «Quintero mayor» y el «Vendedor de aves». Llevó al surco números de su autoría y de varias agrupaciones como las de Machito, Batamú y el cantante Tito Rodríguez, entre otras.

En 1947, Chano Pozo grabó para la casa discográfica Spanish Music Center (SMC) placas antológicas con las primeras grabaciones comerciales de diferentes estilos de la rumba y temas abakuá con el título de *Ritmo Afrocubano 1, 2, 3 y 4* y en el que además participaron el cantante Miguelito Valdés, el conguero Carlos Vidal Bolado, Bilingüi Ayala, Arsenio Rodríguez, Kike, el hermano de Arsenio, y José Mangual.

Hablar con Petrona

Esta fue nuestra charla una noche húmeda con la hermana menor de Chano, mientras se columpiaba en un viejo sillón.

Somos del Vedado...de ahí donde se respiraba la rumba. A Chano lo recuerdo tocando la tumbadora en las rumbantelas con mi hermano Andrés: uno tumbaba y el otro quinteaba. Si hablo de Chano me enfermo. Cuando me visitó Dizzy Gillespie estuve una semana muy mal porque me venían a la mente momentos tristes. La muerte de Chano fue la destrucción de mi padre por ser su hijo más querido.

Mi hermano era muy revoltoso; nos criamos en barrios de muchas fajazones; una vez mi abuela lo metió en un reformatorio porque no le gustaban las compañías con las que andaba. Él improvisaba, y le mandó en una hoja de cartucho esta décima: *Ahora cuando recibas/ la carta de mi prisión/ guárdala en tu corazón/ consérvala mientras vivas/ ya que la suerte me priva / de gozar de libertad/ si alguno de mi amistad/ pregunta por mi salud/ entonces contesta tú/ preso en Guanajay está.*

Allí, estuvo tres años; al salir se fue a trabajar con Hornedo, un político, que lo tenía haciendo de todo hasta que el dueño de la Cadena Azul lo mandó a buscar porque Rita Montaner se lo recomendó. Yo era pequeña y recuerdo que una vez ella vino a mi casa y me quedé como alelada, porque era muy bonita.

De las canciones de Chano, para mí, la más linda es «Manteca»; antes nunca me atreví a oírla porque pensaba que no iba a soportar tanta pena, pero luego sí y me gustó; es su número más popular; aún hay orquestas que la tocan en Estados Unidos.

Rita, figura clave

El escritor Aldo Martínez Malo vivía orgulloso de su amistad con Rita Montaner, La Única. De ella me habló con devoción, mientras me mostraba algunos de los objetos personales de la artista que él atesoraba en su casa de Pinar del Río.

El encuentro entre la cantante y el tamborero se produjo cuando él estaba tocando en unos tablados y ella maravillada, le dijo: «Oye, negrito, ¿tú qué cosa eres?». Y, él respondió: "Limpiabotas". 'Pues, ven conmigo, a ti, te tiene que oír Amado...' Y así mal vestido como estaba Chano lo llevó a la RHC Cadena Azul ante el dueño de la emisora. Indudablemente, mi amiga Rita tenía un gran sentido de lo que de verdad valía. Cuando se lo presentó a Amado, después de ver la facha de Chano y lo mucho que ella lo ponderaba, solo pudo decirle: «Chica, ya estás tú con tus fantasías». Más tarde, en un concierto, del tamborero, el guajiro se quedó bobo y comentó asombrado: "¡Qué artista!, ¡Qué artista!".

Chano llegó a dirigir el Conjunto Azul de la RHC y contento como estaba Amado, le regaló un Cadillac rojo. Lo cierto es que tuvo una transformación y Rita pesó en todo. Ellos hicieron un binomio perfecto, pues estaban muy identificados artísticamente. La Única le cantó piezas como «Blen, blen, blen», «Boco-Boco», «Zarabanda», «Langosta viva» y «Ampárame». Él le dedicó la pieza «Galán...».

En 1944, juntos ofrecieron recitales en la emisora Mil Diez. Ese mismo año, actuaron en el homenaje a la compositora María Matilde Alea, celebrado en Pinar del Río. Antes se presentaron en el Teatro Aida, en un recital de música afrocubana.

Participaron en 1945 en la revista-*ballet Rebambaramba* en el trópico, del coreógrafo Sergio Orta. Después que él se marchó a Estados Unidos se reencontraron en 1948, en Nueva York, donde ella actuó en el Teatro Hispano; sería la última vez que se vieron.

Siempre lo digo, ella resultó una figura clave en la vida de Chano, genio musical como lo fue Benny Moré.

Aroma del recuerdo

«Yo trabé amistad con Chano cuando éramos muchachos. Vivía en un solar al que le decían El Palomar, y tenía dos pisos de madera. Eso fue allá por 1933. Él y su familia pasaron muchas necesidades porque la situación no era buena», relata el tamborero Pablo Arenal, desde el enmarañado bosque de la memoria.

Chano era muy intranquilo; a la hora de bailar no había nadie como él. En 1935 nos encontramos los dos en la estación del ferrocarril de Santiago de Cuba, donde formamos tremenda rumba. Yo empecé a tocar y él a bailar. Enseguida se hizo un coro; cada vez llegaba más gente. Ocurrió algo muy simpático. A Chano, que siempre usaba alpargatas, se le cayó una en medio del furor del baile. Imagínate cómo se rieron todos. Un hombre muy bien vestido se nos acercó y nos regaló veinte pesos para que lo compartiéramos, pero como él estaba más mal, se los dejé. En distintas ocasiones trabajé con Chano. La última fue la superproducción de Tropicana: *Congo Pantera*. Su amiga Rita, quien siempre le daba una mano, lo introdujo en ese famoso cabaret donde actuarían numerosos tamboreros. En esa oportunidad se creó un espectáculo que fue muy comentado. Nosotros, desde las copas de los árboles, proyectábamos el sonido de las tumbadoras al escenario. Después Chano se fue a Nueva York. A mí me contaron que él quería superarse, pero había pocas posibilidades para los negros...sin contar que siguió frecuentando los peores ambientes. Bailaba su número predilecto «Manteca», cuando la bala lo mató. Cuba ha tenido grandes rumberos, grandes percusionistas, puedo enorgullecerme de haber visto y oído a los mejores, sin embargo, él tenía una gracia especial que lo distinguía de los demás.

La consagración

Con la bailarina Caridad Martínez, Cacha, Pozo viajó a Nueva York en 1946 a insistencia de Miguelito Valdés, Mr.Babalú, pues en realidad le dolía dejar su querida Habana; pero el cantante lo embulló prometiéndole jugosos contratos. Además, necesitaba cambiar de ambiente, fresca estaba en su memoria el episodio vivido con Santos Ramírez, El Niño, guardaespaldas de Ernesto Roca, representante de la compañía discográfica Peer, a quien el tamborero en varias ocasiones había amenazado si no recibía las regalías y el pago por sus derechos autorales. Llega un día Chano a las oficinas del Sr. Roca para cobrar su dinero y conocedor Santos Ramírez de las continuas exigencias del músico al funcionario le prohíbe la entrada a la oficina de la Peer. Molesto, Chano lo golpea y Santos Ramírez, ya en el suelo, le dispara cinco balas. En el hospital, al herido le extraen cuatro proyectiles y uno le queda alojado cerca de la columna vertebral. Logró recuperarse y no hubo acusaciones por parte de ninguno de los involucrados, aunque la situación se mantuvo caldeada por un buen tiempo.

Ya en la Gran Manzana, por mediación de su protector Miguelito Valdés, trabajó en el cabaret La Conga, junto a Cacha su mujer, quien hizo una gustada pareja de rumba con Pepe Becké.

Luego, Chano también hace un trío de tambores con los bailarines y percusionistas cubanos La Rosa Estrada y Julio Méndez, quienes pertenecían a la compañía de la coreógrafa norteamericana Katherine Dunham. Actúan en el espectáculo *Bal Negre*, en un conocido teatro neoyorkino.

Próxima a expirar su visa Chano retornó a La Habana y participó en varias de las presentaciones y homenajes que le hicieron en la capital a su amigo Mr.Babalú. El tamborero y autor volvería al año siguiente, 1947, a Nueva York, con un *status* de residente permanente logrado de nuevo por la ayuda de Miguelito.

El creador de «Manteca» participó activamente en los conciertos de Olga Guillot y el propio Miguelito en importantes centros nocturnos. Era tanta la popularidad de Chano que un club fue nombrado Blen, Blen, Blen, como la pieza del tamborero, sin que él tuviera mayor relación con el lugar.

Fue el triunfador Mario Bauzá, el que le presentó a Dizzy Gillespie, quien buscaba un conguero para su agrupación. Fascinado por los ritmos afrocubanos, Diz, se sintió muy satisfecho después de oír a Chano tocando los parches. Lo aceptó en su banda. En sus inicios esa relación cuajó en el concierto del Carnegie Hall, en el que, además, participó la cantante Ella Fitzgerald. Marshall Stearn, en su libro *La historia del jazz*, resaltó:

La poderosa y principal rítmica influencia de la música afrocubana sobre el jazz y, especialmente, en el bop, alcanzó su punto culminante en el invierno de 1947 cuando el director de banda Dizzy Gillespie contrató al tamborero cubano Chano Pozo para un concierto en el Tawn Hall. Respaldado por el metal acre de una banda joven y hambrienta, Pozo se agachó en el centro del escenario y batió un tambor congas de muchas voces con sus manos encallecidas de ampolla…Mantuvo al público en un silencio de sobrecogido respeto durante treinta minutos, cantando en un dialecto de África occidental mientras lo subía y lo bajaba de un murmullo a un alarido y volvía al punto de partida. "El tamborero más grande que he oído en mi vida", decía Gillespie.

Fue otro momento prodigioso que contribuyó a la verdadera consagración de Chano con su importante aporte al cubop. En 1948, Europa recibe a Dizzy y a su banda con los brazos abiertos; eran muchos los que querían sentir, ver con sus propios ojos la nueva innovación en el *jazz*. Tuvieron conciertos en urbes de Suecia, Dinamarca, Bélgica y Francia, donde llegaron a tocar en la famosa Sala Pleyel, en París. Hubo polémicas en torno a las presentaciones porque no todos los críticos estuvieron de acuerdo con este modo de tocar el *jazz* y en especial por el ingrediente africano acentuado por Chano, su incomprensible vocabulario, los alaridos, lo duro de su sonido...

La vuelta a Nueva York significó actuaciones en diferentes ciudades y, posteriormente, una gira por el sur.

Al terminar un concierto en un teatro de Carolina del Norte, Chano descubrió que sus tumbadoras dejadas en el camerino habían sido robadas. Abandonó la orquesta para viajar a Nueva York y adquirir otras nuevas.

En ese Nueva York, que había tramontado en busca de la celebridad, percibía que en ese ir y venir por metrópolis, fabulosos conciertos en escenarios internacionales, grabaciones, toques de tambores, frases del abakuá, música que causaba asombro, todo perdía sentido.

En su agitada existencia de broncas, puñaladas, tiros.., fueron muchas las veces que esquivó la muerte. Ahora sentía una extraña desazón en el pecho, Intuía que algo malo le iba ocurrir, aunque no sabía qué. Chano, el tamborero más notorio de la historia musical de Cuba, estaba próximo a encarar su trágico destino.

Y sucedió que aquel 2 de diciembre de 1948: el músico fue agredido en el Café Río, de Harlem, por un tirador experto. Chano se desplomó al primer balazo, mas su atacante, Eusebio Muñoz, El Cabito, descargó con saña varias veces la pistola sobre el cuerpo del cubano ante la mirada atónita de alrededor de setenta parroquianos. Fue la venganza de El Cabito, del que algunos aseguraban el tamborero había increpado en público por venderle unos cigarrillos de marihuana en mal estado. Se corrió que por envidia, enemigos del cubano habían instigado al agresor para que no se quedara con los brazos cruzados.

Llevado a un hospital de Belleveu, falleció a causa de las múltiples heridas. Muy dolido, su gran amigo Miguelito Valdés tramitó las gestiones para la funeraria, donde lo velaron. En el féretro, Chano mostraba por última vez su rostro marcado por un gesto de dolor. En el postrer homenaje estaban los amigos más íntimos, su mujer la bailarina Caridad Martínez, Cacha, los músicos que lo admiraron...

La prensa comentaba cómo hacia solo unos días el artista había regresado a Nueva York procedente de una triunfal gira por varios estados de Norteamérica. Sin dudas, él era la máxima atracción dentro de la orquesta de Gillespie.

En una de esas ciudades dejó el conjunto de bop y prefirió regresar; para comprar unas tumbadoras y, sobre todo, porque a pesar de su creciente fama había sentido en carne propia las diferencias sociales y la fuerte discriminación racial. El mismo Dizzy Gillespie lo llevó en su auto hasta la terminal del ferrocarril. Se dieron un fuerte abrazo. Fue un adiós definitivo.

Chano proyectaba debutar en el Strand, de Broadway, y se hablaba de que rodaría una película en la que tendría un rol principal.

La muerte del rumbero causó conmoción. Decían que el motivo se debió a deudas. Mas, tenía guardado en el tacón izquierdo de su zapato mil quinientos dólares; otros aseguraban que era castigo del santo al que prometió un tambor y nunca cumplió. Entre tantas conjeturas y versiones se regó aquella de que la causa fue una venganza de amor; alguien que encontré una noche en Jesús María, me contó:

Chano vivió siempre al borde del abismo; fue la droga la que se lo llevó; aquel día fue a buscar el «caballo» porque lo estaba necesitando; se lo inyectó, pero quería más y salió a buscarlo como fuera. Se armó la gorda. Chano sacó una navaja y se encomendó a su protección. Luego, las balas bin, ban, bin…

Sé que el que lo mató murió años después violentamente. La vida cobra y es que tarde o temprano el que la hace…

El aporte de Chano fue fundamental en el jazz afrocubano o *cubop*. De Nueva York, los restos mortales de Chano fueron trasladados a La Habana. El sepelio, al que concurrió una gran multitud, entre familiares, amigos y admiradores del reconocido músico, se efectuó en la Necrópolis de Colón, el 11 de diciembre de 1948.

Miguelito Valdés grabó varios temas para el sello SMC, y entre ellos, un guaguancó titulado «Chano Pozo», que se asegura es de la autoría del tumbador y cantante cubano Carlos Vidal Borlado. La pieza fue cantada en los funerales de Chano tanto en Nueva York como en su traslado a La Habana.

El famoso conguero ha inspirado a otros compositores que le rinden homenaje. Benny Moré lo cita en «Rumberos de Ayer»; Calixto Callava en «Chano en Belén» y el saxofonista Germán Velazco le dedicó la obra «Un violín para Chano», que aparece en el disco *Todos estrellas de la rumba*, del sello Bis Music, nominado en el 2001 a los Premios Grammy. En 1977, durante el viaje de Dizzy Gillespie a La Habana, el músico David Amram presentó la obra *Memorian to Chano Pozo* como tributo al tamborero cubano.

La realizadora Rebeca Chávez dirigió en 1987, el documental *Buscando a Chano Pozo*.

Multipremiado en varios eventos, el documental *Chano Pozo, la leyenda negra*, fue dirigido por la cineasta Ileana Rodríguez Pelegrín.

Ejecutada por el talentoso Yaroldi Abreu, la música de Chano suena en el largometraje animado *Chico y Rita*, de Fernando Trueba y Javier Mariscal; calificado como «una historia de amor», entre un pianista y una cantante, está ambientado en La Habana.

En el 2002, Jerome Savary, director de la Ópera Cómica de París creó la obra *En busca de Chano Pozo*, sobre la vida del espectacular artista. En esta fantasía musical intervinieron entre otros el saxofonista estadounidense Allen Hoist, los percusionistas cubanos Miguel Díaz, Angá, y Wilfredo Vicente, conocido por Chonguito así como la excéntrica Juana Bacallao y los cantantes Aramís Galindo, Elicer V. Chappottín, la actriz Gretel Pequeño y el ballet del Teatro América.

La colección Tumbao presentó tres discos que recogen el proceso creativo de Chano Pozo desde sus primeras grabaciones hasta su trabajo con Dizzy Gillespie. Además de un libro con abundantes datos del músico cubano y sus períodos más notables: *Blen, blen, blen, Timbero, la timba es mía y Los días del Cu-bop*, según el productor y director del sello discográfico, Jordi Pujol.

Interesantes libros abordan la vida del gran tamborero: *Las oscuras leyendas de Chano Pozo*, de Ricardo Oropesa Fernández, de la Editorial Ácana de Camagüey,2017 y el titulado *Chano Pozo, La vida* (1915-1948), de Rosa Marquetti Torres, Editorial Oriente, 2018.

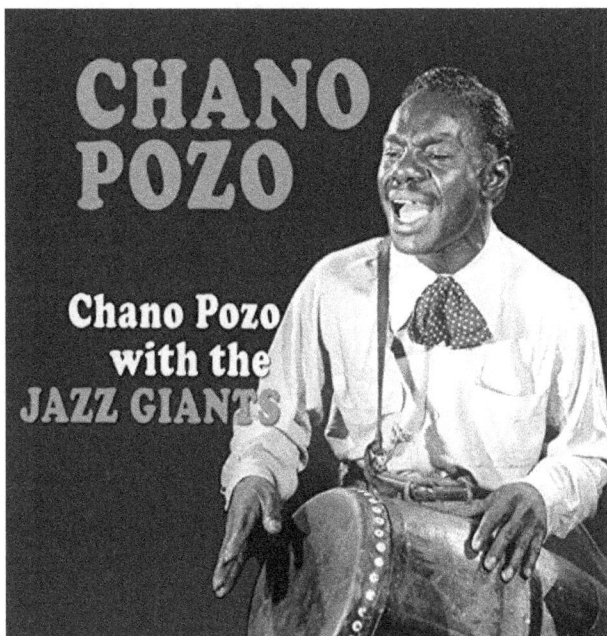

Nieves

E sta noche Nieves Fresneda[10] no es Ochún, la diosa del amor, ni Yemayá, la dueña de las aguas marinas, como en otros espectáculos folclóricos, porque su cuerpo de magnolia negra teje las cadencias de la rumba, bajo el hechizo que la acompaña desde que era «una niña tan flaquita como un hilo y vivía en Pueblo Nuevo».

Contar la historia

> *Rumbera de mano fina*
> *viene sonando el tambor*
> *cantando coplas divinas*
> *desde el oro de tu voz.*

Con su sonrisa ambarina y los ojos que aún conservan la luz de miradas acariciadoras, Nieves ama la rumba que es del tiempo de España. «Mi madre aprendió algunas tan antiguas como el Morro. Está la que se conoce por "Mamá' buela", sobre un muchacho retozón que no quiere ir a la escuela; otra, simpatiquísima, es "Lala no sabe hacer ná", donde se representan con los pasillos de la rumba las labores que el cantante va nombrando».

A Nieves, la música le vine de herencia, pues su mamá era muy aficionada a los cantos y danzas, y pertenecía a agrupaciones de claves y coros de guaguancó.

Todos los años, el 23 de diciembre con su grupo, iban a los onomásticos. A la que dirigía le regalaban como aguinaldo una moña de cintas que guardaba sus sorpresas: luises y

---

[10.] Nieves Fresneda, Omí Larí, decana de las bailarinas folclóricas . Murió el 1º de noviembre de 1980.

centenes. Se hacían brindis muy sabrosos: *laguer*, frituras, dulces de distintos tipos y el ponche. Los coros, muy bonitos, los había hasta de ciento cincuenta voces, y sus canciones se referían a la belleza del paisaje, los héroes, la patria, el amor...

Por mamá supe que los Días de Reyes, el 6 de enero, salían los cabildos y se celebraba como un carnaval de los negros, con la autorización del gobernador; se tocaban marugas, campanas, tambores y hasta con el sonido que producían los caracoles utilizados como trompetas se movía la gente. Cantaban al pájaro zunzún o pájaro lindo y había personajes como el Tata Cuñengue; también mamarrachos y disfraces con plumas; todo muy vistoso, de gran colorido, porque todo el año se guardaban telas y abalorios para ese acontecimiento. Hubo comparsas muy famosas como El Gavilán, La Culebra, El Alacrán, que sonaron mucho.

Cuando empezaron las comparsas, las mujeres no podían participar porque no se veía muy bien; entonces los hombres se disfrazaban de mujer. Luego hubo numerosas prohibiciones; se le achacó, principalmente, a riñas entre ñáñigos y miles de inventos más que se dijeron, pero casi siempre eran por rivalidades políticas. Durante el gobierno de José Miguel Gómez sucedió lo mismo, porque él opinaba que las comparsas eran cosas de «negritos bullangueros». Después volvieron para alegría de todos, y en los paseos carnavalescos los bailarines hacían derroche en cada coreografía.

¿Qué puedo decir de mi niñez? Que fue muy dura y hasta triste. Empecé a estudiar en la Quinta de los Molinos, pero tuve que dejar los libros porque mamá murió joven. Me hice cargo de mis hermanos; trabajaba como doméstica y dando plancha para mantenerlos; eso sí, a pesar de los reveses, los dolores que oprimieron mi corazón, encaré la vida sin rencores, en espera de un futuro mejor.

Con las «lucumisas»

Las imágenes se suceden vertiginosamente. De pronto, queda una fija para el recreo de la curiosidad: del viejo solar El África salen tres negras impecablemente vestidas de blanco; Mercé, la más sonriente; Candita, con el tintineo de sus collares, y Rosa siempre con la mirada salvaje de los animales acorralados; es que se cuenta que ella... Todas tienen los rostros rayados en blanco y parecen esculturas que echaran a andar.

Sí, yo me escapaba cada vez que podía para ver las «lucumisas». Precisamente, de ellas tomé la idea para la comparsa de Las Bolleras de la que fui figura estelar. Estas mujeres salían a vender bollitos de carita, chicharrones, mariquitas de plátano y caldo de pata de res, la especialidad. Para llamar la atención tocaban con los timbales; entonces, todos aparecían con sus cacharros para comprar aquellos «manjares»...Alcancé a ver infinidad de cosas; por algo nací con el siglo. Viví el tiempo de los chinos con trenzas hasta la cintura; el de los muertos cargados en hombros, porque solo iban en carroza los más pudientes. Al igual que mi mamá, yo pertenecí a distintas agrupaciones de claves y coros de guaguancó. Como tenía una voz bien timbrada fui clarina; estuve con Los Roncos, de Ignacio Piñeiro, que hizo historia, En otros barrios también se reunían estos coros de rumberos. La controversia lo mismo se formaba en un teatro que en un solar. Me gustó el guaguancó, sobre todo el baile y las improvisaciones. Figuré en las sociedades Los Cocheros, Minerva y Jóvenes del Cayo.

Por todo lo que atesoraba del baile y la música, Nieves pudo después de 1959 pasar al Conjunto Folklórico Nacional; aunque primero fue a trabajar con el musicólogo Argeliers León en *Cantos y leyendas*, en la Sala Covarrubias del Teatro Nacional.

«Canté con el alma a Ochún, y bailé los movimientos de Yemayá, que tanto me gustan».

También Nieves tuvo gran aporte en Danza Nacional, donde fue una fiel colaboradora de Ramiro Guerra en varias de sus obras como *Historia de un ballet*.

Luego triunfé incluso en Venecia con el Conjunto Folklórico Nacional. Durante esa etapa bailé yambú, que es un estilo antiguo de la rumba, guaguancó y columbia, y recordé mi juventud haciendo de bollera como en 1937, cuando me inicié en esa comparsa, y cantando pregones.

La rumba es como una picardía amorosa, de que si sí o si no; y un reto a ver quién es mejor, y eso se ve en la yuka, en la que la mujer trata de cubrir al hombre con su amplia saya, y eso indica que lo ha vencido. La rumba se seguirá bailando mientras exista alguien a quien le corra el ritmo por las venas, y eso, no hay dudas de que me ha ocurrido a mí.

La ensayista y poeta Nancy Morejón se inspiró en la artista y le dedicó el hermoso poema *Elogio de Nieves Fresneda*.

CARMITA

Se frotó los ojos agrandados por el asombro: No, que no, que no podía ser. Sin embargo, ella estaba allí sonriéndole, vestida con su traje de vuelos, típico de las rumberas. El vigilante de la playa de Miramar se hallaba totalmente conturbado ante la visión que se le ofrecía: «¡Dios mío, estaré viendo un fantasma!» Y, aunque no creía en el más allá, tenía tal seguridad de que la fallecida bailarina Carmita Ortiz se le había aparecido como que él se llamaba Juan González. Comentaba, el sencillo hombre que no sintió miedo alguno, pues siempre la famosa artista se portó bondadosa y amable con él.

Y como suele ocurrir en sucesos de esa envergadura, la noticia corrió de boca en boca:«Carmita vuelve por las noches a la casa donde fue tan feliz», Carmita no quiere que nadie ocupe su lugar y permanece cuidando cada rincón, cada mueble». Los sirvientes que pasaron por aquella morada aseguraban que oían pasos, ruidos, quejas y hasta se decía que a veces la puerta de la mansión se cerraba y luego amanecía abierta.

La residencia cambió de dueño en varias ocasiones: los que la adquirían al poco tiempo se mudaban: ¿Superstición? Lo único verdadero es que todas las habladurías le dieron ribetes de misterio al asunto.

Por los escenarios

El 7 de marzo de 1945, fallecía en una clínica habanera Carmita Ortiz, después de una operación quirúrgica al parecer exitosa. Al finalizar la intervención, la artista había hecho un feliz comentario segura de su pronto restablecimiento. Horas después se le oyó lamentarse: «No puedo respirar, doctor» y su corazón apagaba sus latidos.

Había nacido Carmita en 1909, en la esquina de Galiano y Trocadero, cerca del desaparecido café Las Transferencias. Hija de Josefina Ruiz y el ingeniero Julio Ortiz. Muy vivaz, desde pequeña se aficionó a la escena, donde su mamá su hacía aplaudir como tiple cómica de la compañía de Albisu.

La muchacha con solo catorce años debuta en *Sangre Gorda* y agrada al público cuando canta el cuplé de moda: «Lisson Lissette». Durante una temporada trabaja en el Campoamor. Después se lanza a conquistar la capital porque era su sueño dorado. Como profesional se inicia con la compañía Velasco-Santa Cruz, en el Teatro Martí. En el Actualidades conoció a su pareja de baile Julio Richard con quien bebió plenamente la alegría del triunfo, pues no hay dudas de que a pesar de sus divergencias, él fue una buena estrella. Richard perteneció al bataclán de Rimini y antes se había destacado como *catcher* del equipo de pelota Loma Tennis.

En 1928, los rumberos se presentaron en el Palace de París en una gira centralizada por Rita Montaner, quien sustituyó a la archifamosa cupletista Raquel Meller, y que integraban además Sindo Garay, su hijo Guarionex y el pianista Rafaelito Betancourt. Por lo faustoso de sus espectáculos el Palace rivalizaba con el Follies Bergere, el Moulin Rouge y el Casino de París.

Rita y su pequeña tropa se hacen sentir con nuestros ritmos desde los sones hasta la sabrosa rumba. Todos disfrutan además de la bohemia del Barrio Latino en la capital francesa.

En 1930, Carmita en la apoteosis de su juventud, actúa junto a Richard en la revista *Pinceles y Colores*, donde se luce Rita. La pareja es muy ovacionada en el cuadro «Canto Siboney», que La Única interpreta magistralmente. Los bailarines participaron en 1932 en la zarzuela La Emperatriz del Pilar.

Continúan sus triunfos. Crecen los aplausos para la pareja cuando en 1935 se presentan en el Edén Concert, esta vez en la producción *Tam Tam*, del obeso coréografo Sergio Orta y en la que además intervienen Garrido, Estela y René y la simpar Candita Quintana.

Buenos Aires les abrió los brazos para que mostraran su arte en los más exclusivos centros nocturnos. Estuvieron en Montevideo y regresaron a la capital argentina. Por disparidades tomaron rumbos distintos y ella vuelve a la compañía del maestro Discépolo como tiple. Se uniría nuevamente a Richard para la *Revista Maravillosa* en el Alkázar, que hizo época porque en pocos días fue vista por más de mil quinientas personas.

Viajan a Río de Janeiro, donde día a día, el público se da cita para ovacionarlos cuando bailan al compás de la explosiva rumba. Ya eran conocidos en Puerto Rico, México, Centroamérica y Estados Unidos, donde recibieron el halago de la crítica.

En Norteamérica la pareja mostró la rumba de salón y dio a conocer la conga. Habían viajado con Eliseo Grenet y la primera presentación la hicieron el 14 de marzo de 1936 en el Steingway Building ante los periodistas Walter Winchell y Danton Walter. En 1937, participaron en la *Revista Azul*, que Ernesto Lecuona llevó al Auditórium. Intervinieron en 1939, en el espectáculo *La rumba*, en el número «Negrita Coco», interpretado por Rita Montaner. En 1940, Carmita bailó en *Mujeres en La Habana*, en el Teatro Nacional. Durante otra de las separaciones de Richard, ella cantó en el Martí, zarzuelas y, entre ellas, Luisa Fernanda.

Fue precisamente el también excelente coreógrafo Julio Richard, quien inaugura el cabaret Tropicana en 1941 con la superproducción *Congo pantera* en la que aparece al famoso Ballet Ruso de Monte-carlo, dirigido por Basil, que a la sazón se encontraba en La Habana. El espectáculo contó con un centenar de bailarines y modelos, tuvo la actuación especial de Chano Pozo y otros valiosos tamboreros. Participaron Rita Montaner, Sandra, Bola de Nieve y la escultural Carmita Ortiz, en su última actuación en público.

El gran amor

En el camerino, Carmita Ortiz descansaba después de su actuación junto a Julio Richard. El aroma de las rosas que sus admiradores le obsequiaran envolvía el lugar: en una silla relucían las lentejuelas de su vestido de rumbera que hacía solo un rato usara. Sintió unos golpes en la puerta y con desgano abrió: Alberto Garrido le sonreía.

Hablaron brevemente y la bailarina como en otras ocasiones le dijo no a sus requerimientos amorosos. Desde que él la vio se enamoró de ella; fue un amor a primera vista que lo encadenó para siempre a la artista. Fue así que Carmita y Richard iniciaron otra de sus triunfales giras y al regreso, hubo un nuevo encuentro con Garrido.

Él se había convertido en el cómico de moda; muerto Pous y retirado Aceval queda como el único regrito auténtico del teatro. Realmente, desbordaba una simpatía única, además, nadie como él bailaba la rumba. Una rumba hecha a su manera, pero que no dejaba de ser rumba. Mantenía un estilo sin perder el ritmo; nunca nadie pudo imitar sus complicados y sabrosos pasillos.

Al tratar de olvidar aquella ilusión primera que fue Carmita, el actor se había casado, mas cuando ella retornó a La Habana, la esperó rendido de amor y con un hermoso ramo de rosas amarillas. Hubo matrimonio y él en el colmo de la felicidad le regaló una casa que más bien parecía un barco blanco anclado en el paisaje.

Tiempo después, la bailarina enfermó; se le diagnosticó apendicitis. La noche antes de la operación, el matrimonio celebró una fiesta, donde estaba lo que más brillaba en el mundo artístico. Consternación causó la muerte de Carmita. La prensa reflejó ampliamente infausto suceso.

Luego de la boda de Carmita, Julio Richard bailó con Elsa Valladares y juntos actuaron en México junto a Cantinflas. Antes, él tuvo otras uniones con Olga Negueruela, Teté Torres, Luisita Alfonso y Kiki Wilson.

En la trayectoria de la Ortiz se inscriben las películas *Cosas de Cuba*, con Garrido y Piñeiro, dirigida por Manolo Alonso y con esos cómicos e igual director, la cinta *Dos cubanos en la guerra*, filme que fue prohibido porque se burlaba de la Marina de Guerra del país.

Meses después de la muerte de Carmita, en 1945, fallecía en México el destacado bailarín y coreógrafo Julio Richard. Fueron dos artistas muy queridos, que en sus numerosas giras por el mundo realzaron nuestros bailes como la conga y la rumba de salón.

De niño solo tenía un deseo: encontrar las siete llaves para traspasar los límites del misterio: pronto se acercó a los cabildos y vio con asombro que, poco a poco, podía penetrar el secreto de aquellos tambores sagrados que trasmitían una música terrena y a la vez divina. Y sintió, que en aquellas interminables llamadas, la música sollozaba, invadía la luz, se volvía espectro o gritaba su clamor de vida.

Ignacio Piñeiro, con mirada indagadora, vivía entre africanos, en Carraguao, «con congos y lucumíes que metían miedo». Todos aquellos toques los fue incorporando a su repertorio: «Yo era una esponja recogiendo aquí y allá», diría años después.

De extraordinaria fecundidad interpretativa expresada en la multiplicidad genérica y en lo fundamental en la clave, el guaguancó y el son, también aprendió con los del Pendón de los Negros Curros, todo lo cual enriqueció su universo sonoro.

Ya en 1908, cuando la rumba empezaba a imponerse, escribió una que se popularizó: *¿Dónde andabas anoche?:Avísale a mi vecina/ que aquí estoy yo,/que venga para que aprecie/ dulce cantar...*

Entre sus piezas de guaguancó más destacadas se encuentran «La chonono», «Papá Oggún», «Guaguancó callejero», «Malditos celos» y «Cadencia que electriza». De las congas: «Aprovecha», «Caramelito pa' chupá», «Dale al golpe» y «Alegre sonido», entre otras.

Las claves

Hacían furor las claves. Fresca estaba en la memoria del pueblo la que Tereso Valdés dedicó a la clarina Caridad, mujer bellísima conocida por la Emperatriz del Pilar. Tereso, actor y director del famoso coro pilareño, se enamoró de la muchacha, que ya había dado el sí a Hilario González, uno de los tacos que se paseaba por la

Acera del Louvre, quien finalmente la desdeñó. Y porque también es posible morir de amor, la joven comenzó a languidecer; en los últimos momentos pidió a Tereso que escribiera una clave para que la tocaran el día de su entierro. Decía el sincero lamento: *Aquí falta señores una voz,/ Falta el clarín de mi clave/ no se escucha su voz/ que se apagó,/ que se apagó.*

El trovador Billillo tomó esa clave, le cambió algunas frases y expresó: *Falta el clarín de mi Cuba, que Martí se llamó, ay, se llamó,* y le añadió otra estrofa de su inspiración: *Martí no debió de morir,/ hoy fuera el Maestro del día./ Otro gallo cantaría,/ la Patria se salvaría/ y Cuba sería feliz.*

En cuanto a los coros y claves de guaguancó, son una asimilación afrocubana de los orfeones peninsulares y, según explica Odilio Urfé, el nombre viene de Anselmo Clavé, el compositor catalán.

No escapó al gusto por las claves Piñeiro, quien desde pequeño se interesó por ellas; lo primero que hizo fue un coro en Pueblo Nuevo con niños de su edad. En 1906 forma El Timbre de Oro, y en sus composiciones aparecen los toques de los cabildos africanos. Posteriormente, con Los Roncos, su notoriedad de improvisador y decimista se cimienta. Este coro brilló por la belleza de sus cantos. Por cierto que en esa agrupación figuró Angelito, a quien llamaban El Dichoso, padre de la destacada folclorista Merceditas Valdés.

Para esa etapa, el compositor dio a conocer obras antológicas como «El edén de los roncos», «Mañana te espero, niña», «Cuando tu desengaño veas» y otras de hermosa inspiración. Famosa fue la rivalidad de Piñeiro, de privilegiada voz, en las controversias con otros reconocidos rumberos como Tomás Ariza, Elías Aróstegui, Agustín Pina, Flor de amor y Severino, del coro de guaguancó El Paso Franco, surgido en Carraguao.

En 1926, Piñeiro se une a María Teresa Vera para integrar el Septeto Occidente, del que fue contrabajista, y graban varios discos para la Columbia Records y la Pathé, en Nueva York. María Teresa, que formaba dúo con Miguelito García le cantó a Ignacio todos los géneros: boleros, guarachas, rumbas, claves abakuá, el guaguancó, sones clásicos como «Esas no son cubanas» y «Las mujeres podrán decir».

Piñeiro pertenecía a la potencia Eforí Enkomó desde que tenía veinte y nueve años cuando se juró. Compuso canciones abakuá como la titulada «En la alta sociedad», cantada por María Teresa

Vera, y que alcanzó luego mayor popularidad grabada con Miguelito García en Radio Marianao. Aunque esta interpretación fue criticada por los ecobios, el compositor continuó usando vocablos y expresiones del lenguaje ñáñigo como en la conocida pieza «Dichosa Habana».

El ABC

De niño vivía en el solar El Refino, frente al teatro Luisa Martínez Casado, en Cienfuegos; allí empecé a oír las obras de Ignacio Piñeiro, pues los peloteros Bartolomé Portuondo, padre de la cantante Omara, y Abelardo Junco, quienes visitaban ese lugar, siempre estaban cantando números como «Impulcritudes» y «El edén de los roncos».

Con estas palabras, vuelo a la nostalgia, añade Rafael Ortiz, Mañungo:

Cuando llegué a La Habana lo que más deseaba era encontrarme con Piñeiro, el Campeón del Son; y desde el principio sellamos una sincera amistad; a pesar de su grandeza, fue un hombre sencillo. Cuando viajamos a Chicago, él con el Septeto Nacional y yo al frente del Montmartre, aquellos lazos se estrecharon más. Lo considero mi maestro porque con él aprendí lo que es de verdad música.

Es asombroso que a Cuba le naciera un compositor así, un compositor que se hizo solo. El famoso George Gershwin lo admiró, y cuando visitó La Habana frecuentaba la emisora radial CMCJ, donde el septeto hacía el repertorio de Piñeiro. Surgió la camaradería que se establece entre músicos, y el norteamericano recogió anotaciones de la obra del cubanito, y en su Obertura cubana plasmó temas de «Échale salsita», el popular son-pregón.

Según Ortiz, el primer oficio que desempeño Piñeiro en tiempos de la colonia fue el de lavar caballos en el litoral habanero; también se destacaría como tonelero, y trabajó de estibador, tabaquero, albañil; precisamente, entre sus mayores orgullos estaba decir: «Muchos de esos artísticos dibujos de los azulejos que visten el Capitolio Nacional salieron de estas manos».

Pudo durante una etapa dedicarse solo a la música, pero luego continuó alternándola con otras labores, porque lo que recibía como autor e intérprete no le alcanzaba para vivir. Así después de los éxitos de la Feria de Chicago, volvió a su antiguo oficio de maestro albañil.

Maravillas de un septeto

En 1927, Piñeiro funda el Septeto Nacional que además integraban Juan de la Cruz, tenor y claves; Bienvenido León, barítono y maraquero; Alberto Villalón, guitarrista; Abelardo Barroso, guía y claves; Francisco González, tresista y voz; José Manuel Incharte, bongosero y Lázaro Herrera, trompeta.

La agrupación del creador de «Suavecito» tuvo éxitos con sus grabaciones ortofónicas en Nueva York. Un triste suceso ocurriría al Septeto Nacional al dirigirse en 1929 a España para representar a Cuba en la Exposición Iberoamericana de Sevilla. El cantante Abelardo Barroso, llamado Caruso por la extensión de su timbre, era sustituido por José Jiménez, Cheo. Durante la travesía por mar —viajaban en el Cristóbal Colón— el barco encalló en la bahía de Nueva York. Era un día de intenso frío y por curiosidad, Cheo, quien con veintiún años era una estrella del son, se asomó a la borda; enseguida sintió un fuerte dolor en el pulmón que luego lo llevó a la muerte. Su cadáver, envuelto en la enseña nacional, fue lanzado a las aguas en alta mar.

Adiós al bardo

En Madrid imprimieron cuatro discos que incluían «Suavecito», «Asturias, patio querido» y algunas rumbas y bambucos. Los artistas obtuvieron diploma de honor y medalla de oro en la Feria. Piñeiro era igualmente premiado. En 1933, en la Exposición de Chicago Un Siglo de Progreso, el septeto se acreditó otros galardones.

De las composiciones de Piñeiro, alrededor de trescientas, se inscriben como las más populares «Cuatro palomas», «El castigador», «Mentira», «Salomé», «No juegues con los santos», «Sobre una tumba una rumba», «Tuppy», «Bardo», «Bururú Barará», «Suavecito», «Échale salsita», y «El guanajo relleno».

En la línea del guaguancó se inspiró para componer: «Cadencia que electriza», «El edén de los roncos», «Mañana te espero, niña», «Cuando tu desengaño veas», «En la cáscara de coco», «Guaguancó callejero», «Guaguancó mamá», Guaguancó papá».

Entre sus rumbas figuran: «Diana la rumbera», «Hay que bailar suave», «Eterna novedad», «Dónde andabas anoche», «Más calientico». En la rumba-son es autor de: «Los rumberos de La Habana» y «Coco mai-mai».

El 12 de marzo de 1969 el mundo conocía de la muerte de uno de los más grandes músicos, no solo de Cuba, sino de América Latina. Piñeiro dejaba obras que son verdaderos clásicos dentro de los géneros que abordó con mayor fecundidad creativa: la rumba, el son y la clave ñáñiga, en los que desplegó toda una rica gama de recursos rítmicos y melódicos.

A partir de 1961, para la investigación, rescate y divulgación de nuestras raíces populares, el musicólogo Odilio Urfé creó los Festivales Folklóricos con carácter didáctico. Ignacio Piñeiro y Santos Ramírez tuvieron a su cargo el ciclo dedicado a la rumba y sus variantes: guaguancó, yambú y columbia. Además, presentaron Claves navideñas y los Patrones de los pendones de los negros curros habaneros.

En los Ciclos de son, organizados por el investigador Alberto Muguercia, la cantante Hortensia López, destacada en la década del treinta, interpretó dos claves ñáñigas de Piñeiro.

Muchos cantantes extranjeros han grabado la música de Piñeiro y, entre ellos, el intérprete puertorriqueño Héctor Lavoe, quien llevó al disco la pieza «Mentira, Salomé».

Mañungo

A las tres de la madrugada ya la luna era un espejo gastado. En un viejo café florecía la peña; diluvio de comentarios, canciones tarareadas a media voz, risas por el chiste de último minuto, casi siempre relacionado con la situación política...

En una mesa, varios hombres escudriñan la vida, mientras otros intentan ponerle música a los sentimientos. Reunidos hay cantantes, compositores de moda, casi las mismas caras de todos los días: Rafael Ortiz, Mañungo,[11] enfundado en un traje gris; Miguelito Valdés, Mr. Babalú, con el encanto de su sonrisa, Arsenio Rodríguez, El Ciego Maravilloso, y Bienvenido Julián Gutiérrez, autor de famosas guarachas y de un bolero inolvidable: «Convergencia». La conversación gira sobre los últimos éxitos de Ortiz, interpretados por Arsenio: «Dame un trago, tabernero» y «Madre, no me pidas». De pronto Bienvenido lanza el amistoso reto: «Oye, Mañungo, no hay quien te gane en los boleros, pero ¿por qué no una conga o una guaracha?...». Cuando oí aquellas palabras me vi en tremendo aprieto, no obstante acepté. El plazo era de una semana. No, no era fácil competir con un Lecuona o el mismo Matamoros que en ese momento sonaba duro con «Alegre conga», pero, lo hice. Cogí el ritmo y usé la palabra abakuá chévere, que le da sabor, y lancé el número, que fue sensación. Se tocó desde Nueva York hasta París, y no solo en los lugares más exclusivos, sino en los más remotos y de difícil acceso, como la cordillera andina, pues hasta en el Pico del Águila se marcaron los pasillos. Varios largometrajes se hicieron con el «Uno, dos y tres» en Hollywood, y se usó también en películas de Cantinflas y Tin Tan.

La pieza dice: *Uno, dos y tres/ que paso más chévere/ el de mi conga es...*

[11.] Falleció el 29 de diciembre de 1994, en La Habana.

Por el mundo

Eran los tiempos del sombrero de jipijapa, de los tranvías, el *fox trop*, cuando la conga comenzó a salir de los solares y la calle para llegar al teatro y a los salones de baile.

El fenómeno musical empezó a caminar a conocer mundo aunque, a veces, con el nombre de conga se «etiquetaba» toda la música tropical, que comercializada a gran escala, perdía lo mejor y más auténtico de su rica esencia.

Las noches de París se llenaban de los impetuosos ritmos cubanos, pues mientras Moisés Simons imponía la rumba, Eliseo Grenet lo hacía con la conga, de la que expuso tanto el baile como la célula rítmica. El autor de «Mamá Inés» musicalizó varios filmes, entre ellos el titulado *Conga bar*. Grenet actuaba como pianista en 1934 en el cabaret La Cueva, llamado así por el trompetista Julio Cueva, otra verdadera atracción en la Ciudad Luz.

Ernesto Lecuona con Panamá, «Para Vigo me voy» y «Por Corriente va una conga» ayudó a que el género se conociera más en el extranjero, pero sin duda, el «Uno, dos y tres» de Rafael Ortiz lo consagró definitivamente y le dio mayor proyección internacional.

El mulato Mañungo

Rafael Ortiz, con su piel amulatada y el pelo blanquísimo en sus ochenta y cuatro años, ha salvado muchos recuerdos de su juventud incendiada en el torbellino de lo que se vive aprisa.

> Mi existencia ha sido un constante peregrinar, pero ese momento del surgimiento de la conga pesó mucho en mi trayectoria. Después del «Uno, dos y tres» surgieron otras como «Quinto mayor», «Marcando el compás», «Hasta el gato va arrollando», «La conga de Cayo Hueso» y «Un nuevo ritmo».

Mañungo nació en 1908 en Cienfuegos. Comenzó tocando allá por Pueblo Grifo, y junto a su hermana Brígida hizo dúos interpretando a Sindo, Villalón, María Teresa Vera. Perteneció al Sexteto Santa Cecilia, que tenía entre sus integrantes a otro valioso compositor: Marcelino Guerra, Rapindey. Trabajó en varios oficios: mecánico, pintor, estibador, pero como se dice que la cabra tira al monte, él se inclinó hacia la música, pues la atmósfera familiar siempre influyó: sus padres pertenecían al famoso coro Gascón, de Trinidad. Su primer dúo artístico profesional fue con Irragori. En 1928, lleno de ilusiones viaja a La Habana, esta vez con el Septeto Cienfuegos, y se establece en la capital. Perteneció a la orquesta del cabaret Infierno, donde tocaba el compositor Amadeo Roldán.

Observo esta tarde a Rafael, el hombre del paso chévere, descansar en su sillón, envuelto en una guayabera blanca, con sus ojos distantes y el recuerdo evocador ganándole las palabras. De Ignacio Piñeiro, dice:

> Llevábamos la música en el mismo medio del pecho;
> era como esos fuegos sagrados que nada puede apagar;
> las canciones brotaban una y otra, y oírlas y saborearlas
> era lo mejor que podía pasarnos. Pienso que Piñeiro fue
> realmente único, el más grande de nuestros folcloristas;
> al menos yo lo veo así. Su música gustó desde siempre,
> y en 1933, cuando viajamos a la Exposición de Chicago,
> él con el Septeto Nacional y yo con La Clave Oriental,
> luego Montmartre, profundizamos una amistad que
> duró hasta la muerte.

Mañungo integró importantes conjuntos: El Habanero, el Típico Habanero, Típico Santiaguero, la orquesta de Armando Valdespí y la Gloria Matancera. Dirigió además la Tanda de Guaracheros y Los Roncos Chiquitos. El catálogo de sus obras registra más de cien títulos grabados para distintas firmas discográficas: Víctor, Panard. Egrem. Cultivó diversos géneros como el bolero en sus distintas variantes, la canción, la guaracha, el guaguancó y el chachachá, entre otros.

Sí, se considera rumbero porque:

> [...] ese ritmo me marcó desde niño hasta que espigué,
> y si Matanzas y La Habana son los centros principales
> de la rumba, en Cienfuegos también era costumbre en
> los solares de mala muerte. Yo tuve oportunidad de ver
> a muchos famosos como el Conde Bayona, nacido en
> Palmira. ¡Ave María, qué bailarín! De alguna manera el
> género está presente en mi música. Tuve, además, excelente
> amistad con Santos Ramírez, con quien compuse «El
> gallo rumbero». Creé otros números en esa línea como
> «Tres golpes», con José Slater, y «Quién me lo iba a decir,
> camará», «María Antonia llegó» y no sé cuántas rumbas
> más que ni siquiera registré porque surgían de ahora para
> luego, y como no las llevaba al pentagrama se me fueron
> perdiendo por esos malos caminos que tiene la memoria
> del nunca jamás.

Esteban Regueiro, Bienvenido León y Estela Rodríguez, integrantes del Coro Folklórico Cubano, que Rafael Ortiz dirigió, tuvieron una brillante actuación en el Primer Festival de Música Popular Cubana celebrado en 1962. En esa ocasión interpretaron inolvidables rumbas como «Guaguancó de la cárcel», «A Malanga», «La última rumba» y el «Saludo del Coro Ronco de Pueblo Nuevo».

Ortiz es autor de populares piezas como «La quise con un cariño», «Un mensaje de amor», «Como siempre soñé», «Todo en conjunto», y «La vida es una semana», con texto de Pedraza Ginori, que los muchachos del grupo Sierra Maestra han rescatado y llevado al disco.

Hoy, Mañungo, vive recordando los tiempos de las academias de baile como Havana Sport, los del Casino de la Playa, aquellos en los que llevó la batuta del Septeto Nacional, y los de Amor en loca juventud, título de una de sus canciones, esos que ya jamás regresarán.

Fue rumbero antes que sonero. Desde pequeño esa ritmática vivió en él, pues fue la atmósfera que respiró en el solar donde vivía en Cienfuegos, allí siempre había un jolgorio amenizado por rumberos trinitarios. Hay que destacar que su papá y tíos eran también reconocidos tocadores de quinto.

En la línea del guaguancó compuso «Guajira», «Romance guaji-ro» y «El carretero emulando». En su discografía está una joya de la Egrem: «Todavía me queda voz», con Carlos Embale y Los Roncos Chiquitos, que Mañungo dirigió. Aparecen las piezas de Mañungo «Por qué me guardas rencor, rumba», y la famosa conga «Uno, dos y tres». Su filmografía incluye *La rumba,* de Oscar Valdés y *635 años de son,* de Teresa Ordoqui.

MONGO

Volvió con el abrazo a su Isla, Ramón Santamaría, Mongo, estaba necesitando de este viaje a la semilla, del reencuentro con sus raíces. Después de casi treinta años de larga ausencia en Norteamérica, regresó el viejo rumbero de Jesús María con más experiencia y el aval de la consagración discográfica en Estados Unidos. Por eso lo vemos abriendo su sonrisa y saludando a amigos y admiradores como si solo ayer hubiera dejado de verlos.

Al igual que otros tantos rumberos conoció el dolor de la miseria, pero no ha congelado los recuerdos y piensa con amor en los días de su infancia vivida en el solar de Los Carretones. Allí en los toques de santo, en los ensayos de la comparsa La Jardinera, se formó el tamborero que a los seis años tocaba el bongó, las maracas y cantaba.

Creció oyendo música y desde entonces fue parte de su vida como el cielo, la luz, la calle del barrio, donde caminaba, a veces, con los zapatos rotos. En cualquier casamiento, fiesta de bautizo o bembé que se hiciera estaba presente, y si otros gustaban del silencio, él buscaba el sonido, lo mismo el de las olas en el malecón como el del tambor que ejercía un efecto mágico en su interior.

Mi madre era de origen yoruba; mi padre, congo, y eso influyó extraordinariamente en mi manera de tocar, pues hay una gran diferencia en el sentido del ritmo de los cubanos y el de otros percusionistas de países como Puerto Rico o República Dominicana, nosotros somos más ritmáticos, profundos, es un sello que nos distingue. Todo ese ámbito familiar me iba marcando. Mi abuelita trabajaba de doméstica, cocinando, para una familia de Pogolotti, y en las fiestas de la Candelaria yo participaba; también en los cultos a Changó, comparsas, rumbas. Claro, que mis padres lo que más deseaban era que fuera músico de estudio, violinista; y estudié a medias en la Academia de Santa Cecilia, pero un día guardé el violín en su estuche; a ellos no les quedó más remedio que dejarme con la idea del tambor.

Estuve con La Lira Infantil, un grupo de niños que tocaba música por los cafés y después se pasaba el plato o el sombrero para recoger algunas monedas, tal como años después lo haría nuestro Bartolomé Maximiliano Moré, el gran Benny, cuando llegó a La Habana con su sed de triunfos. A los diecisiete años me coloqué en el correo; de día repartía cartas y por la noche me iba a lo mío: rumbas y más rumbas.

Pasó el tiempo y recibí la primera oportunidad de Alfredo, el hermano de Bienvenido León. Luego el Edén Concert y Tropicana, con la experiencia mayúscula de la superproducción *Congo Pantera*, donde se presentaron tamboreros de todos los lugares, y René, el bailarín ya herido de muerte. El último sitio en el que trabajé en mi país fue en el cabaret Sans Souci; tenía que entrar por la cocina por el color de mi piel. ! Ojalá mi juventud hubiera sido en esta época y no aquella en que los negros vivíamos humillados.

Durante aquella primera etapa, el peregrinaje musical de Mongo incluyó conocidas agrupaciones como la Sonora Matancera, los Matamoros, el Conjunto Hermanos Camacho, la jazz band Hermanos Martínez, el Conjunto Segundo de Arsenio.

Tiempo tormentoso por la situación económica y sobre todo porque a su vida le faltaba la presencia de su compañera de veinte años muerta prematuramente. Al llegar la invitación de la pareja de bailes de Pablito y Lilón para México, decidió la partida después de muchas dudas. Unidos a otro tamborero, Armando Peraza, integraron Los Diamantes Negros. Posteriormente viajaron a Estados Unidos para presentarse en Nueva York. Gran consternación causó la tragedia de Lilón, a quien Pablito mató y luego se suicidó. Los cuerpos aparecieron calcinados en el apartamento que los bailarines tenían rentado.

Por entonces los tamboreros cubanos eran muy reclamados por las orquestas norteamericanas, pues desde finales de la década del treinta el santiaguero Desi Arnaz y el catalán Xavier Cugat, entre otros, habían introducido la rumba. A partir de 1940 aumenta la emigración de músicos del patio y es mayor su protagonismo en el jazz.

El despegue

Después de sus éxitos en México, Dámaso Pérez Prado llega a Estados Unidos y Mongo Santamaría entra en contacto con El Rey del Mambo, quien le pide que se sume a su caravana para una gira.

> Antes de iniciar el recorrido tuvimos un tremendo accidente en carretera. Me partí las dos piernas. No me amputaron una gracias a que no hablaba inglés. Cuando ya tenían preparado el salón y me iban a operar, el cantante Paquito Sosa le dijo al cirujano: «Oiga, pero él no es negro, es cubano». El doctor le respondió: Hombre, y como no me lo dijo antes.

Con Pérez Prado hizo numerosas grabaciones como «Lupita, Mambo 65». De la del tango «Adiós, muchachos», dice: «Recuerdo que el Chino Pozo tocaba el bongó y yo la tumba. Uno marcaba dos por cuatro y el otro a doble tiempo. Esas cosas que hacía Pérez Prado...».

Estuvo con la orquesta de Tito Puente en la que hizo excelentes grabaciones: «Guaguancó Margarito», «¿Qué será...mulata?» y «Pa' los rumberos». Otras fueron: «Puente in Percussión», «Puente Goes Jazz» y «Top Percussión».

En 1957, el cubano fundó la orquesta Manhattan junto a José Silva Chombo y Marcelino Guerra, Rapindey.

Más tarde, Mongo emprende uno de sus proyectos más importantes: llevar a los surcos la música folclórica cubana. Graba un disco de lujo: *Changó*, en el que además participan Silvestre Méndez, Gilberto Valdés y Merceditas Valdés. Aparece la pieza «Consejo al Vive Bien» en respuesta a «Se corrió la cocinera» cantada por Roberto Maza. A este LP se le agregarían luego otros números en los que interviene Julio Collazo y es lanzado al mercado con el título de «Afro Cuban Drums ant Chants».

Grabó en 1958: *Yambú* y, al año siguiente, el LP, *Mongo*, en ambos se aprecia su dominio de la columbia, el yambú, el guaguancó y otros ritmos cubanos.

Con Cal Tjader, de cuyo quinteto formó parte es la grabación «Más ritmo caliente»; precisamente con esta agrupación hizo un disco clave para los jazzistas: *Afro-blue*.

Su discografía incluye «Ubané» con su compatriota el cantante Justo Betancourt y Manana, tributo a Agustín Gutiérrez.

Creó su propia orquesta que incluía músicos como Herbie Hancock, Chick Corea, Luis Gasca, Hubert Laws y Justo Almario.

Viajaría en 1960 a La Habana para grabar con Willie Bobo otra placa famosa: *Mongo in Havana: Bembé*, en el que aflora todo su conocimiento de esta música y su rica capacidad interpretativa.

El lado A reúne toques a deidades con el acompañamiento de Merceditas Valdés y Luis Santamaría y en la placa B incluye piezas de columbia y guaguancó interpretadas en las voces de la propia Merceditas, Macucho y Carlos Embale. *Nuestro hombre en La Habana* fue su segundo disco y contó con arreglos del tresero Niño Rivera.

Regresa a Nueva York y se produce un gran acontecimiento discográfico: su versión de *Watermelon man*, de Herbie Hancock, que vendió un millón de copias. El cubano realzó su fama con otras composiciones como «Para ti», «Comecandela» y «Amanecer» que le valió un premio Grammy.

Por un tiempo se une a su compatriota Victoria Yoli Raymond, La Lupe o la Yiyiyi como también se le llamó y dan a conocer el disco *Mongo introduce a La Lupe*.

Un momento importante en el recorrido musical de Mongo fue la creación de la agrupación La Sabrosa, en la que incorpora a la charanga la orquestación del jazz. Tocó con Machito y Miguelito Valdés. Tuvo triunfos en el Teatro Apolo, donde se consagró Nat King Cole. Se presentó en varias ocasiones en el Carnegie Hall como solista, o acompañando en conciertos a la cantante Miriam Makeba. Hizo un memorable concierto en el Yankee Stadium en esperado duelo con Ray Barreto.

El músico cubano que nunca encasilló su estilo, afirmaba que lo suyo es una combinación del latin jazz, aunque dentro de eso «yo toco rumba, guaguancó y la cosa típica cubana».

Radicado en Estados Unidos, Mongo ha caminado medio mundo y siempre recordando a su patria; estoy segura que cuando mira sus manos callosas que, a veces sangran por el impetuoso golpe sobre los cueros, no deja de pensar en aquel niño que, con La Lira Infantil, recogía monedas después de actuar en bares y cantinas; ese niño que en Jesús María conoció las buenas rumbas, los bembés, los cantos a Changó, a Ochún y otros orichas del panteón yoruba.

Otras obras de Mongo son «Meta rumba», «Mi guaguancó», y la dedicada a «Chano Pozo».

La pieza *Homenaje a Mongo Santamaría*, del multipremiado Chucho Valdés, aparece en el CD «La rumba Soy yo, con sentimiento Manana», Vol. II, del sello Bis Music.

A Mongo le dedicaron el Puerto Rico Heineken Jazzfest (1993). El cubano inspiró al conguero Poncho Sánchez para el disco *Conga Blue* (1996) del sello Concord. La compañía Rhyno Record con sede en Los Ángeles, California, lanzó un álbum: *The Mongo Santamaría Anthology* (1958-1995) que incluye treinta y cuatro de sus piezas más famosas.

Mongo falleció el 31 de enero de 2003, en Estados Unidos.

TÍO TOM

A este hombre muchos anhelos le latieron en el corazón; pocos se cumplieron, los más se fueron a bolina sabe Dios a dónde. Por eso este mediodía, cuando el sol lo inunda todo para clavarse en la piel de la ciudad, siento que estoy violando la tristeza de sus ojos de poeta.

Sangre de rumbero

Al pie del famoso y antiquísimo Castillo de Atarés creció el barrio con sus calles golpeadas, los grandes y bulliciosos solares a punto de desmoronarse dentro de aquellas puertas inmensas siempre abiertas de par en par. Las bodegas de mostradores grasosos y sus cantinas, en las que los parroquianos se consumían en el lance de beber ron.

La memoria emotiva lo hizo recordar el tiempo de las prostitutas cubriendo con maquillaje barato su vergüenza, el de los vendedores pregonando la mercancía: «Caserita, se va el tamalero» o a Juan, el Bizco, con su vozarrón: «Cambio globos por botellas»… Y allí, muy cerca, el Mercado Único, despertando con su olor rancio la mañana, y a dónde iba cada vez que podía a tomarse un sabroso sopón chino. Cuántas veces sintió el Tío Tom[12] el apasionado deseo de construir aquel mundo furiosamente amado de su juventud desgajada para siempre. Solo lo oí decir: «¡Alabao, si fue ayer!».

El rumbero de rostro apergaminado me hace pensar en el poema árabe, pues tal parece que tiene la edad del viento. Tío Tom conoció días de gloria, pero ahora vive en el limbo del olvido ¿ y es que acaso su música ya no se escucha? Nada de eso: composiciones como «Consuélate como yo…» siguen sonando en el mundo, en la voz de nuevos intérpretes…solo que, a veces, se las han atribuido a otros.

---

[12]. Tío Tom falleció en La Habana el 10 de febrero de 1991.

Hoy por hoy, y esto lo han expresado destacados cultores de la rumba como Mario Dreke, Chavalonga, no hay mejor compositor de guaguancó que Tío Tom, a cuya inspiración se deben cientos de piezas como «Bombón», «Qué quiere la niña», «Corazón que naciste conmigo», «Los cubanos son rareza», «Ya ves que me la jugué», «Tierra brava», «Bemba colorá», «A la fiesta de los caramelos no pueden ir los bombones» y a «Juan Arrondo le gusta el pollo»; como se aprecia en los títulos, la variedad de temáticas es amplia; va desde lo picaresco hasta lo patriótico, y aunque su fuerte ha sido el guaguancó, también incursiona en otros géneros como el pregón: *Estiro bastidores/cunitas de niño/ y camas de mayores.*

Consuélate como yo

Compositor: Gonzalo Asencio
Estilo: Guaguancó

Consuélate como yo
Que yo también tuve un amor
Y lo perdí
Y por eso digo ahora
Ya yo no vuelvo a querer
¿De qué te sirvió el querer?
Si a ti también te traicionó
Como a mí

Coro: Por eso ahora, ya yo no vuelvo a querer

Laberinto de espejos

Se llama realmente Gonzalo Nicanor Asencio Hernández Kesel, sin embargo disfruta que le digan Tío Tom. Nació el 5 de abril de 1919, en el solar El Modelo, del populoso barrio de Cayo Hueso. Hijo de Nicanor y Carmelina, su niñez y juventud creció en distintos barrios: Cerro, Carraguao y Atarés, el que más ama. La primera rumba que compuso fue «Yo cambio palo con cualquiera», aunque, tal vez, otras surgieron antes sin que las registrara.

Luego, todo se volvió música a su alrededor cuando los toques de cajón lo unieron a Kike y Chavalonga, para tocar sin parar porque algo había que hacer en aquel ambiente de pobreza. Era buen bailarín y quinto.

Con la comparsa Los Marqueses de Atarés, se divertía con los estribillos pícaros, simpáticos, que un buen tiempo repetían los bailadores.

Entre rumberos era muy conocida la rivalidad musical del Tío Tom con Guillermón, de la cual Chavalonga me relató:

> Aquello había que verlo, Guillermón era lo mejor de Pueblo Nuevo, pero cuando sostenía un duelo con el Tío, perdía. Recuerdo que nos íbamos a distintos barrios, pero, sobre todo, a Jesús María, y allí mismo se formaba la timba suicida. Se reunía la gente más brava de la rumba Cocaína, Aparicio, El Pícaro, Silvestre; también aparecían de otras barriadas: Callava, Jitobito, los Embale, Chano, Aspirina, Alambre. Les hacíamos coro. Guillermón decía lo suyo y el Tío le respondía; competíamos con las letras y el ritmo y siempre con números recién creados. Los bailadores se convertían en jurado. Ellos señalaban quién ganaba.

En el laberinto de su vida, Tío Tom se miró en muchos espejos: el de la alegría, el de los sueños rotos, el del dolor; ganó y perdió amigos, amó mirándose en la luna y las estrellas; además, alguna vez sintió que su vida era una rumba inacabable. Entendió el guaguancó también como denuncia. Una muestra es el que nació cuando en el gobierno de Prío los marines ultrajaron el monumento a José Martí:

Cubanos, dónde están los cubanos/ yo quisiera saber dónde están los cubanos./ Cómo los americanos/ han venido desde afuera/ a atropellar la bandera/ y la estatua de un mártir cubano....

Aquel escarnio contra nuestro Héroe Nacional recibió la repulsa de todo el pueblo, pero el llamado Presidente Cordial se hizo de la vista gorda y los culpables escaparon a la justicia; sin embargo,

Tío Tom por aquella rumba considerada «irrespetuosa» contra el mandatario sufrió condena de seis meses de prisión.

En la cuerda de la picardía, en la del requiebro amoroso, en la sátira a la discriminación racial, en fin en múltiples motivaciones encontró el Tío inspiración para sus rumbas que son verdaderas crónicas urbanas, cargadas de sabor cubano, como es la conocida Si cocinas como caminas, donde reconoce la prestancia que distingue a la criolla.

Por Atarés, el barrio donde la rumba suena en cualquier casa y a cualquier hora, o en Guanabacoa, tierra de aguas, lo puedes encontrar un día, y lo verás tal como es: espontáneo, alegre, aunque, a veces un soplo de tristeza le invada el alma. Sí, ahí va el Tío Tom saludando cortés mientras de las nubes vuelan extrañas mariposas y él va perdiéndose en ese laberinto de espejos que nos devuelve su figura, cada vez más pequeña en la última encrucijada de quizás su última rumba:

Me estoy poniendo viejo,/ qué es esto,/ la muerte me llama,/ qué es esto./ Me estoy poniendo viejo,/ Chambele./ Me dicen que soy el rey/ y yo no tengo corona/ qué es esto,/ Me la tienen que poner/ yo me la gané en la loma.

Tío Tom falleció en La Habana el 10 de febrero de 1991. En homenaje al gran rumbero fue grabado el disco *Tributo a Gonzalo Asencio. Tío Tom 1919-1991*; en la placa intervienen reconocidos músicos como Orlando Ríos, Puntilla, Ricardo Jáuregui, Aspirina y Ernesto Gatell, Gato, entre otros. La agrupación Los Afortunados cantando El Llanero Solitario grabó del Tío Tom la placa *Mucho que me divertí*. Ernesto Gatell, Gato, se inspiró en el famoso rumbero y le dedicó la columbia «El Tío Tom».

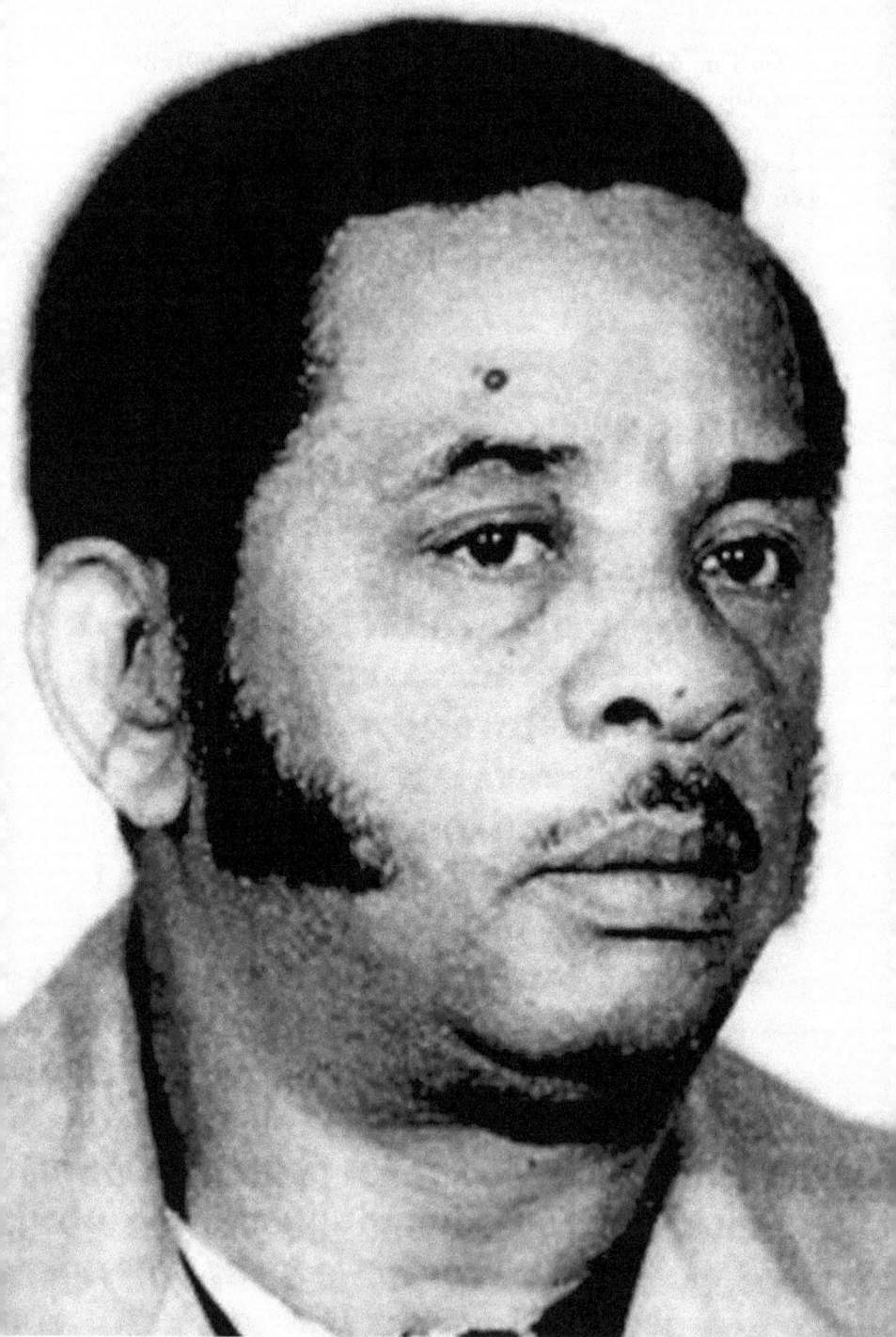

Evaristo, el Pícaro

on parsimonia sacó de un estuche de cartón amarillento, recortes de periódicos y comenzó a hablar como movido por una fuerza interior. «Mira, eso fue en Pueblo Nuevo; me provocaron y salí a bailar una columbia. Nada más que sonó la música y me metí en ella ¡Qué juventud!», repitió la frase con el sabor de la añoranza.

Vivíamos los grandes rumbones que se formaban con un poco de ron, unos cajones de bacalao y las ganas de tirar buenos pasillos. Mis amigos de entonces eran Silvestre y Eulogio Méndez, Manguín, Roberto Maza...

Por un momento quedó con la vista fija y los labios sellados; luego, los recuerdos solo dejaron escapar una reflexión: «Los barrios eran distintos....».

Frente a mí, Evaristo Aparicio El Pícaro,[13] rumbero de pura cepa, autor de un número realmente clásico dentro del género: «Xiomara», interpretado por el Guaguancó Matancero, (Los Muñequitos de Matanzas), y creador del ritmo papacuncún, de gran aceptación en el panorama musical cubano.

La rumba le dio sentido a la vida de los pobres, de los marginados, de los que nada tenían: con poco podíamos divertirnos, olvidar penas, nuestra sonrisa triste, porque los ricos hasta los sueños nos secuestraban; la rumba fue una manera de decir: «Estamos aquí». En cada barriada florecían los rumberos, gente que hacía música sin siquiera conocer el pentagrama.

La rumba es de cuando la colonia, y es tan cierto como ese sol que nos alumbra; incluso ese guaguancó tan conocido «Tú ve, yo no lloro, tú ve...» se cantaba en época de los mambises. Los africanos trajeron esa música

---

13. El Pícaro nació el 28 de enero de 1925 y falleció a los sesenta años.

que luego evolucionó. Nuestros antepasados pusieron el fundamento. Siempre fueron muy discriminados, y sus instrumentos también, porque los gobiernos no querían ni eso para los negros. Es que los tambores tienen un lenguaje muy particular, tanto, que en las guerras se mandaban mensajes con ellos, y en su interior se guardaban armas. Lo que sí sé es que hasta los más sagrados se prohibieron, y hubo un tiempo que hasta las casas santorales fueron asaltadas, pero al final todo volvió a su lugar.

De la rumba a la milonga

Pasé mi infancia en Jesús María. El contacto con los rumberos más destacados dejó mucha música en mí, y todo eso brotó en ritmos; a los diez años compuse mi primer guaguancó: *Cuando yo llego a la rumba/ los rumberos me coronan y me elogian/ como si yo fuera un rey. Cuando me pongo a cantar, / canto con el corazón,/ tengo bonitas trovadas/ y una dulce inspiración.*

Mi niñez fue muy pobre; además, la familia numerosa. Un día en un solar, otro en otro, y siempre con el susto del desahucio. Recuerdo que antes los circos instalaban sus carpas viejas en las barriadas, eso para mí era como una fiesta; me pasaba el día deambulando, tratando de conocer a los que allí actuaban: desde el payaso a la mujer sin cabeza. Sentía admiración por el domador de leones, y el corazón se me subía a la garganta cuando veía a los trapecistas jugando a la muerte como si tal cosa. Me atraía y siempre buscaba unos kilos para ir a las funciones. Cuando no aparecía el dinero, me colaba como lo hacía Canillitas, burlando la vigilancia del portero; el caso era estar adentro, viendo aquello, que se me antojaba la maravilla del mundo. Así un día, no sé cómo me vi trabajando en uno de esos circos convertido en artista; fui cantador de milongas, de tangos plañideros. El éxito de mi repertorio fue Juan Simón. Luego bailé casi todos los ritmos; tuve varias parejas; me presentaba en teatros, en los cines, y en pequeños clubes de Marianao. De esa etapa no olvido a Chori, la figura principal de aquellos bares de noctámbulos. Chori era pailero y se anunciaba garabateando su nombre dondequiera; lo mismo en una guagua, que en cualquier pared. No había espectáculo como el del viejo que tenía la noche y el día metido en los ojos, y con una creatividad increíble. Nadie como él para llenar de sonidos la playa con sus botellas verdes y amarillas, sus pailas y esa sonrisa que adornaba su cara, y ese grito que salía de los pulmones y sorprendía a la gente. Se llamaba Silvano, pero Chori era su nombre artístico. Todo el extranjero que venía aquí iba a verlo, y hasta el actor Marlon Brando quiso llevarlo a Estados Unidos para que hiciera su «chou» allí…

Marianao me dio experiencia para el arte; también las academias de baile, aunque no eran ambientes de progreso. Por varios años continué en las playas; ganaba poco, pero no había otra forma de ir «tirando».

¿Y el papacuncún?, indago para hacerlo huir de esa mala borrasca que aún lo acecha.

Vivía en mi cabeza un ritmo que me sonaba sabroso, y un día con unos amigos me puse a tararearlo; les gustó y me dijeron «Tienes que componer un número y registrarlo». Todo comienza cuando la tumbadora hace una pregunta a la batería, que responde con un sonido que suena papacuncún; otras dos tumbadoras adornan el diálogo; luego, nació el grupo musical de ese nombre.

El repertorio de Los Papacuncún está muy dentro de la raíz folclórica, con diferentes golpes africanos. La pieza más popular se titula «La ventana»; es aquella que dice: *A Cachita le da la gana*, de cuyo estribillo, se adueñaron las congas orientales.

Me despedí del compositor, mientras recordaba esta cuarteta: *Oigo, Aparicio, tu canto/ como clave que suspira/ en cada ensueño la lira/ vivo tambor resonando.*

Autor de «Cheffo, déjala pasar», «Sarará», «Amor de nylon», «Bola de humo», «La envolvente», entre otras, Su pieza «A una mamita» fue grabada por Los Van Van. Irakere hizo una verdadera creación de «Xiomara.»

Xiomara

Ya se oye por la esquina
un rumbón muy especial
que baña la calle bella
con su luz primaveral.

Ya está cayendo la noche
y el misterio nocturnal
lo mismo que mim alma
se refugia en tu mirar.

Tengo el alma muy contenta
porque anoche te besé
y al son de tu mirada
mi cariño te entregué
Pero porqué
tú tendrás que ver
que en este nuevo amor
la historia se repetirá
por eso yo me he puesto a analizar
de que todo en la vida es un cuento.

Xiomara, ¿Por qué?
Xiomara ¿Por qué?
Tú eres así

Óyelo bien, Xiomara, habla
dime si estás arrepentida

de haberme querido tanto
como yo te quise a ti.

Jamás podrás comprender
cuánto te quise
Jamás podrás olvidar
cuanto te adoro
ya todo terminó
ahora tú me ves
Sin amigo y sin amor

Que yo también como todos un día
tuve dinero, amigos y amor
Si el amor se ha olvidado de mí
y mis amigos me brindan traición
Mi amigo y mi amor
se han ido los dos.

Coro:
Qué lástima con Xiomara a mi me da

El rumbero trabajó como percusionista en varios *shows* tanto en el cabaret como en el teatro. Su tambor acompañó el espectáculo Gestos de Cuba, en la sala teatral Hubert de Blanck.

Al músico, el compositor Raúl de la Caridad Lali le dedicó el «Popurri Picaresco».

CHAVALONGA

En la terminal del ferrocarril de la calle Cristina los pasajeros se arremolinaban ante las taquillas de comprar los *tickets*. Las voces cotidianas se perdían entre los estridentes pitazos de aquellas moles rodantes. Algunos de esos convoyes llegaban, otros iban. Él estaba allí atento a todo lo que sucedía a su alrededor: una muchacha besaba presurosa al novio; el maletero cargaba los paquetes de una señora que usaba un gran sombrero; varios niños correteaban; por breves minutos sus ojos se clavaron en una mulatica, cuyo traje rojo fuego le marcaba el cuerpo sensual; disfrutó la imagen y volvió a lo suyo, porque la mirada despreciativa de ella no le hizo ninguna gracia. De pronto, la voz fuerte de Cunagua lo sobresaltó: «Vamos», dijo y echaron a andar hacia el tren próximo a partir. Chavalonga no tenía equipaje, pero qué importaba si la alegría lo vestía con su mejor gala.

La casa en Jovellanos estaba totalmente iluminada. Una nube olorosa a jazmín lo envolvía todo. El toque en el patio, bajo una enorme ceiba. Las manos volaban rápidas sobre el tambor para que varios bailarines marcaran los pasos de una columbia. Un negro dibujó su sonrisa en los labios oxidados. Andrea Baró, la reina de la fiesta, sacó de su seno un pañuelo de fino encaje y se secó presurosa las gotas de sudor que mojaban su frente. Carburo se despojó de la chaqueta recién comprada y masculló una palabra obscena, molesto por el intenso calor.

Le tocaba a Chavalonga, quien bien plantado y muy seguro de sí, caminó hasta el centro del ruedo. Ahora, solo el tambor se oía y el joven impetuoso se entregó al baile. La luna se asomó curiosa por el alto ventanal también deseosa de verlo en aquel acto que era como una iniciación. «¿Pero, cómo?», exclamó desde el asombro el Conguito, a lo que otro rumbero añadió en el colmo de su admiración: "Es fenomenal". Al final todos se acercaron. Uno le ponía un sombrero, otro le expresaba su entusiasmo, los más querían cargarlo; el muchacho había demostrado que, con su juventud, tenía picardía para esa música.

Aquel fue un día inolvidable porque todos se volvían locos conmigo. Recuerdo que además canté aquella rumba. *Siento una voz que me llama olo lin tindeo,/ siento una voz que me llama/, Malanga murió...,* y a la que el tiempo ha ido variando la letra.

Cuando me invitaron a Jovellanos, mi padre dijo que no iría, que era muy jovencito para esas andanzas, que ya tendría tiempo, pero al final de tanta insistencia, me dejó ir con Cunagua. En casa de Andrea Baró me presentaban: «Miren, miren es el hijo de Perico» y no paramos hasta Palmira, donde estuvimos en sociedades folclóricas, incluso la del Congo Mogba. Ese fue mi comienzo, luego seguí pa' arriba, y en Atarés y el Cerro logré mi consagración.

Una vida, un rumbero

Lo rumba lo ha acompañado en cada camino, que vale decir en todos, con ella ha vivido momentos supremos de alegría y otros de secreto dolor.

A Mario Dreke, Chavalonga, se le reconoce como uno de los grandes rumberos cubanos; él ha trabajado el género desde su raíz más profunda, dándole una expresión muy suya, es decir, marcando un estilo.

La primera rumba seguro que la saboreé muy chirriquitico, porque nada más abrí los ojos y sentí el tambor; y si a otros los arrullaron con canciones de cuna, lo mío fue con ese sonido que puede ser tan dulce como la miel. Mi familia es de Limonar, en Matanzas, y cuando llegaba la Nochebuena, todo el que podía se iba a mi casa, al juicio, le decían los rumberos; lo mismo aparecía uno de Carlos Rojas, que de Jovellanos o Jagüey, de diferentes municipios.

Así fue como empecé en esta música, bebiendo de lo que hacían las estrellas: Carburo, Sagua, El Dinde, Celestino Domecq, Jimagua y otros. ¡El acabose! Bailar y bailar hasta que los pies te echaran candela.

Ese fue mi mundo desde pequeño, el que amo porque forma parte de mi vida que, por cierto, fue muy azarosa. Yo no podría estar sin música porque es como si me faltaran los ojos para mirar o la voz para cantar.

Trabajé con Chano Pozo en un cabaret que se llamaba…, algo así como Spotwin, también en las comparsas, esa era nuestra diversión. Con Chano aprendí a tocar las tumbas; ahora canto y bailo con siete y con ellas he invadido muchas provincias; incluso he tocado en lugares donde ni siquiera había luz. Chano tenía un temperamento fuerte, fiesteábamos en los carnavales, y luego tuvo un poco de suerte con Amado Trinidad en la Cadena Azul; Rita Montaner lo hizo un dandy de verdad, vestido con los mejores trajes y costosas prendas. A él lo perdió al final el mal ambiente. Hicimos cabarets juntos. En el Montmartre participamos en una producción en la que estaban mi hermano, Kike llamado *El príncipe bailarín*, Rita, quien era por ese tiempo inseparable de Chano, Silvestre Méndez y Zayas el de la «sopita en botella». Por cierto que Kike, tiempo atrás había destronado a Chano en un concurso de baile celebrado en una fiesta carnavalesca. Ellos se midieron y ganó Kike, destacado exponente de la rumba.

También marqués

Soy fundador de la comparsa Los Marqueses, creada en 1940 por Víctor Herrera junto a Candito Valladares, Kike y otros. Ese año salió La Jabonera, sufragada por una marca de jabón.

Todos los miembros de Los Marqueses eran «patriotas» de Atarés, músicos muy importantes como Caballerón, el famoso quinto; Yayo; Mosquito; Papaito, El Hachero; Ricardo Reinoso, quien cantó con El Paso Franco; su esposa Leopoldina Sandrino; Tío Tom, que no era de estas calles pero siempre estaba con nosotros. Teníamos como orgullo pertenecer a Los Marqueses; por eso poníamos mucho amor en lo que hacíamos. El vestuario era de primera. ¡Imagínate que solamente los sombreros costaban cien pesos!

Fue en las comparsas donde me estrené como compositor. Un canto muy melodioso decía: *Cuando salen Los Marqueses que alegría se ve en el Prado/ hoy te canto a ti/ y te diré por qué/ porque hubo el triunfo/ del barrio de Atarés./ Quítate de la acera/ Y déjame pasar/ ahí vienen Los Marqueses/ y yo los quiero ver/ A la acera...Otro expresaba: Marqués sigue tu paso/ siempre adelante con sinceridad/ y no te ocupes/ del que venga atrás...*

A tumbar a Chapitas

Se podrá pensar que solo me dediqué al fiesteo, mas no fue así: me dolían las injusticias, por eso me fui a Cayo Confites a tumbar al déspota Trujillo. Yo era capitán de un barco que llevaba armas: me atraparon en Puerto Príncipe. En ese viaje tuve una experiencia muy dura: la muerte en una pelea de Jesús Alfaro Mejoral. La emoción me llevó a inspirarme: *Cuando se pierde un amigo/ qué tristeza,/ qué dolor queda en el alma/ al cantarte así/ te diré por qué...* Esta composición es muy utilizada como despedida cuando muere un rumbero, y está grabada por el grupo Ventú Rumbero.

Andrea y Oggún

Para Chavalonga, la rumba está relacionada de alguna manera con la religión:

Conocí a lo mejor del género, como El Conde Bayona, Julián El Guerrero, que era de Sagua la Grande, el Dinde y otros, y todos tenían su modo de cantarle a su prenda, que podía ser de palo; había quien la tenía jamaiquina y entonces cuando bailaban se montaban. Pienso que la rumba sí tiene que ver con el aspecto religioso y más con el santo. Mira, hay sobre esto una anécdota de Andrea Baró que sucedió en Matanzas. Un capitán llamado Hirohito no quería que sonara el tambor, y el día en que tan reconocida rumbera celebraba su fiesta de santo decidió desafiar al militar, quien ni corto ni perezoso se presentó allí y le preguntó colérico: «¿Quién te dio permiso para este festejo?». Con calma y muy segura Andrea le respondió: "Me lo dio Oggún". Se formó porque todos los rumberos empezaron a tocar un número que decía: *Oggún baja, no te dejes coger, Oggún baja, no te dejes coger.* Pues ahí mismo se dio la sorpresa cuando un soldado que acompañaba a Hirohito comenzó a quitarse las polainas y a bailar con su machete para Oggún. El propio capitán, viendo que los presentes lo ignoraban, tuvo que marcharse por donde vino. Así creció el prestigio de Andrea Baró.

Por el mundo

Participé en el filme *Sucedió en La Habana*, y me fui a México, donde actué en películas con la cómica Vitola, aquella que decía que se defendía sola; pero me enfermé porque el picante me hacía daño y no sé si realmente fue por eso o porque sentía el peso de la nostalgia en el corazón, que regresé en la lancha *Lucero del Alba*.

Durante mi estancia en México estuve en el Molino Rojo, de Mérida. Y hay una imagen que me da vueltas: la del Benny. Lo recuerdo de mil maneras: con su boina y la bufanda de colorines echando alegres carcajadas al cielo nocturno, acodado en la barra, bebiendo largos tragos de ron y con los ojos muy abiertos porque el sueño se negaba a llegar. Teníamos un socio que se apodaba Chimenea, y cuando terminábamos las funciones echábamos a deambular por ahí, porque la vida para los músicos empieza de madrugada, cuando la gente hace rato está durmiendo sus fatigas.

Volviendo al cine me gusta...Aparezco en la película cubana *La última cena*, rodada en 1976. Soy el que en la escena final sale corriendo y cantando «pajarito volandero», y me tiro con gran asusto al precipicio, huyendo de los perros rastreadores. Es una película muy importante y bien hecha; para mi orgullo. Mi imagen está en *Rapsodia abakuá*, y en el documental que le hicieron a ese bárbaro del guaguancó, a mi queridísimo Tío Tom.

También en un documental sobre mi vida que rodó una francesa y se llama *La historia del negro rumbero Mario Chavalonga* y en *La rumbera*, más reciente.

Con el Folklórico

Si algo bueno sucedió en mi vida fue la creación del Conjunto Folklórico, al que por mis conocimientos me llamaron; sabía de la rumba y me amplié a otros géneros ahora canto yoruba, lucumí, arará, carabalí..., todo eso lo domino. Con esa agrupación recorrí casi un mapa entero: la primera gira fue al Festival de la Juventud, que se celebró en Finlandia, y otra a Polonia. El viaje a Brasil ¡apoteósico! Se trataba de un espectáculo en el que intervenían varios grupos folclóricos y participaban más de tres mil espectadores; me tocó un número en el que rezo a Changó, guerrero que allí nombran Yansá; le canté con el alma; las lágrimas no las podía contener. Mira, aquello fue de verdad tremendo. Me tiraron muchas flores, tanto era el perfume que me mareaba.

En Argelia compuse «Los Gorritos»; en España durante

una corrida de toros me inspiré para dedicarle a Palomo Linares el titulado «El mejor torero»; además hice «La rubia de París».

Chavalonga tuvo su propio grupo de rumba y ha pertenecido a otros como el Ventú Rumbero. Con su cuarteto Los Chavalongas actuó principalmente en villas turísticas habaneras, donde fue muy aplaudido. Creador del ritmo Tahona, también ha escrito boleros en tiempo de guaguancó. Su rostro ha aparecido en portadas de varias revistas extranjeras, entre ellas la argentina *Clarín*. El mítico rumbero vivia en su Atarés querido rodeado de recuerdos, hasta allí llegaban vecinos, amigos, investigadores del folclor cubano de numerosos países deseosos de escuchar sus historias, de adentrarse en su mundo, donde la música siempre ha reinado.

Nacido el 25 de abril de 1925, en la calle Vigía, en Atarés, falleció el 2 de junio del 2007, en la capital cubana rodeado del cariño de sus admiradores.

Chavalonga consideraba que su tema Invasora arrolladora sustentó la base del ritmo Mozambique, creado por Pello El Afrokán.

Excelente bailador de columbia, Chavalonga enseñó a varias generaciones de rumberos y creó agrupaciones como Ensila Mundo.

Discografía: *Rapsodia rumbera* (Egrem, 1993), La rumba *es cubana. Su Historia* (Unicornio), y con Ventú Rumbero, el titulado *El Rey de la Tahona. En el Barrio de Atarés*. Él canta «Palo Quimbombó» en el disco *Rapsodia rumbera*, ultra rumba tradicional con voz y percusión solamente.

Chavalonga aparece en el documental *Los Marqueses de Atarés*, filmado por la realizadora Gloria Rolando, por ser un referente importante ya que en esa comparsa, de la cual fue fundador, bailó, cantó y compuso números.

EMBALE

En el barrio de Belén, en una hora imprecisa de la tarde, en una barra frente a unos vasos de ron criollo, había dos hombres de sangre joven cantándole al amor. El bolero hablaba del naufragio de una pasión; en el lugar un buen número de parroquianos disfrutaba del dúo cuando la figura del capitán Paco Pérez irrumpió rompiendo el mágico encanto.

«Negros, ¿no les advertí que no los quería por aquí?... ¿Ustedes son sordos o no entienden español? Ahora sí me los llevo así, que recojan la guitarrita y al carro».

Sí, me dice Carlos Embale es increíble, pero ocurrió.

Al Benny y a mí nos metieron en la cárcel por cantar. Casi todos los días después que yo terminaba de trabajar en la Ward Line, en el muelle, nos reuníamos en un bar, comprábamos un cuartico de Peralta y nos echábamos las horas cantando una canción tras otra y hasta nos poníamos a discutir: «Tú cantas mejor», y él «No, que tú», y yo volvía «Benny a ti no hay quien te gane», y así siempre... Recuerdo, que en esas andanzas, a veces nos acompañaban el difunto Abad y Raúl El Ahogao, que hacía un maravilloso segundo y también una mujer a quien llamaban Mora, que protegía mucho al lajero. Sucedió que al capitancito parece que le caímos mal, o vaya usted a saber, y nos amenazó con la cárcel si seguíamos cantando allí. Nosotros no le hicimos nunca caso pensando que era solo para asustarnos. Imagínate cuando nos vimos en aquella «perseguidora» no lo podíamos creer. A las cinco de la mañana —porque antes para congraciarse nos llevó a comer— llegamos al calabozo. Ante mis protestas de que si no iba a trabajar al otro día me botaban, me dejó salir, pero el Benny continuó encerrado. Volví al mediodía a ver si lo liberaban y nada; de nuevo regresé al muelle y a las seis, cuando me encaminaba a la Segunda Estación de Policía, venía Benny libre; nos abrazamos muy contentos... Y ¿sabes adónde fuimos?, pues al mismo bar a cantar. Uno de esos días, pasó otra vez el capitán, y al vernos dijo: «Con ustedes no se puede, canten, pero no formen alboroto».

Por aquellos años Bartolo se dedicaba a tocar en parques, restaurantes y hasta en bodegas, donde quiera que pudiera ganarse unos centavos. Lo quise como a un hermano. Luego se fue a México con Miguel Matamoros, y se quedó con Mariano Mercerón, aunque el despegue lo logró, principalmente con Dámaso Pérez Prado. Dio la casualidad que cuando el conjunto de Miguel regresó. Sustituí al Benny.

Al volvernos a ver en el cincuenta y pico en La Habana, él estaba lleno de triunfos, y yo en una pésima situación económica. Un día, por la calle, el encuentro casual.

—¿Qué te ha ocurrido?, preguntó

—Las cosas que no marcharon; tengo la mujer embarazada y los bolsillos pelaos.

—Pues, no te preocupes, si es varón lo bautizo.

Me nació una hija, no fue su padrino, pero me compró toda la canastilla. Así era el Benny, con un corazón muy grande: disfruté mucho su amistad. Para mí, no ha muerto, sigue viviendo nuevos días.

Carlos Embale habla con emoción del Benny. Siempre sintió como suyos los éxitos del Bárbaro del Ritmo; por eso, nuestra charla comenzó con esa anécdota.

Embale no estudió música, pero desde los trece años el canto le brotó melodioso dentro de la estructura sonora. A esa edad se presentó en la Corte Suprema del Arte con el número «María Elena, flor de fuego» y, aunque era el favorito del público, no hubo premio.

A partir de esa fecha se dedica al canto. Estuvo con las Maravillas de Arcaño, Neno González, Carlos del Castillo, la Fantasía, de José Ramón, Melodías del 40, el Septeto Boloña, y llegó a Los Dandys del 40, integrado por numerosos músicos del barrio de Belén y dirigida por Joseíto Bejerí. Luego el Conjunto de Matamoros, y en la Academia Havana Sport, esta vez con Rafael Ortiz.

Aquellas academias eran un fenómeno, pero de ahí salían los grandes conjuntos como la Gloria Matancera, la Sonora Matancera y otros que marcaron pautas en el ambiente bailable. Ganábamos poco, y si al público le gustaba determinado número había que repetirlo cinco o seis veces, cada vez que lo pidiera.

A fines de 1954, Piñeiro, Urfé y Ortiz me hicieron como una especie de complot para que yo cantara guaguancó, porque hasta esos momentos lo que más hacía eran boleros, canciones y el son.

Yo sabía muchas rumbas porque tenía un hermano, que murió joven, que cantaba como nadie el guaguancó; he conocido destacados intérpretes de esa música, pero como Luis ninguno; es lástima que su voz, como la de Pablo Quevedo, no quedara grabada; aunque es también interesante porque el que no la oyó la puede imaginar de mil maneras. Todavía en mis oídos siento ese acento tan original de Luis, tan especial, para el guaguancó.

—Embale, te dicen La Voz del Guaguancó, ¿Dentro de qué género te sientes mejor...? Porque has cultivado también el son con mucha fortuna.

Simpatizo con el guaguancó, tal vez, esa música la llevo en las venas porque procedo de Jesús María, que es un barrio netamente de rumberos; ahora el son es mi vida. Pienso que al público le gusta cómo interpreto el guaguancó porque lo hago ligándolo: esa es la clave.

Si, mi escuela está muy vinculada a ese tipo de música; estuve con Los Roncos de Piñeiro y con el Folclórico de Ortiz. Fue una relación maravillosa que me aportó de veras. Tengo la suerte de haber cantado con otras figuras muy importantes de la música, como Arcaño y Matamaros, que me quiso como a un hijo y me cuidaba como gallo fino.

Con Piñeiro me sucedió algo, para mí, inolvidable. Unas semanas antes de morir se negaba a probar bocado. Yo estaba actuando por San Nicolás de Bari y me aparecí en la casa. «Bardo, tienes que comer, si no me voy a disgustar contigo». "No, respondió" y para animarlo esa tarde le canté varias canciones de su repertorio, e incluso hice un dúo con Bienvenido León, quien también lo visitaba. Fue un poco como volverlo a la vida porque se alzó de la cama, los ojos le brillaron y dijo: 'Ahora mismo me como un bisté'. Me fui aquel día de allí con mucha pena y días después falleció. Siempre lo llamé Bardo, no solo por la canción, sino porque fue un verdadero genio de la inspiración.

Me explica Embale que la primera y única vez que salió en una comparsa, por embullo, fue con La Jardinera, que tenía como cantantes a Mario Rosales, a Virgilio y a Percherón, reconocidos rumberos, y quien lo llevó al son fue Mongo Santamaría, de su misma barriada.

Empecé como todo el mundo, imitando a los más famosos, y sobre todo en mi etapa con Matamoros cantaba como él, dentro de su estilo, hasta que alguien me sugirió: «Pon el corazón y olvídate como canta otro». Hice discos con Matamoros, discos pequeños. Le grabé sus mejores números como «Mi única boca» y «Triste muy triste», su última composición. Me satisface haber trabajado con otros grandes como Israel López, Cachao, y el pianista Rubén González.

Embale ha estado con una veintena de conjuntos: en la playa de Marianao cantó con el timbalero Chori. Además, lo hizo con Roberto Maza, El vive bien, el Conjunto Kubavana,.. Grabó con Lulú Yonkori y hasta con Los Muñequitos de Matanzas, como músico invitado. El intérprete se ha inspirado para componer distintos piezas en guaguancó como «Ay, mamita», «La rumba de Inesita», «A Los Embale», «Timba Laye» y otros que aparecen en diversas placas. Con Los Roncos Chiquitos y bajo la dirección de Rafael Ortiz ha grabado «Rumba pa' gozar», de Yáñez y Gómez:

«Rumba de los Rumberos», de Ricardo Díaz; «Hoy no es ayer», de Tomás R. Valdés; «Por qué me guardas rencor» y «Uno, dos y tres», de Rafael Ortiz; «Día, que son» y «Si cocinas como caminas», de Tío Tom. *Rumbero Mayor* se llama su CD con piezas como «Llora como lloré», de Santos Ramírez y «Ya se acabaron las penas», de Rolando Vergara. Junto al Coro Folklórico Nacional realizó una maravillosa interpretación de «A Malanga». En sus últimos años pudo Embale grabar a dúo con el trovador Frank Delgado la pieza «Los ojos de Alicia».

Nacido el 3 de agosto de 1923, Carlos Embale realizó varias giras al extranjero y, en 1979, se presentó en el Carnegie Hall, de Nueva York, con el grupo de Pello El Afrokán y el pianista y musicólogo Odilio Urfé. Intervino en el espectáculo *Noche Tropical* en Japón. El extraordinario cantante falleció el 12 de marzo de 1998, en la capital cubana.

Autor también del gustado guaguancó «A San Miguel del Padrón», el músico aparece con Los Muñequitos de Matanzas en el documental *La rumba*, de 1978, dirigido por Oscar Valdés.

La voz de Embale se escucha en el filme cubano *La última rumba de Papá Montero*, dirigido por Octavio Cortázar.

Frank Oropesa, director del Septeto Nacional Ignacio Piñeiro, le rinde homenaje al cantante con el tema «Embale tiene la llave» en el fonograma *Sin rumba no hay son*.

El disco *Para siempre Embale*, Septeto Nacional, fue producido por Frank Oropesa, sello Egrem, 2019.

SILVESTRE

Muy de mañana ya estaba Lolina doblada sobre la batea lavando sin parar; su marido Lorenzo muy apurado se ponía los zapatos casi sin suela y salía a la calle a luchar como fuera: tenía ocho hijos pequeños a quienes mantener; en ese mismo momento, Rosa, la Jabá, se ceñía el vestido floreado, ella también se iba temprano; era la doméstica de los Hermida, dueños de un almacén; a veces, con desgana se acostaba con el señor por un dinerito más, como solía decir. Soñaba que algún día se convertiría en una gran bailarina al estilo de la gran Estela, que paseaba su fama por el mundo. Pronto los gritos comenzaban a salir de los cuartos: «Chicho, tráeme cinco centavos de huesos pa' la sopa», «Pedrito, carajo, no jodas con la carriola». «Carlos, no toques más el tambor y vete pa' la escuela, te quedarás bien bruto como tu hermano José».

En ese solar de Jesús María como en otros, vivía gente muy humilde, deambulando en las sombras de un abismo sin fin. No había damas, ni héroes románticos; mas en muchos de esos lugares, entre aquellos desposeídos se fue gestando la rumba. A pesar de los infortunios, estos hombres y mujeres, la mayoría negros y mulatos, tenían una especial sensibilidad para la música que cantaron, bailaron y gozaron. No hubo academias, ni maestros solo el deseo de decir: «Somos». De esas cuarterías sin puertas ni cerrojos surgieron grandes leyendas como Chano Pozo y Silvestre Méndez.

Desde niño. Silvestre Méndez era de los que más disfrutaban la rumba y no solo la tocaba requetebién, sino que se atrevía componiendo las mejores. Y surgió la rivalidad porque a veces a los consagrados no les gusta que le pongan un pie delante y Miguelito Cara Ancha, se cansó de oír: «Oye, por ahí hay un muchacho que está acabando. Es buenísimo» o «No te pierdas lo que hace Silvestre, las saca debajo de la manga y qué letras compadre».

Miguel Cara Ancha no estaba dispuesto a que un mocoso le arrebatara el cetro que desde hacía mucho tiempo había conquistado sobre todo en el guaguancó. Y con el orgullo herido se fue una tarde al bar donde acostumbraba a reunirse con otros ecobios, como su amigo del alma Carlos Noa, y en el grasiento mostrador compuso las estrofas dedicadas a Silvestre.

En mi barrio hay un grupito
De rumberitos nuevos,
En mi barrio hay un grupito
De rumberitos nuevos,
Yo siempre le digo así
Con el que sabe no se juega
Y si se juega con cuidado
Yo siempre le digo
A los rumberitos nuevos,
A los rumberitos nuevos,
Yo siempre le digo
Óyelo bien aé
Óyelo bien aé
Sabes que yo soy la llave
Óyelo bien aé
Amenaza y advertencia.

Enterado Silvestre no se amilanó y le contestó con otro guaguancó que pronto recorrió aquellas ciudadelas.

Tú me dijiste
Que soy rumberito
Rumberito de ahora,
yo canto hace tiempo,
pero nunca quise
cantarte mi rumba
hasta cierto momento,
después me dijiste
que tú eras la llave
¿La llave de dónde?
Tú canta
un poquito
no seas tan ansioso,

Miguel no te metas
con la Estrella Amaliana.

No hubo que enarbolar la bandera de la paz y el tiempo borró las rencillas. El número «Rumberito de ahora», creado por Silvestre, alcanzó no sólo popularidad, sino que fue grabado por el Conjunto Casino y el Trío Servando Díaz, aunque con el nombre de «Sonerito de ahora». Además, se escuchó en las voces de Cheo Marquetti y en la de Los Dandys del 40. Triunfo total.

Silvestre, siempre emprendedor había formado un «team» de rumberos a los que llamó Estrella amaliana, que se presentaba en distintas fiestas. Usaban para identificarse unos pañuelos con un triángulo de satín con una estrella bordada y el nombre de la agrupación. Uno de sus éxitos fue el baile que ofrecieron gratis en el Salón de la Cotorra.

A pesar de que sólo pensaba en las rumbas, Silvestre, dando tumbos aquí y allá, llegó a cursar el sexto grado y hasta matriculó en la Escuela de Artes y Oficios por breve tiempo.

Ya era conocido por la rumba «Tambó», que Miguelito Valdés le grabara con la Casino de las Playa.

El amaliano, perteneció a la comparsa La jardinera para la que creó «El bombo arrollador» que, muchos años después, llevaron al disco tanto Machito con sus Afro Cubans en Nueva York como Celia Cruz con la Sonora Matancera.

Por la etapa del carnaval conoció a Petrona, hermana de Chano Pozo, y ese romance lo unió más al autor de «Blen blen blen» con quien realizó programas en la RHC Cadena azul.

Luego, los más reconocidos rumberos de cada barrio fueron invitados por el memorable Gilberto Valdés para tocar en su concierto *Tambó en negro mayor*. Silvestre no faltó a la cita.

Otra superproducción: *Congo pantera*, en Tropicana, hizo época por su fastuosidad y la participación de quienes la integraban. En esta por igual, se hizo sentir el aporte de los rumberos, sin olvidar la presencia de Rita Montaner, Bola de Nieve, Sandra, Carmita Ortiz y el ballet de Montecarlo. El número «Parampampín» de Pozo fue el principal, aunque también se tocó «Tambó» de Silvestre.

Acompañado por sus tres tumbadoras, hechas por un hombre al que llamaban El Manco, arribó Silvestre en 1946 a México. El primer día recorriendo las calles de la capital se encontró con un viejo amigo, Kiko Mendive, quien muy contento por la presencia de su compatriota, se dispuso a ayudarlo. Sería el cubanito quien lo llevó a los estudios de cine, donde María Antonieta Pons rodaba *La vida íntima de Marco Antonio y Cleopatra*.

Luego de aquella primera vez, el amaliano trabajó en muchas de las películas, donde actuaban las rumberas. Amalia Aguilar, Rosa Carmina y Ninón Sevilla, esta última le inspiró el tema «Su majestad la rumba».

Por un tiempo Silvestre fue tumbador de Tongolele, a quien dedicó «La niña de los ojos verdes». Él le enseñó a bailar la verdadera rumba. Con ella y otros tamboreros viajó a Centro y Sudamérica. Durante esa época se unió a Enrique Tappan, Tabaquito, quien fue su compadre.

Sus parches repiquetearon en clubes de Nueva York, como el Chateau Madrid, Palladium y el Laurel Country Club. En la Gran Manzana tocó con Machito y los Lecuona Cubans Boys, entre otras agrupaciones.

Aparece en numerosas películas, a veces como tumbador, bailarín o, en ellas, fueron utilizadas sus composiciones. Su filmografía incluye: *Cuando levanta la niebla, La bien pagada, Han matado a Tongolele. El Rey del barrio, Simbad el mareado, Qué bravas son las costeñas, Lamento negro, Cielo rojo, El charro del arrabal, Gánsteres contra charros, Las mujer del puerto, Mátenme porque me muero, La mujer del otro, La insaciable, Zonga, Delirio tropical, Al son del mambo, Burlesque, La casa que arde de noche, Dólar mambo...*

Es autor de «Tambó», «Son de Mayan», «México lindo», «Mike el vacilador», «Merengue pa ti», «Margarito», «El as de la rumba», «No te busqué», «Ahora sí cha cha chá», «Soy Tarzán», «El telefonito», «Las boyeras», «Negro bonito», «Fiesta de animales», «La mulatica...». Nuestro Benny Moré le grabó dos piezas que fueron *hits* «Tocineta» y «Yiriyiribon».

Compuso «Recuerdo a Roncona», en el disco *Bembé Aragua*, con su Tribu Africana. Fue el iniciador del género conocido por Oriza y creó «A bailar Oriza» y «Nueva Oriza». «Una placa de culto es Changó».

Nacido en La Habana el 31 de diciembre de 1931, Silvestre falleció el 9 de enero de 1997, en México donde se casó y estableció su residencia.

El cineasta José Barbarena realizó en 1999 el documental *De México a La Habana: Semblanza de Silvestre Méndez*.

CALLAVA

Siempre que oigo a Vicentico Valdés en ese bolerón cargado de nostalgias: «Yo tendré una como tú, tan linda…» no puedo dejar de pensar en su autor, Calixto Callava[14] ese compositor que lo mismo podía a llenarnos el alma con una melodía de amor que componer una encendida rumba.

Al muñanga Chano

La tumbadora sonando rompía el bostezo de los portuarios, con los torsos desnudos, tirados aquí y allá, después de una jornada de músculo y sudor. La música-flecha disparada a la alegría- los hechizaba con su indumentaria de sonidos cabalgando sobre una rumba; con ella Callava le rendía homenaje a uno de los hombres que más admiró: Chano Pozo.

Aprendió a seguirlo con la mirada cuando sereno paseaba su figura enfundada en un dril blanco de reciente adquisición

!Ah, Chano era único! No, no se me borra de mi cabeza. Usted lo veía como algo propio del barrio de Belén; sí, porque él formaba parte de ese paisaje. Aparecía gozando una rumba en el bar de San Isidro y Habana, y luego se iba por Velasco, tal vez cocinando pensamientos de grandeza, porque no hay dudas de que al fin y al cabo Chano era un sentimental, sino cómo podía tocar con tanta sensibilidad, con tanta adolorida tristeza.

Al muñanga, Calixto le dedicó «El callejón de los rumberos» y «Chano en Belén», obras que sintetizan el sentimiento fraterno que le inspiraba el tamborero, a quien la vida le jugara tan mala pasada.

---

14. Falleció el 16 de diciembre de 1990 a los sesenta años.

Viaje a los sueños

Eran los tiempos de las casas de amor tarifado, de las rokolas y los hombres bebiendo una copa y otra, mientras el último disco de moda sonaba hasta el cansancio. Tiempo de zozobra política y, sobre todo, tiempo en el que el hastío ponía una penumbra en su joven corazón.

De niño aprendió lo que es la pobreza, y soñó que todo iba a cambiar un día; ahora, con veinte años, lo hería la tristeza de unos bolsillos sin esperanza, y se marchó como habían hecho otros con igual motivo. Escondido en la bodega de un barco, el polizón pensaba que sin boleto viajaba a la fama.

En varios meses de estancia en México no hubo nada seguro; deambuló por los cabarés, tocó puertas que se le cerraron. Por aquella etapa Tongolele, nacida en Estados Unidos, llegaba México para convertirse en el mito erótico del momento; los dos Pedros: Infante y Vargas, triunfaban, y la carcajada vivía en los chistes de Tin Tan y su carnal Marcelo. Pérez Prado y su excéntrico grito anunciaba que el mambo tenía su rey; las Dolly Sisters y otras mamboletas cubanas hacían furor en las pistas; Benny Moré grababa «Bonito y sabroso», «La múcura» y tantos y tantos números que en tierra azteca lo hicieron famoso.

Para Callava las noches eran largas y frías; se sentía extraño caminando por aquellas avenidas y callejones, con sus anuncios lumínicos, y donde en cada esquina podía tocar la flor de la tentación. Poco a poco iba comprendiendo que su lugar estaba en su isla, en aquel Belén querido que ya le echaba un lazo de nostalgia al corazón. Regresó, pero en el pozo de la memoria le quedaron muchas imágenes del país visitado del que volvía sin la gloria anhelada. Escribió tres obras: «México, distrito federal»; «Mande, usted »y «México, qué grande eres».

De una bella cubana

Y un día, porque esas cosas suelen suceder y más de lo que uno piensa, hablando con un amigo por la calle Infanta vio pasar a una mujer que era como una estrella escapada del cielo, y aquella preciosidad tocó hondo su alma; solo una mirada y la canción le puso estrofas a la melodía para que surgiera ese himno con que los enamorados aún se arrullan, y que Vicentico Valdés popularizó: «Lo añoro».

Llega el Mozambique

Los rumberos tienen un punto de identificación que los une para hablar de música, para cantar penas o alegrías o rivalizar fraternalmente, siempre ha sido así y será entre todos.

Callava tuvo muchos amigos buenos con los que compartió su bohemia y, entre ellos, Pello el Afrokán. En la barriada de Jesús María mientras uno tocaba, el otro cantaba. Callava le dijo una vez: «Oye, qué te parece esto...». Al tapicero Pedro Izquierdo aquello le sonó de maravillas; por eso cuando hizo su viaje en 1965 a Polonia, Berlín, la Unión Soviética y Francia, incorporó a su repertorio «Lo bailo solo», y fue un éxito rotundo del que Callava se sintió orgulloso.

Él amaba su barrio, al que siempre le cantó. Una de las piezas que más disfrutaba era El callejón de los rumberos, que en una de sus estrofas dice: *Cerca del mar/ está el callejón de mis recuerdos/ y la propia mar/ donde trabajo yo/ Se está divirtiendo la gente/ a mí que me gusta el ambiente/ me voy para allá...*

En el puerto, el músico y estibador se unió a Chan, a Chori, al ya legendario Pancho Quinto para formar el Guaguancó Marítimo Portuario Zona 5, que premios y triunfos les ganó. Después fue Yoruba Andabo, en el que se desempeñó, cantando rumbas, algunas de su cosecha como «El congo», «La tumba brava», «Guaguancó sabroso», «Mi puchunga de amor», «Inútil espera», «Tagüiri» y «Tiembla la tierra». Una de las últimas composiciones de este inolvidable rumbero que nunca pudo curar las heridas del dolor y que sin embargo le dibujaron el alma de artista fue la cubanísima pieza «Canta la ceiba, baila la palma real», grabada por la popular orquesta Van Van, de Juan Formell.

El número de Callava titulado «Dónde va la mulata», se toca en el filme *Penumbras*, del realizador Charlie Medina.

Una pieza como homenaje a este músico aparece en el disco *Aniversario*.

Discophon
CAMARERA DE MI AMOR • LO AÑORO
VENDAVAL SIN RUMBO • AFRO CAÑI
antonio
MACHIN
17.160
ALTA FIDELIDAD

VICENTICO VALDES
CON LA
SONORA MATANCERA
LADO A
SOLO POR RENCOR (Martinez - Juama) Bolero
LO QUE ESTOY VIVIENDO (J. Vasquez) Bolero Guapacha
ALGO HAY EN TI (H. Juama) Bolero
CON UN POCO DE FE (M. de Jesus) Bolero
EN UNA ISLA ENCANTADA (J. C. Fumero) Bolero
HAS VUELTO A MI (L. Elias)
LADO B
LOS ARETES DE LA LUNA (J.D. Quinones) Bolero
NO SEAS ASI (R. Puentes) Bolero Guapacha
LO ANORO (C. Callava) Bolero
EL VAIVEN ARRULLADOR (J.D. Quinones) Bolero Mambo
TU MI ROSA AZUL (J. Mazen) Bolero
ME INTERESA TU OPINION (J. Vasquez) Bolero
AHI VIENE SONORA MATANCERA!
CELIO GONZALEZ
LUIS KALAFF
ESPAÑA MIA
Lola Flores
DUELO MUSICAL

TATA GÜINES

Si este hombre suena los parches del tambor se forma como un remolino de ritmos; él puede dibujar la felicidad y la tristeza, hacer que ondule un río, canten los pájaros o una pareja meza a su compás todos los sueños de amor. Y no me extrañaría que hasta los muertos bailaran su última rumba dentro de ese gozoso repiqueteo que recrean sus manos de oro.

Dando rienda suelta a sus sentimientos, y sin la esclavitud que imponen las formas cristalizadas, Tata Güines ha logrado convertirse en uno de nuestros primeros percusionistas. Es una figura clave que mantiene un repertorio lozano, pues este instrumento tiene un infinito campo de posibilidades expresivas que él se ha propuesto continuar explorando a partir de una renovación constante.

¡Míralo con la tumbadora cifrar las palabras que teje el viento, inmortalizar el campo del mar o viajar con la música al secreto misterio de la noche! Ahí está hablando de tú a tú con el tambor, y cuando el diálogo se torna difícil lo regaña hasta que coge de nuevo el camino.

Se llama Federico Arístides Soto Alejo. Nació en una familia de músicos el 30 de junio de 1930, y el público lo conoce como Tata Güines, pues es oriundo del pueblo que apellida su sobrenombre en la provincia habanera.

De pequeño deambuló por el barrio de Leguina con un cajón de limpiabotas para buscarse la vida. A los ocho años había comprendido que necesitaba del ritmo hasta para respirar; por eso, con dos latas improvisó un par de bongoes. En solares, toques de bembé, en las fiestas donde el tambor llenaba la atmósfera, bebía incansable de ese manantial de sonidos.

Aprendiz de zapatero, se convierte luego en músico del conjunto Ases del Ritmo, que dirigía su tío Dionisio Martínez. Un día marcha a La Habana, a la urbe bulliciosa, donde la noche bohemia lo hechiza. Rondan los malos tiempos, y Tata va a parar a un lugar de ambiente sórdido: Las Yaguas. No encontraba trabajo porque también la piel negra conspiraba contra sus aspiraciones de una vida mejor, sin contar que por aquella fecha la tumbadora no tenía el relieve de hoy.

Lo vemos en los bares de la playa de Marianao, en las academias Habana Sport y Marte y Belona, muy de moda entre los bailadores; luego realiza actuaciones con La Nueva Americana, de Paolo Domini, Los Jóvenes del Cayo y La Típica de Belisario López, e incluso, acompañando al Trío Taicuba por solo quince centavos.

Entre sus recuerdos hay un lugar especial para Chano Pozo, a quien conoció en la emisora Cadena Azul; juntos trabajaron allí y juntos compartieron alegrías en la comparsa Los Dandys, del barrio de Belén.

Tata hizo grabaciones antológicas para Chico O'Farrill, especialmente dos discos de culto: las Descargas I y II, y en 1955 viajó a Caracas y Nueva York con un estilo muy bien perfilado en la percusión. Estuvo tocando en el Waldorf Astoria, en el teatro de Puerto Rico, en el Jefferson y el Palladium. Fue precisamente en la urbe neoyorkina que conoció al famosísimo batería Chico Hamilton, quien tocaba en el Birdland, y no se perdía una actuación del cubano porque decía que era extraordinario, sobre todo, por la rapidez de su mano izquierda.

Usó las uñas para tocar, y uno de los actos más espectaculares de Tata fue conocido por La maquinita de escribir. Esa forma de sonar sobre la tumbadora la utilizaron luego otros percusionistas. Lo cierto es que logró un protagonismo mayor para ese instrumento, un colorido difícil de superar. En la Ciudad de los Rascacielos utilizó cinco tumbadoras, aunque para arrancar esa pluralidad de sonidos le bastaban dos; se convirtió en un hombre-*show*, y por su maestría llegaron a llamarlo Manos de oro.

Al regresar a su país, comenzó las descargas en el Habana Libre con otros notabilísimos músicos Peruchín, Frank Emilio, Guillermo Barreto y Gustavo "Papito" Tamayo.

En 1964 el tamborero fundó Los Tatagüinitos. El debut se produjo en la Terminal de Trenes habanera, de donde despegaron con una carga de sabrosos ritmos. Aquel día, el público conoció la sorpresa de una nueva agrupación decidida a marcar pautas en el ambiente de los bailadores siempre en búsqueda de música novedosa.

La gente de Tata se hizo sentir con números como «Fanfarrón», «Cachita con Ramón» y «Cuando los pueblos hablan». Para 1967 triunfó con «Mami, dame mantecao», y después «Para gozar mi Tocoló» y «Auxilio». «El perico está llorando» fue delirio en el Salón Mambí.

A lo Tata, ¡Qué sonido!

No hay dudas de que Tata es un virtuoso, y esto lo expresan trabajos muy complejos como *Ad Libitum*, de Sergio Vitier, que bailaron Alicia Alonso y Antonio Gades. Muy importante resultó su participación en el VII Encuentro Mundial de la Guitarra, en Martinica, donde acompañó al laureado guitarrista cubano Joaquín Clerch.

El tamborero intervino en la banda magnetofónica de la destacada obra electroacústica *Circus Toccatta*, del compositor Juan Blanco, que ha tenido importantes audiciones en el mundo.

Considerado un percusionista fuera de serie, Tata ha cultivado la música afrocubana fundida imaginativamente con el *jazz*. En el *Diccionario de Jazz Latino*, Nat Chediak, lo define con una frase: «Si no existiera Tata, habría que inventarlo».

Durante su trayectoria artística, el cubano ha respaldado a Carmen Miranda, a Fajardo y sus Estrellas, al Benny y Los Chavales de España, entre otros. El cineasta Roger Vadim lo filmó junto a Brigitte Bardot en *Y Dios creó a la mujer*. Y se ha codeado con figuras del calibre de Frank Sinatra o Maynard Ferguson, en distintos escenarios. Su tumbadora ha sonado en España, Suiza, Venezuela, Estados Unidos, Panamá, Francia, Puerto Rico, Montecarlo, Canadá… Los más reputados clubes de jazz se disputan su carismática presencia, como el Fashing de Estocolmo, donde rindió exitosas jornadas junto a Opus 13, el New Morning de París, en el que actuó junto a otros artistas como Patato Valdés y, Angá.

Vivaz, alegre, Tata o El Fiste, como le gusta que lo llamen, ama sus congas, y él mismo se afana en conservarlas y hasta les cambia el cuero. Siempre ha opinado que la mejor piel es la de caballo, aunque sus tambores están cubiertos uno, con piel de buey y el otro de vaca. Su chiste es que, como macho y hembra, forman una pareja muy romántica.

Nuestro Tata Güines es uno de los mejores tamboreros de la historia musical de la Isla: teje los sonidos con una potencia única, transparente como el viento y frondosa como la ceiba criolla.

Fue la cantante Estela Rodríguez, la hermana de Arsenio, El ciego maravilloso, quien lo bautizó como Tata, según el percusionista contara. Él hacía maravillosos solos en la tumbadora y ella anunciaba: «Cueros, Tata Güines».

La discografía de Tata es amplia. Ha participado en discos como *Tumbao all star*, en el que intervienen Chucho Valdés, Cachaíto, Frank Emilio, Miguel O'Farrill, Richard Egües, Pedro Ariosa y Eduardo López; en *Son qué chévere* con Juan Pablo Torres, en *Cuban jazz* junto a Alfredo Rodríguez y en *Habana Report*, con Hernán López Nussa. Su tambor se escucha en placas de diversas agrupaciones rumberas. Su CD *Pasaporte*, junto a Miguel Angá es un clásico del género. Tuvo una actuación destacada en *Tributo a Chano Pozo*, en la que interpretó «Rumba con Swing». Importantísima fue su contribución en los discos premiados *La rumba soy*

yo, Lágrimas Negras, con Bebo Valdés y El Cigala y *Cuban Odyssey*. Además, participó en el disco *Cuba le canta a Serrat*.

A los setenta y siete años, dejó de existir uno de los más grandes percusionistas de nuestra historia musical. Acerca de la trayectoria del artista fue filmado el documental *Tata: Leyenda viva*, realizado por Damián F.Pérez.

La agrupación de Tata Güines, que ahora dirige su hijo Arturo, dedicó al gran maestro de la percusión la pieza «Yambú para Tata».

En el disco *La rumba del siglo* de la gustada agrupación Rumbatá, está la pieza «¿Güines, qué le pasa a Tata?».

MERCEDITAS

Tal vez fue el azar la que la puso en su camino aquella tarde invernal. Sí, era ella, ella, que sí... Engalanada con un traje de chaqueta marrón muy bien cortado y zapatos altos de tacón a la moda, lucía majestuosa. Merceditas la siguió para observarla a su antojo. Pasaron varias cuadras hasta que Rita se detuvo frente a una de las vidrieras de una de las grandes tiendas de la populosa calle de Galiano. La cantante que había notado la presencia de la chiquilla se volvió con rapidez un poco molesta: «¿Por qué me sigues?». La pregunta flotó en el aire; al principio, Merceditas nada pudo contestar, parecía clavada en el suelo y solo la miraba fascinada ¿Acaso no era su ídolo? Rita Montaner estaba allí en carne y hueso y no era un sueño. Miraba su rostro y era igual al de la foto, que recortada de una revista, tenía pegada en la pared pintada de azul de su habitación; la misma mirada seductora, el mismo lunar como estrella luminosa en la frente. La respuesta salió entrecortada. «Es que yo... yo la admiro tanto...».

La tensión del momento aflojó. Y La Única conversó con la joven, quiso saber de su vida, sus aspiraciones, y en uno de esos arranques de generosidad que tanto la caracterizaba se quitó de su enjoyado brazo uno de sus pulsos labrado en oro, y se lo regaló. Mas que el valor de la prenda en sí, quedó en la jovencita uno de sus más hermosos recuerdos.

¡Al fin artista!

De chiquita cuando oía quintear un cajón, Merceditas, comenzaba a bailar como un trompo porque ya la rumba la convocaba. Disfrutaba de esa música, sobre todo, en la melodiosa voz de su padre Angelito, prestigioso cantante de Los Roncos, de Pueblo Nuevo, que dirigía Ignacio Piñeiro. La casa de la joven era visitada por cátedras del género. Así se aficionó ella al sonido del tambor, a cuyo ritmo bailaba marcando los pasos rumberos. Se fue nutriendo de esa clave para por siempre formar parte de su misma esencia.

Muy feliz se sentía cuando asistía a las procesiones del Cabildo de Regla, que presidía Susana Cantero.

Se presentó en la Corte Suprema del Arte y ganó varios premios interpretando «Babalú» y «La Negra Mercé»; luego hizo actuaciones en el Rincón Criollo, espacio radial muy popular. Además de probar fortuna en los pequeños cabarets de Marianao, que estaban frente al Coney Island como Mi bohío, adonde siempre acudía acompañada de su mamá.

Recordaba en Los tres hermanos a Choricera, el Chori, aquel genial timbalero con sus sartenes y botellas a medio llenar; su música, escondía la nostalgia de su alma maltratada.

Aquella etapa huyéndole en los viejos tranvías a la madrugada que se le echaba encima fue una gran aventura para Merceditas, y la puso en contacto con un público muy heterogéneo y en el que había turismo extranjero.

Si algo bueno le sucedió fue su participación en el programa de Radio Suaritos para difundir el folclor y al que la llevó Obdulio Morales, director de orquesta, donde se escuchaban los tambores de Trinidad Torregrosa, unos de los más viejos conocedores de los batá.

El consagrado tamborero de los ritos africanos la presentó a Fernando Ortiz hasta el que había llegado la fama como cantante de Merceditas, quien aprendió a dominar el yoruba. A Ortiz la unió una bonita amistad y una relación de trabajo que duró más de diez años.

De la mano de ese sabio, considerado el tercer descubridor de Cuba, penetró ella en el complejo mundo de la etnografía. Participó en sus bien documentadas charlas y su voz ilustró la belleza de los cantos y los rezos de la religión yoruba de la que fue devota y fiel exponente. En 1954 viajó con él por toda Isla para ilustrar sus conferencias.

Fernando Ortiz llegó a llamarla Mi pequeña aché. En las conferencias abordaron también el palo monte, la yuka, el kinfuiti… Asistía, principalmente, la intelectualidad cubana, extranjeros matriculados en los cursos de veranos de la Universidad habanera y estudiantes del máximo centro docente interesados en profundizar en nuestra cultura.

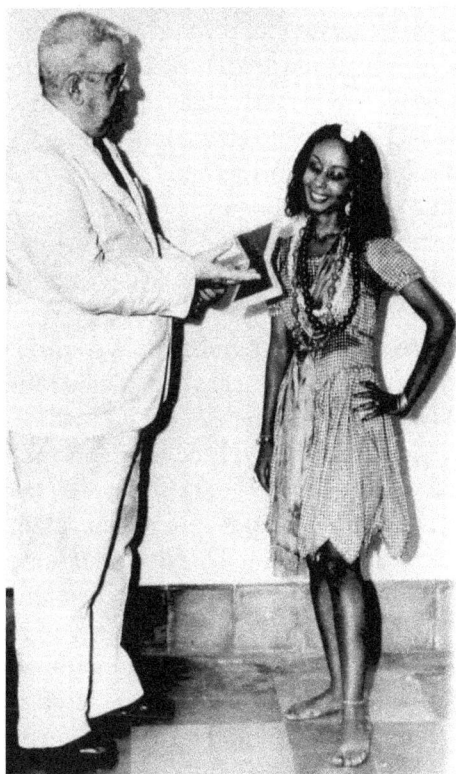

Fernándo Ortíz y Merceditas Valdés

Don Fernando, muy celoso con sus tesoros religiosos traídos de sus viajes a África, no ponía reparos en mostrarle a la muchacha aquellos atributos, los maravillosos tronos…todo lo que con tanto amor veneraba.

La carrera artística de Merceditas no se detuvo: trabajó en la Mil Diez, en CMQ donde cantó «Rapsodia Negra», dirigida por Enrique González Mantici; hizo viajes a Venezuela y otros países. Actuó en Nueva York, en el Carnegie Hall, con la interpretación de piezas antológicas de Gilberto Valdés como «Ogguere» y «Bembé». Después de este éxito la gira se extendió a otras ciudades de Estados

Unidos y Canadá. En ese tiempo alternó con Ella Fitzgerald, Lena Horne, Charlie Parker, entre otros.

En La Habana, fue estrella de fabulosas producciones como *Sun Sun Dan Baé*, en Sans Souci, junto al norteamericano Johnny Mathis. Otro lucimiento en ese centro nocturno fue *Maracas en la noche*. Ella centralizó otras de Rodney en Tropicana, como *Tambó y Carabalí*. Igualmente, cantó en Zalamalekun.

Tuvo el honor de compartir con el maestro Ernesto Lecuona, cuya compañía integró. Hizo presentaciones en los principales programas de la televisión, filmó documentales. Junto a su esposo el baterista Guillermo Barreto y otros músicos formó parte del grupo ORU, de Sergio Vitier.

La artista hizo importantes grabaciones como el disco *Santero*, en el que participaron el coro negro de Obdulio Morales, el yoruba de Alberto Zayas y el cuarteto de Facundo Rivero. Grabó junto a Luis Santamaría la placa *Bembé*, de Mongo Santamaría, que en una cara tiene cantos a diferentes deidades y en la otra, piezas de guaguancó y columbia en la que intervienen además Macucho y Carlos Embale. Otras joyas son *Aché I*, *Aché II*, *Aché III* y *Aché IV*, con obras de su muy bien seleccionado repertorio. Intervino en el CD *Espíritu de La Habana* con la saxofonista Jane Bunnett y la agrupación Yoruba Andabo, que obtuvo en Canadá el codiciado premio Juno. La última grabación en vivo de Merceditas fue el disco *Chamalongo* con la propia Bunnett, Larry Cramer y los rumberos Tata Güines, El Goyo, El Gato y otros.

Para la pantalla grande, actuó en el filme *Yambao*, dirigido por el Indio Fernández y en el corto musical Zamba.

Merceditas Valdés, singular artista, a quien el sabio Fernando Ortiz llamó documento etnográfico vivo recibió muchos homenajes en su carrera, entre ellos el Premio Picasso de la Unesco. Falleció el 13 de junio de 1996, su última despedida en el Cementerio de Colón se hizo al conjuro de cantos y tambores. Allí, estaban sus dolientes más cercanos y el público que aprendió a admirarla.

Ella, una de nuestras grandes divas, aún reina majestuosa en la Isla sonora con su voz ancestral, sus rezos a los dioses del panteón yoruba: Yemayá, Babalú Ayé, Obatalá; sus canciones antiguas de cuna y sus rumbas de cajón siempre presentes.

Fundada en 1998, la agrupación Agüiri-yo, con la que la artista hizo presentaciones y grabó, incluye en su repertorio la pieza «Homenaje a Merceditas Valdés». El cineasta Octavio Cortázar la inmortalizó en el documental *La pequeña Aché*.

El Chori

Este nombre fue su grito, la soledad cabalgándole en el alma, sus gastados zapatones la figura bamboleante desandando la playa de Marianao y, sobre todo, el músico espontáneo, creativo a más no poder que extraía maravillosos sonidos de viejos sartenes, cazuelas abolladas, botellas de vino a medio llenar, pedazos de chasis…El Chori, todo un espectáculo, se adueñó de las noches para cantar en boleros sus historias tristes o tocar picantes rumbas. Santiago de Cuba, la cuna; había nacido el 6 de enero de 1900. La Academia Marte y Belona, en La Habana, el primer escenario.

Trabajó en El Ranchito con Sabino Peñalver, contrabajista del Conjunto de Félix Chappottín; luego los cabarets de Marianao animando la vida nocturna de la capital. Pensylvania El Niche, El Paraíso, La Taberna de Pedro… por todos ellos estuvo hasta que ancló como viejo barco escorado en Los Tres Hermanos. Hasta allí acudían curiosos los parroquianos para ver su *show*, tan único como él.

Silvano Shueg Hechevarría, Chori, era parte de esa atmósfera en la que los noctámbulos se consumían bebiendo ron o acariciando a una buena hembra de provocativas curvas. Por muchos años, el timbalero formó parte del paisaje de la Playa de Marianao, con sus aromáticos puestos de fritas, el Parque Coney Island. En un archivo de un periódico, regadas deben estar las fotos de su imagen. Negro genial gastando sueños, apurando la vida como un simple trago de ron que, sin embargo, quema bien adentro. Y era tal su sabiduría popular que llegó a convertirse en maestro del arte publicitario. Llegaron a llamarlo el Rey del Grafiti, pues con solo una tiza se anunciaba grabando su nombre en las paredes y puertas de la ciudad y si hubiera podido lo pintaba en el mar, sin temor a que las olas lo borraran. Así era él de soñador y poeta.

Todas las celebridades que pasaban por La Habana acudían a verlo ¿Y, acaso él no era también una celebridad? Lo aplaudieron María Félix, Agustín Lara, Josephine Baker, Ava Gadner, Martine Carol,

Gary Cooper, Silvana Mangano, los escritores Ernest Hemingway y Tenesse Williams, el guionista Cesare Zavattini, …Tocó el alma del gran Federico Lorca. Conmovido ante la actuación del Chori, el actor estadounidense Spencer Tracy lo calificó de genio. El hechizo del timbalero llegó al poeta Langston Hughes y al compositor George Gershwin. El notorio Errol Flynn, lo hizo aparecer en *La pandilla del soborno* aunque ya el *celuloide* había recogido su rostro en *Un extraño en la escalera*, filme del realizador argentino Tulio Demiceli.

La mayor sorpresa la tuvo Marlon Brando cuando visitó La Habana. Una noche, acompañado del novelista Guillermo Cabrera Infante, se metió en los cabaretuchos de Marianao, para conocer principalmente al Chori; movido por el interés que le despertara una crónica del periodista Drew Pearson, en *The New York Times*, sobre el timbalero. Quien visitara la capital cubana no podía dejar de presenciar el espectáculo del Chori; claro, que Pearson más que describir la autenticidad del artista, lo destacaba como una rareza de nuestro panorama musical que se sumaba al exotismo conque los extranjeros distinguían la Isla.

Brando no sólo se admiró de las ejecuciones del Chori, sino de su «sutil comicidad». Una anécdota asegura que el norteamericano, amante de las congas, las tocó de tú a tú con Chori y hay hasta quien afirma que el rebelde actor de Hollywood no dudó en invitarlo a la llamada Meca del Cine, proposición que luego de pensarlo dos veces el percusionista rechazó.

Y sí, Chori tuvo imitadores aquí en su suelo y en el extranjero. Uno de sus seguidores, Cab Calloway, no tardó en amplificar el grito del pailero en sus presentaciones.

Marcelino Teherán, quien vivió en los Estados Unidos, donde fue tamborero de Estela, cuando regresó a La Habana, trabajó en El Niche; allí, no solo tocaba, sino que sostenía fraternales guerras con El Chori, para ganar la corona de Rey del Timbal. Nunca la pudo obtener. El acreditado Tito Puente, también probó fuerza con el timbalero cubano y aseguraba que le había ganado.

En cuanto a la voz, la trovadora Hilda Santana decía que Chori hacía uno de los mejores segundos que ella había oído en su vida y oyó muchos en su larga trayectoria.

Rumbero nato tenía una gracia especial para componer piezas muy sabrosas de ese género que surgían de la improvisación en sus actuaciones. Solo registró los sones «Hallaca de maíz» y «La choricera».

Silvano Shueg llegó a realizar presentaciones en el cabaret Sans Souci con Miguelito Valdés, Míster Babalú. El cómico y realizador mexicano Alfonso Arau lo tuvo como invitado de su programa el *Show de Arau*, en la TV cubana. El director Santiago Álvarez le dedicó una de las primeras ediciones del Noticiero Icaic. Como integrante de la agrupación Los Tutankamen, Chori está presente en el cortometraje *La herrería de Sirique*, de Héctor Veitía. Figura en el polémico documental *PM*, de Orlando Jiménez y Sabá Cabrera, que rescata sus brillantes actuaciones. Ahí, está en el *celuloide*, el hombre que a su manera forjó una estética.

Por una arbitraria ley, en 1963 desaparecieron los pequeños cabarets, donde trabajó el célebre *showman* santiaguero. Se vio sin trabajo. Duro golpe: ¿Qué hacer?, ¿A dónde ir?... Durante un tiempo tocó en la Peña de Sirique con Los Tutankamen. Luego, fue languideciendo en un mísero cuartucho de un solar en la calle Egido 723. Lo que más añoraba era la música que le dio fama en el mundo. Solo y abandonado, Chori sintió alivio cuando le llegó la muerte un día cualquiera de 1974. A las puertas del cielo, miró a Dios e intentó una sonrisa, pero la amargura le subió a los gruesos labios en una dolorosa y definitiva mueca.

Poco se sabe de su vida sentimental. Algunos refieren que tuvo amores con una de las rumberas del cabaret donde trabajó, a la que incluso hacía un llamado, una marca, con su timbal para que ella se presentara en el escenario. Se dice que por tal motivo, a él lo denominaron La marca.

Fotógrafos cubanos y extranjeros fijaron la imagen de Chori en sus láminas. Algunos como Chinolope lo estamparon en verdaderos retratos en los que aparece tal cuál era con esa grandeza que él sin siquiera saberlo poseía y lo llevó a primeros planos como timbalero excepcional muy admirado por personalidades de talla mundial.

CHAN

Cuando mi mamá estaba esperando que yo llegara al mundo, le gustaban unos episodios de gran popularidad en esa época: Chan Li Po, y óigame, donde la cogiera la noche allí se plantaba ella a escuchar el programa, pues el escritor le había puesto de verdad intriga al personaje; por eso, al nacer me pusieron Chan, aunque como ves, de chino no tengo nada.

Se llama realmente Juan Campos y nació el 19 de febrero de 1938, en el solar El África, en el barrio de Cayo Hueso, donde vivió casi veinte años, para luego ir a parar a Belén donde ha pasado el resto de su vida.

La rumba la empecé junto a Rolando Rodríguez, más conocido por Malanga en honor al gran bailarín. Los jóvenes nos sentábamos a la puerta del solar a tararear lo que hacían los más duchos en esas cuestiones: Manguín, Gancedo, el Cojo Mojao... Así fui amando ese incomparable universo de ritmos; hoy todo lo que soy se lo debo a esta música. Éramos seis hermanos y tres nos dedicamos al género: Regalado, ya fallecido, Ricardo y yo.

Conocieron el carnaval con los mamarrachos, los muñecones, los faroleros...haciendo toda suerte de piruetas con las engalanadas y enormes farolas, en fin todo aquel abigarrado mundo de mascaradas, donde el negro ponía su sabor. Ya mocito Chan fue figura dentro de estas agrupaciones; participó en El Brillante Negro, Los Guaracheros, Los Sultanes, La Mexicana y también con Los Componedores de Bateas, del barrio de Cayo Hueso.

Pero, como bien dice Chan, "«había que asegurar la "chaúcha"»", y se fue al puerto a trabajar, aunque siempre tenía su momento para sonar los tambores; y en el propio solar El África, cuna de grandes rumberos, formaron el grupo de guaguancó La Estrella de Pueblo Nuevo, que integraron Gilberto Sierra, Manguín, Malanga, Ricardo Carballo, Regalado y Roberto Maza.

Siempre recuerdo al difunto Maza. Era un buen hombre y amigo de las fiestas; donde le daban oportunidad, allí mismo empezaba a cantar; tenía un repertorio respetable y la música era su gran disfrute. Poseía un timbre melodioso, rico y muy particular. Surgió con un número improvisado y es ese que dice: La conocí una mañana, ella me dijo que sí, yo le dije a ella sí... y al que todos titularon El vive bien y que se mantuvo en las victrolas un chorro de tiempo; lo oías de la mañana a la noche y por donde quiera pegó, y esto lo hizo a él subir como la espuma; lo grabó con la Panart, casa disquera con la que logró otros *hits*.

Continuando con mi trayectoria artística, trabajé un tiempo en Radio Marianao y fui integrante de Papín y sus Papines, antes de que se convirtiera en cuarteto; entonces éramos Malanga, Fidel, que vivía en Los Pocitos, Fuico y yo. Otra agrupación en la que estuve fue Patakín.

A mi hermano Callava nunca lo voy a olvidar; dejó historia buena en esta música, cuando me encaramo en el escenario, siempre canto un par de obras de su repertorio que es amplio.

A él le cantaron intérpretes del calibre de Machín, quien dio su personal versión de «Lo añoro». Fue el propio Calixto el que descubrió que yo podía cantar; le gustaba mi forma para decir la rumba y me ayudó mucho en lo vocal.

Pienso que la rumba no ha perdido vigencia y eso lo apreciamos siempre en nuestras giras como la que recientemente fue realizada por Yoruba Andabo a Estados Unidos, donde la aceptación fue unánime. Los Muñequitos también pasaron por allá y fue tremendo aquello. Hace falta que en nuestro país se hagan más festivales, programas de radio, de televisión, donde ese popular género aparezca como el gran protagonista que sigue siendo todavía.

Y para que no nos quede dudas de que la rumba vive, Chan une su voz a la del nieto, simpático y musical, para entonar una pieza clásica: *Muchos deseos tenía/ de cantarte un guaguancó/ un guaguancó sabroso/ que tenga la tradición/ de los rumberos buenos/ y que se cante como es...*

Chan ha grabado con Yoruba Andabo los discos: *Cajones bullangueros, El Callejón de los rumberos, Del Yoruba al son,* y con Pancho Quinto, *El solar de la Cueva del Humo.* Y *Antología de la música afrocuba* (abakuá), del sello Egrem. También aparece en los DVD: *Yoruba Andabo en Casa, Lo mejor de Yoruba Andabo* y *Rumba en La Habana.* «Canta» en *Quién baila aquí. La rumba sin lentejuelas,* de Elio Ruiz.

PUCHILÁN

En el desvencijado bodegón de Castillo y Omoa, en el barrio de Atarés, Puchilán, estaba frente a la rockola con lo mejor de la música: Panchito Riset, Leo Marini, la Sonora Matancera con Caíto, Rogelio y Bienvenido Granda El bigote que canta y no faltaba Mirta Silva, incansable con su «Chencha, la gambá». Alguien se acercó a la brillante Wurlitzer, echó una moneda y el *hit* del momento se escuchó en la voz de Daniel Santos, quien dramatizaba en un bolero la tragedia de su compatriota, la bellísima bailarina puertorriqueña Patricia Schmidt, quien había matado por amor. Con ese número El inquieto Anacobero le sacaba las lágrimas al más duro cuando cantaba: *Retiróse como fiera enfurecido/ atacando sin conciencia ni razón,/ con la fuerza de una bala fue vencido/ acertando atravesarle el corazón...*

El muchacho que empezaba a espigar, terminó de oír la canción que tanto le gustaba y se dirigió al solar Los Guzmanes, en la calle Vigía, cerca de Monte, una arteria llena de tiendas de segunda mano, almacenes, timbiriches de café... Saludó. Allí estaba el Tío Tom acariciando una historia que luego se convertiría de seguro en un popular guaguancó, Chavalonga, su hermano Enrique Dreke, Kike, y varios reputados tocadores de La Jacoba, en Carraguao.

Lluvia de estrellas. Noche de luz. Cajones relampagueando en el sonido. Puchilán se adueñó de uno y los presentes fijaron su mirada en aquella figura hipnotizada por la música.

Bailó Enrique Dreke, Kike, quien tenía un estilo muy propio y, aunque no era alardoso de lo que podía hacer en la rumba, se sentía satisfecho cuando todos lo llamaban El Príncipe Bailarín. Porque realmente ese título le venía muy bien. Cuando terminó, un jovenzuelo de Los Parraqueños intentó sustituirlo; ahora se escuchaba en la voz un poco cascada del Tío Tom ese guaguancó magistral en que le pide a un amigo que lo consuele como a él, que también tuvo un amor y lo perdió.

Entre música, bocanadas de cigarros Trinidad y Hermanos, ron Palmita y alguno que otro olor a «yerba» pasaron las horas. A las doce se escucharon palabras de grueso calibre. No quedaba más remedio que «espantar», porque Mingo, ese «blanquito atravesao», es capaz de todo, hasta de llamar a la «jara».

Sumido en la nostalgia

Cada hombre tiene su vida y cada vida una historia, grande o pequeña, pero historia al fin, y Humberto Pérez Medina,[15] quien no es otro que Puchilán me contó la suya, en su casa del Vedado, mientras el olor del mar cercano se metía en la tarde.

Nació el 26 de septiembre de 1939, y creció en la barriada de Atarés,la música no fue súbito hallazgo porque tenía una raíz; la herencia familiar. Su tío René. Una de las buenas voces del Paso Franco. Otro tío, Remigio a quien apodaban Macho, era cantante y tresero del grupo de Ignacio Piñeiro. Dedicado también a la carpintería, armaba con más amor que paciencia sus guitarras; luego se quedó ciego y un automóvil lo quitó del mundo de los vivos. Mientras se sumerge en la nostalgia, Puchilán, engarza recuerdos:

> Yo tenía que ser rumbero porque en mi casa a todos les gusta: en Atarés eso es lo más natural. Empecé con la comparsa de Los Marqueses, cuyas evoluciones se hacían con verdadera elegancia. El vestuario de primera...
> Uno de los estribillos que cantábamos decía: *Venimos recorriendo el mundo/ venimos recorriendo El Prado/ marqués soy,/ oígalo, público oyente...*
> En esta agrupación tocaba cualquier instrumento. Después me fui con el Maharajá de la India, que salía de Los Sitios y dirigía mi tía Mercedes. Esta comparsa se llamó más tarde Los Reyes del Caribe. Mi hermana, Marta, rumberísima me acompañó de pareja en algunos de esos carnavales. Por 1960 y 1961, tuve el gran honor de bailar invitado por Los Muñequitos de Matanzas, unas veces en La Tropical y otras

---

[15.] Falleció el 9 de febrero de 1995 en La Habana.

en Tropicana. En 1962 formé dúo con Chavalonga, y luego nos convertimos en el trío Los Sepias del Afro actuamos en cabarets y terminamos en el Hotel Capri. Otro conjunto en el que figuré fue en el de Los Jóvenes Alegres, que hacía tremendo guaguancó hasta que vuelvo a unirme con Chavalonga en un viejo proyecto La Tahona, en el que usábamos trompeta, trombones... con una polirritmia que incluía el chachachá, la rumba, la guaracha. Al sumarse Tata Güines se llamó La Tahona con Tata Güines, que se convertiría en Los Ases del Ritmo. Grabamos varios números, entre ellos uno mío, «Mami yo me he enterado ya». Hicimos la música de Pepe Reyes, Pablo Cairo y Tony Gainza.

Un año muy bueno para mí, fue 1970, cuando entré como percusionista y cantante en Los Papacuncún. La nómina la integraban Fredy González, Enrique Barrios, Jeny René Pérez, Bobby Carcassés, Miguel Álvarez, Modesto Fusté y David Pluma, Orlando Peña y Evaristo Aparicio, como director. Fue una época muy feliz porque realmente tuvimos un despegue: nos ovacionaron en los carnavales, en cuanto espectáculo hacíamos, y aquello de que a «Cachita le da la gana» fue histórico. Cuando murió Aparicio fundamos Los Nueve, después pasé a El Caracol.

SARARA
Evaristo Aparicio
Arreg. Severino Ramos
©1951

Puchilán piensa que los sueños del hombre solo los cancela la muerte, aunque hay quienes viven a partir de ese momento engrandecidos en el mito, para bien o mal. Aparicio tuvo poca suerte, y el olvido ha tapado su fecunda trayectoria de rumbero, pero a pesar de esto sus números se escuchan por el mundo en las voces de populares intérpretes como Celia Cruz, La Reina de la Salsa, quien le cantó «Sarará», «Amor de nylon» y «Cañonazos». Aparicio fue un compositor muy inspirado. Algún día habrá que reconocerlo por su aporte a la rumba, aunque algunas de sus obras se perdieron u otras fueron pirateadas por gente sin escrúpulo, pues él ni siquiera las registraba.

No hay dudas, 1988 marcó la cima de la carrera de Puchilán: viajó al Principado de Mónaco, al famosísimo Montecarlo como integrante de la Charanga Habanera. Tocaron en El Baile de las Rosas, que cada año abría el viudo Rainiero en un evento lleno de majestuosidad. Otras presentaciones las hicieron en 1900 y 1991 para alternar en el escenario con figuras del relieve de Whitney Houston, Liza Minelli, Tina Turner, Stevie Wonder, Ray Charles, Paul Anka y otras celebridades. «Para mí, fue muy emocionante tocar con Barry White, gente muy sencilla, a quien la fama no le ha hecho mella».

También en esos años Puchilán trabajó como profesor de práctica y teoría revertiendo a otras generaciones los conocimientos adquiridos en la Escuela de Música Ignacio Cervantes. Además, impartió clases a los maestros de percusión latina de Dinamarca, a los de la orquesta Tokio Cubans Boy, y a franceses, italianos, alemanes, quienes llegaban a La Habana por su cuenta deseosos de dominar el tambor.

Entre sus empeños esta el de crear un grupo con el repertorio de Los Papacuncún. No será, claro, una copia, pero sí se alimentará mucho de ese sabor único que aún los buenos bailadores no han olvidado.

Celeste
Mendoza

CELESTE MENDOZA

Celeste, niña de ojos pícaros asomada a la bahía santiaguera; Celeste, cuerpo dorado ondulando tras las congas callejeras; Celeste tejiendo la infinita rumba. Celeste, tú...

Vida

Santiago de Cuba fue la cuna. Creció oyendo en las esquinas el sabroso guaguancó y arrollando tras las comparsas de Los Hoyos, lejos de la mirada severa de la madre. Ese mundo de máscaras, rituales a los dioses africanos o de tambores asaltando con su repiqueteo el paisaje talló su alma, que florecía a la música. Era una mulatica delgada como un palillo la que llegó a La Habana regalando su jacarandosa sonrisa.

Lo primero fue presentarse a un programa de aficionados. Cantó «El Marañón» y recibió muchos aplausos, pero en la selección final al preguntarle el animador del espacio Germán Pinelli, qué número había interpretado se puso muy nerviosa y dijo: «Pónme la mano aquí...». Profundo silencio y Celeste sintió que, por aquella vez, todo estaba perdido.

Hizo pareja de bailes con su primo Jorge Beltrán y se presentaron en un cabaret de la playa de Marianao; lo que aprendió le sirvió más tarde para integrar la compañía del Teatro Martí.

Llega el éxito

Con sus 105 libras y unos inmensos deseos de triunfar llegó a Tropicana la santiaguera Celeste Mendoza, nacida bajo el signo de Aries el 6 de abril de 1930. En ese gran cabaret, gracias al coreógrafo Rodney hizo imitaciones de Carmen Miranda, la de los enormes turbantes y Josephine Baker, *vedette* norteamericana que enloqueció a París con su danza de los platanitos en las caderas.

Celeste además integró un cuarteto vocal con su hermana Isaura Mendoza, Omara Portuondo y Gladis León, dirigido por Facundo Rivero. Ella, acompañada por la orquesta de Ernesto Duarte, se presentó como solista en el espacio Alegrías de Hatuey, en Radio Progreso.

En 1953, debuta en el programa de televisión *Esta noche en CMQ*, dirigido por Joaquín M.Condall. Interpretó la ranchera «Qué me castigue Dios», del mexicano José Alfredo Jiménez, en tiempo de guaguancó y arrebató a todos. A la mañana siguiente el teléfono de la planta no paraba: el público quería saber quién era la muchacha que cantaba con tanto sabor. A partir de ese momento, Celeste inició su triunfal carrera.

Cuando Rita Montaner, tan exigente en sus juicios, la descubrió, dijo: «Al fin veo una verdadera artista cubana que expresa en lo vocal y lo coreográfico, con espontaneidad sin dobleces nuestra música popular folclórica ¡Es La Reina del Guaguancó!». Y con ese título que definió su maestría en el género, Celeste continuó brillando.

Su vida estuvo muy ligada a la del Benny Moré, a quien consideraba su hermano, juntos actuaron en memorables ocasiones contratados por el cabaret Sierra o en el Alí Bar. Noches de infinita bohemia que enternecían a los enamorados cuando la voz melodiosa del cantante se volvía reclamo: *Perdón, perdón, cariño santo/ perdón por haberte abandonado...* Siempre había en los ojos de Celeste un asomo de viva luz cuando hablaba de El Bárbaro del ritmo al que evocaba de muchas formas. El Benny llegando a la capital cubana con la mirada sorprendida y envuelto en el aroma de las frutas, pues había viajado de «polizonte» en un camión desde Santa Isabel de las Lajas, su pueblo natal; El Benny con su sonrisa abierta y el triunfo en la voz, los pantalones sujetos por tirantes, el sombrero y su inseparable bastón mecido en el aire como la mejor de las batutas; El Benny gastando bromas que ella luego repetía como la anécdota de que en su finca el lajero llamaba a los animales por el nombre de sus amigos más queridos y a la puerquita le puso Celeste.

Recordaba como tiempo después su perrito, al que nombraba Benny, había sido arrollado y muerto el mismo día del deceso del cantante.

La insuperable intérprete de nuestra música proyectó su carrera en distintos centros.

Con la orquesta Sabor de Cuba, dirigida por Bebo Valdés, actuó en la programación del Coney Island, en Marianao. Ella llevó al guaguancó a otros géneros cubanos y latinoamericanos en sus giras por Panamá, Venezuela, Estados Unidos, México, España y Puerto Rico. De mucho éxito fue su viaje con el Music Hall a Europa en 1965. En la capital francesa, se presentó en el Olympia, y fue apoteósico. Las ovaciones la hicieron llorar varias veces. El cantante Roland Gerbeu, presencia muy querida en Cuba, la visitó en su camerino y le dijo emocionado: «¡Eres la dueña de París!».

De aquel memorable recorrido, Celeste guardaba fotos, afiches con su rostro que ríe y, en especial, imágenes que su corazón no quería olvidar porque «todo fue realmente maravilloso».

Por igual aplaudidísima fue en Japón con el espectáculo *Noche Tropical* en el que además figuraban Carlos Embale y Tata Güines, entre otros.

La artista filmó varios documentales del Icaic, las películas *Tin Tan en La Habana* y *Nosotros la música*, de Rogelio París. Grabó discos en los que hay números clásicos de su repertorio como aquellas rancheras guaguancoseadas al estilo de «Que me castigue Dios». Hizo creaciones de «Besos Brujos», «Blancas azucenas», «Zoraida y Juan José», «Suavecito», «Sobre una tumba una rumba», «Quiero hablar contigo», «A ti na má», «Ponme la mano», «Soy tan feliz», «Muere la Luz», «Juanpampiro» y «Un congo me dio la letra...» Su discografía incluye: *Sabor, Rumba de Cuba, La Guapachosa, La Reina del Guaguancó, La Soberana, Celeste Mendoza*. Uno de sus últimos CD lo grabó con el grupo Sierra Maestra, todo un delirio en Japón. En 1998, en la Feria Internacional Cubadisco fue galardonada junto a Los Papines por el disco *El reino de la rumba*. Cuando vivía nuevos momentos de esplendor en su carrera la sorprendió la muerte el 21 de noviembre de 1998.

Con su bien timbrada voz y ataviada con la bata de vuelos, los finos zapatos de tacones, el turbante azul que se confundía con nuestro cielo, Celeste fue auténtica expresión de lo cubano.

En su largo recorrido artístico Celeste fue dueña de las noches habaneras en clubes como el Sierra, Alí Bar, Nigth and day y el Alloy, entre otros. Una de sus satisfacciones fue su actuación en el Teatro

Auditórium, de La Habana durante el Primer Festival de Música Popular, organizado por el pianista y musicólogo Odilio Urfé

Celeste Mendoza se titula el documental que el cineasta José Limeres le realizó a la singular rumbera en 1968. La artista figuró en el disco *Clave y Guaguancó con Celeste Mendoza y Changuito. Noche de la rumba*, grabado en 1998.

En un CD de Areíto dos geniales artistas comparten un mano a mano; se trata de *La Reina el Bárbaro*, perfecta combinación de Celeste Mendoza y su gran amigo el Benny en temas que contribuyeron a la fama de ambos.

En privado con la Reina se llama el monólogo dedicado a la artista pòr Jorge A. Fernández Mallea.

Rolando Laseire y Celeste Mendoza

Celeste Mendoza foto: EnCuba

CHAPPOTTÍN

«Caballeros, a empezar la rumba que ahora sí esto se va a poner bueno; por ahí viene la gente del barrio de Belén, con Chappottín al frente». Sonó un cajón y un negrito que parecía un chichirikú,[16] se inclinó graciosamente ante los recién llegados en señal de bienvenida. Entre el grupo se distinguía Miguel Chappottín, mulato alto, tocado por una boina y regalando sonrisas, abrazos y saludos entre sus muchos ecobios.[17]

Se reunían contra viento y marea para cantar. El auditorio lo formaban los mismos vecinos del solar, pero el alborozo los llenaba a todos, y hasta había tiempo para jaranear. Cuando los cogía la madrugada hacían una ponina[18] no solo para comprar un ron pendenciero, sino para encender a esa hora el fogón y «cargarse» con una buena sopa con viandas y muchos huesos de res «para calentar tanto las cuerdas vocales como el estómago herido por falta de caldero», como decía Platanito, rumbero excéntrico a más no poder.

La familia Chappottín

En 1927, nació Miguel, Chapo, en La Habana Vieja, en un solarcito de Picota y Merced. Tiene un apellido notable dentro de la música, pues su papá fue un reconocido rumbero, y en cuanto a su tío Félix, nadie ha podido hasta ahora ganarle el cetro de gran trompetista, el más nombrado dentro del son porque supo crear un estilo original.

> Papá falleció hace cuatro años en Nueva York y estuvo una larga etapa con la agrupación de Ignacio Piñeiro como cantante, no obstante el que más sobresalió fue

---

16. Personaje mitológico de la fábula cubana.
17. Socios, amigos, en lenguaje abakuá.
18. En Cuba: recaudación o colecta para algún fin.

su hermano Félix, quien tocó con varios conjuntos: Munamar, Habanero, Bolonia, Carabina de Ases, Jóvenes del Cayo, América... Era una estrella de la trompeta. Brilló en un tiempo en el que el son estaba en la calle con el apogeo de los septetos.

Cuando Arsenio, El Ciego maravilloso, se marchó a Nueva York, le dejó su orquesta porque le tenía tremenda confianza como músico; eso creo que fue por allá por 1950. También Félix se dio a conocer porque durante años dirigió La Chambelona,[19] una especie de conga callejera, usada en las campañas políticas del Partido Liberal. Algún día habrá que escribir la historia de este trompetista que tanta gloria le ha dado a Cuba.

Ahora, sin desdorar, mi padre también tenía su agrupación: Los Dandys, del barrio de Belén. Este colectivo dio qué hablar por su coreografía original, los trajes, la misma música muy pegajosa. La comparsa salió por primera vez en 1938 y la crearon mi viejo, Tata y Julio Lastra, a quien en el ambiente rumbero bautizaron como Patica. El tamborero Chano Pozo se ligó desde sus inicios a Los Dandys porque vivió bastante tiempo con mi familia, quizás hasta los doce o catorce años. Y claro... participé en esa comparsa con la que todos en Belén tenían delirio; festejábamos por los barrios con este canto: *Salud, Los Dandys te brindamos, /salud de todo corazón. Muchacha, no seas tan fista/ y, vamos, apéate de la acera/que son Los Dandys de Belén...*

Otra melodía muy bonita se refería a nuestro vestuario, que era una de sus características; cuando llegaba el carnaval tocábamos a las puertas de los comerciantes más pudientes, y ellos aportaban el dinero para que nos vistiéramos con la mayor elegancia y compitiéramos de tú a tú con los demás. La estrofita va diciendo: *Qué sorpresa,/ qué satisfacción,/ qué alegría tan grande,*

---

[19] La Chambelona, himno político del Partido Liberal, llegó a La Habana por una agrupación de Camajuaní, dirigida por Rigoberto Leyva. La paternidad del canto se la disputan Leyva y Leovigildo Hernández, Pantera. Al decir del investigador Odilio Urfé, La Chambelona imprimió un dinamismo tremendo a la rítmica de la música cubana.

*mamá es vestir a la moda/ como el dandy/ mamá, me voy
a gozar...*

Chappottín estuvo con Las Estrellas Amalianas, que tenía en su
nómina a los hermanos Izquierdo —los Pellos— como les decían, y
cantantes a Julio Embale y Roberto Carrillo. Fue por 1949 y actuaban
frecuentemente en los merenderos de La Tropical, donde acudían
los mejores bailadores.

Después fue Clave y Guaguancó, que dirigió a la muerte de Mario Alán y que integraron Flor de Amor, Gustavo Martínez, Gloria
Mora, Malanga y Mercedes Alfonso, bailarina.

> Fue una idea magistral de Argeliers León, que pudo
> recrear la música más auténtica del género; composiciones
> viejísimas nutrieron el repertorio. Hicimos numerosas
> presentaciones con este grupo que tuvo calidad, pues
> la mayoría de los artistas eran reales conocedores de
> las distintas variantes de la rumba incluso de la clave
> ñáñiga. Por ahí quedan discos, tal vez rayados, sin esa
> gran calidad técnica que hay ahora, pero valiosísimos.
> Muy joven me tuve que ir al puerto, donde gané una gran
> familia; trabajé en distintas faenas hasta llegar a capataz.
> Allí me dio gusto encontrar a Chori, a Chan... Hicimos
> con mucha alegría el Guaguancó Marítimo Portuario
> Zona 5. El alma inspiradora fue Callava, como lo sería
> más tarde en Yoruba Andabo.
> Yo canto todas las modalidades de la rumba, aunque,
> entre la columbia y el guaguancó prefiero a este último,
> tal vez porque me suena más a ciudad. El baile es en
> pareja y a mí, por lo menos, se me parece al galanteo
> del gallo para enamorar a la gallina que se pone esquiva,
> lijosa; de la habilidad del bailador depende la conquista.

Del futuro de la rumba, opina Miguel Chappottín, uno de los
decanos:

> Siento temor a que este ritmo tan cubano se pierda, y
> lo digo con razón. Estoy viendo que hay magníficos

percusionistas y bailarines; en esto, el relevo está asegurado; ahora ¿dónde están los cantantes? La pregunta me la vengo haciendo hace rato y te digo amiga, sin que me quede nada por dentro, que aún no le encuentro respuesta. Los viejos vamos quedando en el camino, y duele pensar que esta música no continúe su desarrollo porque es parte del corazón del pueblo.

La discografía de Chapo incluye, entre otras, las placas: *La Rumba es cubana. Su historia, Tributo a Gonzalo Asencio. Tío Tom, El Callejón de los rumberos* y *Del Yoruba al Son*. DVD: *Lo mejor de Yoruba Andabo* y *Rumba en La Habana*, también con Yoruba Andabo.

El notable rumbero dejó de existir el 30 de septiembre del 2010.

EL CALLEJÓN DE LOS RUMBEROS

Yoruba Andabo

Pancho Quinto

Y en cada sueño hubo un fulgor de estrella porque Francisco Hernández Mora, Pancho Quinto, estaba entre los elegidos. Él había heredado de sus antepasados ese maravilloso caudal de sabiduría que lo consagraron como *omo oña*.[20] El día que nació, 23 de abril de 1933, la madre sintió que llevaba un cielo de alegrías en el pecho, y seguramente pensó: «Este hijo ha de ser grande».

Por el barrio de Belén vivió Pancho la niñez, y sin patines viajó al centro de la tierra porque tenía risas y alas en los pies. De noche se inventaba paraísos y hasta creyó que era fácil el espejo de dorar la vida aunque...Y ahí está salvando de los recuerdos los amados fantasmas de la infancia.

Vida del batalero

El niño había nacido con su aché,[21] por eso caía simpático y era bienvenido en la vecindad, aunque a veces un buen cocotazo avisaba de alguna travesura.

Empezó a mostrar su fuego creativo: le gustaba sacar sonidos lo mismo de una lata que de un viejo madero abandonado; pero también se huía a las casas santorales no solo para hacer su mayugbo,[22] sino para «disfrutar de aquellas cascadas incontenibles de ritmos». Era el llamado del Iyá, que lo convocaba con toda su fuerza ancestral; y lo que imaginó misterio fascinante luego fue la gran verdad, porque los batá han determinado en su camino de hombre, de artista singular.

[20.] Hijo del tambor.
[21.] Gracia, bendición.
[22.] Invocación cuando se implora a los orishas.

Durante años el tambor alimentó mi esperanza; tuve que trabajar y duro. En el muelle empecé de cero y fui ascendiendo a estibador, cubiertero y jefe de brigada. Y, oígalo, en aquel lugar aprendí las primeras letras, porque un poco más y era analfabeto. A la escuela en mi niñez le pasé por frente porque había que inventar como fuera para tener unos kilos y resolver la comida.

Me aficioné a los toques porque eso era lo que se respiraba en mi vecindad y aún en mi propio hogar, pues mi abuela Patricia era una santera famosa. Tuve oportunidad de estar en contacto con los mejores bataleros de aquella época: Miguel Soldevilla, Raúl Díaz, el Nasakó; Águedo, el Bembón, Yeyo el Sucio: Giraldo Rodríguez, entre otros.

Siempre yo andaba en pillerías y, una vez, bien lo recuerdo, el hijo de tamborero Pablo Roche Akilakuá, y yo subimos a los palos de una especie de goleta y cuando más contentos estábamos ésta se viró; entonces, no sé cómo saqué al muchacho del agua y lo salvé. Tuve el tremendo agradecimiento de Pablo para toda la vida y ahí nos hicimos amigos.

Fue importante para Pancho Quinto la influencia de Akilakuá (brazo poderoso), quien había heredado del padre Andrés, el primer juego de batá con fundamento religioso construido por Ño Juan y Ño Filomeno.

Fue así que el joven trabajó con el tamborero y portuario; al mudarse la familia del barrio de Belén para Regla conoció a otro batalero, que se llamaba Francisco y con él permaneció durante un tiempo, pero con tambores judíos; es decir, sin consagrar. Alquilar estos instrumentos costaba siete pesos, los de fundamento 14.50, aunque para percutirlos había que ser santero o abakuá reconocido.

Me fui con José de Calazán Frías, Moñito. El grupo lo componían además Raúl Díaz, Armando el Zurdo, Armando el Marinero y Giraldo Rodríguez. Salimos a la calle y tocamos sin parar cinco meses! Qué piquete! Por su empuje, a Moñito le decían la bomba atómica, estábamos en la Segunda Guerra Mundial.

Pancho Quinto se integró al grupo de «Jesús Pérez, otro de los venerables, ya yo era "mayocero", y por respeto le tocaba el segundo; algo así como una reverencia a los más viejos. Estuve con Nicolás Angarica y de cada uno fui aprendiendo para después, con el paso del tiempo, irme desarrollando».

Volviendo a los toques…Una vez tuve que sustituir en una procesión a la Virgen de Regla a Trinidad Torregrosa, otro de los maestros, muy venerado. Dicen que aquel día toqué como un ángel; al terminar recibí la felicitación de un buen conocedor como, Armando Gómez, quien me abrazó emocionado: «Tú eres *omo aña*», lo que significa hijo del tambor.

De la primera etapa son Raúl Díaz, Giraldo Rodríguez y el mismo Torregrosa. Luego, hay otros nombres muy importantes: Andrés Isaki, Armando Sotolongo, Armando López Molina, Ramiro Hernández y tan famosos como Andrés Chacón, Regino, el de Danza Contemporánea, Armando Aballí y Papo Angarica .

Es bueno destacar que en los cabildos —cofradías religiosas y de socorro mutuo—, resonaron en la etapa de la colonia tambores yorubas, congos, ararás, mandingas, carabalíes, iyesás… pero quedaron confinados a esos lugares y a los barracones, y en un lento proceso en la República; y a pesar de las prohibiciones, lograron arraigarse en el pueblo. Fue a partir del son que la percusión cubana se introdujo con mayor fuerza en nuestra música.

Los batás sagrados aparecieron fuera de los templos en 1936 durante una conferencia de Fernando Ortiz sobre el tema yoruba en Cuba. Son tres tambores: el iyá o madre, tañido por el músico más conocedor, exige gran virtuosismo, por lo que el tamborero que lo toca es designado como akpuataki.[23] El tambor más pequeño se denomina okónkolo, y el mediano itótele. Los músicos que lo tocan se llaman olubatá. Se dice que dentro del iyá radica el secreto de Añá mensajera de los dioses.

El batá volvió a estar presente en público cuando el maestro Gilberto Valdés lo hizo sonar con una orquesta sinfónica que él mismo dirigió; se trataba de tambores profanos conocidos por judíos, por lo que pueden ser tocados por mujeres.

---

[23]. Jefe.

A rumbear, rumbero

De mayorcito me metí en cuerpo y alma en la rumba; estuve con Los Dandys de Belén, que es del barrio donde nací; por esa etapa conocí a Chano Pozo, atrapado en la bohemia. Él vivía en Desamparados y Habana; se decía que era guapetón, chulo y mil cosas más. Yo lo recuerdo como el gran músico que fue.
Los Dandys se destacaban por lo elegante del vestuario y las imaginativas coreografías; el propio Chano fue una de sus figuras principales. En las comparsas empecé de hachero, pero después dejé la farola, cogí el cajón y empecé a quintear, que es una de las cosas que más me gustan y lo que me dio nombre. Estuve con otras agrupaciones del carnaval como Los Guaracheros de María Carballo, y Los Componedores de Bateas; aunque te digo a mí la comparsa que siempre me llamó la atención fue La Jardinera por sus cantos melodiosos .

Tambores como raspadura

Pancho siempre estuvo comprometido con los tambores y desde niño los hacía en las cajas de sidra que venían de España o las de bacalao.

Fue mi tío Juan Caballo quien me enseñó a quintear y a fabricar cajones, pues antes la rumba se percutía en cualquier lugar, solo había que tener ganas y unos buenos rones encima; igual servía la puerta del escaparate que una gaveta.

Con lo que aprendió del tío, recogiendo maderas por aquí y por allá y armado de mucha paciencia, Pancho se dedicó a construir unos cajones muy especiales parecidos en su forma a la raspadura, y logró hacerlos de excelente sonido. La armazón rítmica logra una fuente inagotable de timbres, color, tonalidades, por lo que afirma: «Ahora todo el mundo los tiene, pero la patente es mía».

Pancho Quinto trabajó en Tropicana con figuras y orquestas como Celia Cruz y la Sonora Matancera. Tocó con Yoruba Andabo, agrupación con la que hizo varias giras, documentales y discos, entre ellos *Callejón de los rumberos* y *Espíritu de La Habana*. Músico de larga trayectoria, le cabe la gloria de haber sido el primero en quintear un cajón y tocar al mismo tiempo un Iyá, una combinación realmente mágica que enriquece la dimensión sonora. Envuelto en el oro de la leyenda va por el mundo Pancho Quinto. Importantes escenarios de Estados Unidos, Bélgica, Finlandia, Canadá, Holanda y otros países lo han recibido como lo que es: uno de los más grandes tamboreros cubanos. *The New York Times* le dedicó una elogiosa crónica, y su CD *El solar de la Cueva del Humo* ha despertado la admiración de la crítica y el público por sus cantos y toda la riqueza percutiva que atesora.

Participó en el proyecto de Afrekete, dirigido por Javier Campos. Su quinto se escucha en el fonograma de 1995, *Rapsodia rumbera*. Entre las últimas grabaciones del destacado batalero figuran las placas *Chamalongo*, *Cuban Odyssey* y *Rumba sin fronteras*. Además, los fonogramas *Ritmo y Soul* (Blue Note, 2000) y *Del alma* (Soñador, 2002) Su filmografía incluye: *Yoruba Andabo en casa* y *En el país de los Orishas*. Hizo grabaciones con su grupo y fue cultivador del guarapachangueo, que siempre atribuyó a Los Chinitos de la Corea. Sobre este extraordinario músico se realizó el documental de 27 minutos *Pancho Quinto, Olú Batavia y obra de un maestro de la percusión afrocubana*. Dirección Eurídice Charadán y Arsenio Castillo. El tamborero falleció el 11 de febrero del 2005.

JACINTO

Se lo juro por Dios que esa mujer me descuartizó el alma, y cuando se fue me entraron unas ganas muy grandes de morirme: yo había tenido mil lances de amor porque como dice la canción de Ciro Rodríguez, el de Matamoros, «*cien mujeres gozaron mis pasiones y todas por infiel me han olvidado*»; lo que pasa es que esta sí me dolió de verdad porque aún la recuerdo y puedo oler su perfume de hembra como si estuviera ahora mismo aquí en mi lecho. ¿Linda? No, no lo era tanto, pero tenía como un hechizo especial cuando se entró en mi vida así de repente.

Habíamos reventado tremendo fiestón en el solar de Yuya, a quien llamaban Más salsa que pescao, y yo no lograba concentrarme en nada; me sentía extraño, como si acechara algo. De pronto, un escalofrío me recorrió y hasta las pasas se me erizaron; me viré y la vi. Allí estaba con su cuerpo de poderosas ancas y sonriéndome. Le pregunté a Papo, mi primo, que ya estaba pasado de tragos. Me dijo: «Nadie sabe quién es, ni cómo llegó aquí, tal vez sea alguna ahijada de mi madrina María del Ángel Dormido. Averigua tú». Fui a su encuentro realmente pensando que no me importaba su nombre, ni de dónde había venido, solo que ya la estaba necesitando como fuera, como fue desde aquella madrugada en que sus senos tibios me encendieron la piel. Llegaba cuando la noche empezaba, nos acostábamos y luego se vestía rápido: "No, no puedo estar más contigo hoy, pero espérame regresaré". Yo era inmensamente feliz cuando estaba a su lado; sentía que mis rabias, mis dolores, todo se borraba en esos momentos. Un día no cumplió más su promesa. Divina, que así la nombré, faltaba a nuestra cita. La busqué, indagué con todos, le pregunté a

Papo, quien me soltó: «Oye, ¿tú no estarás loco? Porque nunca vi a esa mujer; estás inventando cada una...». Me enfermé con tremendas calenturas. Celedonio, mi padrino, llamado por la inquietud de mi familia, luego de consultar a los santos, aseguró: «Es un hechizo de luna, ella a veces se viste de mujer y viene a la tierra a hacer de las suyas». Me hicieron una limpieza y me dieron a beber en una jícara un líquido espeso y amargo que me apretó la boca. Al séptimo día, ya la fiebre había cedido, y a pasitos, pues estaba muy débil, me asomé a la ventana. Fue entonces que vi a Divina que volaba con los pies húmedos de lluvia. Allí, me quedé como lelo mirándola como desapareció. Al mes, un poco más restablecido la lloré en una columbia: Divina flor, vuelve al jardín, que mis amores se mueren sin ti.

Volví a recordar este relato, que oí de un viejo con una tremenda carga de añoranza en los ojos, la tarde en que mi entrevistado me definía la columbia:

Cuando se canta una pena de amor se llora por dentro y por fuera; aunque, a veces no veas las lágrimas y la columbia se llora porque se siente. Y fíjate, si un bailarín es hijo de Changó de verdad, cuando la baila se sube con santo y todo. Con el yambú pasa algo parecido. Para mí, la columbia sí tiene relación con lo religioso porque donde existe el tambor está el secreto de nuestras deidades. A mí, la rumba me gusta y más cuando hay inspiración, puyas...

Se nombra Jacinto Scull y lo apodan Chori, aunque debemos aclarar que nada tiene que ver con el timbalero de Marianao que fue conocido por ese seudónimo.

Nací en Ayesterán, en una parte que pertenecía a la Timba del Cerro. La música es herencia de mi madre santera, rumbera: ¡había que verla bailar! Mi padre fue un gallego que no entendía nada de eso. La familia de mamá venía desde los más viejos en las comparsas y su papá dirigió una en el barrio de Cayo Hueso.

Detallo el rostro negro de Scull, bien perfilado; en su juventud le dio por ser pelotero y llegó a jugar en la Liga Popular, aunque la música siempre fue su fuerte.

Lo del tambor para mí fue a sangre y fuego. Mi tío, Alfredo López, tamborero, aún vivo, me enseñó y me quedé por toda la vida enamorado de esa ritmática: es música que electriza al más pasmao.

—¿Y por qué Chori?

— Me lo pusieron porque parecía un chorizo; sí, que soy el más prieto de la familia. Mi tío Alfredo me llevó a muchas rumbas, incluso a la Ermita de los Catalanes; luego me metí en las comparsas de lleno, y he estado con Los Dandys, Los Marqueses, La Sultana, El Cabildo... Pregúntele a mi compadre Pancho Quinto por nuestra juventud; éramos muy pobres, pero disfrutábamos la música. Fui cantador de bembé, rumbas, y siempre sentí predilección por la columna que aprendí con los más antiguos: Pío Mogba, Raúl Batá, Eladio, considero que no he defraudado a mis maestros .

Según Scull, todos los barrios tenían su sabor especial y algunos estaban «sembrados de emociones». Claro, que todo aquel bullicioso encanto se ha ido perdiendo porque no hay dudas de que la modernidad ha restado a las barriadas ese acento espontáneo, auténtico, que las caracterizaba.

El barrio se prendía de mil maneras al corazón de los rumberos: un solar, un callejón, una bodega, podían ser sitios preferidos. Entonces ellos decían con orgullo: «Soy de Pueblo Nuevo», «nací en Carraguao», «me crié en Jesús María... ».

Y ese sentido de pertenencia tomó alguna que otra vez un exceso tal, que los de un lugar no podían traspasar las fronteras de los otros. Fue eso lo que motivó a Chavalonga a escribir la rumba «Los barrios, uníos».

Han sido solo etapas porque la mayoría de las veces la solidaridad los ha acercado, y en las propias comparsas no solo en la rumba la rivalidad ha sido fraterna. Yo por lo menos cuando aprecio un buen rumbero, un buen toque, no tengo a menos quitarme el sombrero y aplaudir. Nada hay mejor que reconocer lo bueno venga de donde sea .

Jacinto o Chori, como muchos gustan llamarlo, perteneció a la agrupación Yoruba Andabo, que ha participado en varios documentales como *Quién baila aquí* y *La reina Isabel*. Han hecho varios discos y giras al exterior como la realizada a Estados Unidos, donde actuaron en teatros y Universidades de Boston y Nueva York. El cantante hace una excelente interpretación de «Columbia Andilanga» en el CD *En el callejón de los rumberos*.

Como despedida, mi entrevistado me tocó una columbia, de esas que se lloran por dentro y por fuera, y no pude dejar de pensar en aquel viejo rumbero que de joven había enfermado de hechizo de luna.

El rumbero falleció en La Habana en 1998.

El Goyo y Lucumí (niño)

El Goyo

El anciano de piel intensamente negra percutía sobre el tambor, y el alma le retozaba de gozo en aquella transportación hacia la lejana África de la que conservaba recuerdos, ritos, música.

La muchachada lo llamaba loco, y se reía en su propia cara cuando contaba que su abuelo había sido un rey nigeriano muy poderoso. Las carcajadas le dolían en el corazón por siempre melancólico, pero el Viejo no era como otros que respondían a las burlas escupiendo maldiciones; él simplemente se metía en la última sombra de su maltrecha casa de cartón para seguir pintando la vida con los sueños del milagro que nunca llegaba.

Casi cien lunas vio asomar al cielo; en su primavera de amor unas cuantas mujeres incendiaron su cuerpo joven; solo tuvo un hijo que murió en una riña y lo sumió en un abismo de tristezas.

En Las Yaguas, a donde fue a parar la familia de Isidoro Hernández Pérez, muchas historias distintas, como la del Viejo, se podían reunir entre aquella gente a las que era difícil apresar el pájaro de la felicidad, pues como alguien decía, allí únicamente moraban demonios que lo revolvían todo. Para los que vivían al borde del peligro, la barriada en una cantera de cocó llamada El Blanquizal, en Luyanó, estaba a punto de estallar como la caldera del diablo.

Hacía tiempo que Isidoro, quien no soportaba las humillaciones de los patrones, había decidido trabajar por cuenta propia; cuando el sol iluminaba como un inmenso farol las calles, salía con su carretilla a comprar botellas vacías: de color ámbar, verdes, blancas, de diversas marcas de refrescos y licores que luego vendía en los establecimientos de recuperar envases. Un trabajo duro que le proporcionaba exigua ganancia.

Un día El Goyo, su pequeño hijo, le hizo un pedido que lo sorprendió: «Papá, es mi cumpleaños y quiero como regalo que me dejes ir contigo a pregonar».

Isidoro se rascó la cabeza, lo pensó dos veces y le dio una palmada en el hombro flaco y desnudo con lo cual le estaba diciendo que aceptaba su propuesta. Cada mañana los despedía la madre con una mirada tierna; al poco rato ya andaba el chiquillo de siete años lanzando al aire sus pregones entre la admiración de los que disfrutaban de aquella voz melodiosa.

Palmo a palmo, se conoció el mapa de los barrios pobres, de las calles del desamparo en las que solo el tambor o el canto tejían la alegría.

Isidoro y su mujer lucharon por salir de Las Yaguas, y cuando contaron con algún dinero se mudaron, primero, para Lawton, y más adelante al reparto El Moro, donde El Goyo respiró a sus anchas; sabía que allí iba a encontrar amigos y un ambiente menos violento.

«Mira, en El Moro yo me metí en la música, los tambores me fascinaron desde el principio, los oía en cualquier casa». De esa etapa recuerda un guaguancó: *Ayer yo cantaba rumba en un cajón/ con un sombrero de paja de Italia/ y un pañuelo colorao,/ en alpargatas/ con la camisa amarrá...*

Me explica que lo primero que hizo fue bailar. Entabló amistad con un negrito muy simpático llamado Lázaro Cárdenas y a quien apodaban El Clavo, por tener la cabeza puntiaguda.

El Clavo me enseñó cómo se baila la rumba, y tengo que reconocer que aprendí viendo cómo creaba pasillos dentro del género. Me interesé por los palitos que entonces se tocaban sobre la barriga del tumbador; más tarde fue el tres-dos y al final el quinto. Nunca me llamó la atención el tumbador, aunque me quedaba lelo oyendo a José Ramón Campoalegre, para mí, el más fuerte en ese instrumento.

El canto me gustaba, pero solo coreaba; y con orgullo puedo decir que ya me alababan por mi matiz, además de que nunca me agotaba; yo vivía disfrutando lo que en la rumba hacían Enriquito Bernal, el Nene, el Quino o Rolando, el Bobo, cantores de verdad. Al dedicarme al canto no paré más, le fui cogiendo tremendo amor y participaba en cuanta fiesta podía; esto es como una fiebre que se apodera de ti y no hay pastilla que te la quite.

Explosión de la rumba

La rumba que solo permanecía oculta en los barrios volvió a tomar vuelo con las victrolas, la radio y la televisión. Importantes grupos como Lulú Yonkori, que dirigió Alberto Zayas y tenía como cantante a Roberto Maza y, tiempo después, Los Muñequitos de Matanzas la llevaron a su máximo esplendor en aquel momento. A mi juicio, esta agrupación tuvo gran influencia en los rumberos habaneros, y ¿sabes por qué?, porque cambiaron la forma de cantar imponiendo un estilo. El canto, en esa época, se caracterizaba por llevarlo un solista. La unión vocal de Saldiguera y Virulilla, realmente maravillosa, hizo que comenzaran a surgir los dúos, que florecían por dondequiera; algunos nunca salieron del anonimato; otros, pudieron conocer la fortuna de la gloria. Te digo que fue toda una explosión: nacieron grupos como Alejo y sus Muchachos, Los Chicos Buenos, Las Estrellas Amalianas, Los Principales, Rumboleros, Los Parraqueños y Los Tercios Modernos, hasta llegar posteriormente a ese cuarteto magnífico que forman Los Papines.

Hice mi primer dúo con Carlos Águila, a quien desde fiñe conocimos por el Gigante Tonto por el personaje de la serie radial Los tres Villalobos. Luego, me uní a Daniel Sánchez, Jesús Estrella Gutiérrez, Fico Fabelo, Juan de Dios Ramos, quien me ha acompañado desde nuestra trayectoria en el Folklórico y con quien antes canté en El Sicamarié, Mambo Chambo y Los Principales.

Cantos de puya

En el canto uno va aprendiendo cosas nuevas todos los días. Recuerdo una que me pasó hace treinta años y quedó muy viva en mi cabeza. Estaba precisamente en Las Yaguas en un rumbón; canté un guaguancó y enseguida salió un rumbero que me tiró una puya pensando entablar la controversia; sin embargo, como yo no estaba preparado, no le respondí; él, al ver que me quedaba callado, me lanzó otra. Imagínate, el público estaba ansioso por ver cómo se desarrollaba aquel duelo musical; todos me miraban, pero yo continuaba sin decir esta boca es mía, así que di la callada por respuesta. Al verme ridiculizado, me dio por fajarme con mi rival, lo que no llegó, por suerte, a suceder. Todo esto me hizo pensar que tenía que documentarme; salí a buscar a un primo mío muy ducho en la rumba a quien conocían por Lázaro Carabina. Él habló con estas palabras: «Cuando tú quieras cantar un guaguancó para que todos te aclamen, pídemelo a mí; cuando tú quieras cantar un guaguancó para ganarte una mujer, pídemelo a mí; cuando quieras cantar un guaguancó para que te maten, pídemelo a mí». Durante un tiempo me dediqué a reunir cuanto guaguancó aparecía, y siempre con la idea del próximo encuentro con aquel hombre que se esfumó. Muchas veces volví a Las Yaguas, estuve en fiestas y en jolgorios, y más nunca lo vi. Déjame decirte que esto me dejó como una añoranza, un deseo insatisfecho que, a pesar de los años, aún siento. Yo he tenido buenas controversias con Juan de Dios Ramos, Cándido Zayas y Felipe Alfonso, y puedo afirmar que esta querella fraternal entre los músicos es lo que más enriquece, pues hay que investigar.

Las controversias en las manifestaciones afrocubanas no se basan en fórmulas fijas, sino que se trata de preguntas y respuestas. En la que los contendientes deben poseer amplios conocimientos de la manifestación, los que nunca llegan a abarcar en su totalidad por las múltiples fases que las componen. A cada una de estas fases le corresponde un sacerdote que las estudia por separado; sin embargo el cantante no tiene límites ni fronteras; su pregunta puede incursionar en cualquiera de estas.

Lo que complejiza el fenómeno es la diversidad de variantes por manifestación y fases que van de una casa a otra, de una provincia a otra, sin contar que la imaginación individual ejerce igualmente influencia. Al lograr la respuesta, el cantante debe preparar su pregunta, pues tiene derecho a ello si su respuesta ha sido correcta.

Cantares de un abakuá

Desde hace muchos años El Goyo ha sido un reputado cantante de abakuá, estilo que logró dominar luego de intensos estudios:

El mundo del abakuá[24] está muy vinculado al de los rumberos y, especialmente, al de los cultivadores del yambú y el guaguancó; por eso, desde que me inicié en la rumba sentí interés por esa sociedad.

Ocurría con frecuencia que se escuchara algún guaguancó, cuyo contenido era abakuá y cantado en una mezcla de español y la lengua ritual de esa potencia, y que cuando se inspirara el capetillo alguien entrara en el ruedo bailando como los íremes.[25] Esto posibilitó que antes de que fuera al primer plante, ya conociera algunos cantos sencillos, y que hasta incluyera en mi repertorio de pasos en el guaguancó algún pasillo abakuá. Cuando me juré, fue algo muy grande. Para mí, era maravilloso ver a un hombre como Marcelo, de la potencia Efori buma cantar a un íreme rodeado de decenas de hombres y mujeres, que iban a verlo como un actor principal en una obra de primera categoría. Es lógico que sintiera el deseo de que me admiraran tanto como a él para aumentar mi prestigio y hasta la jerarquía en mi potencia. Todo esto necesariamente me llevaba al estudio, a la investigación, pues conocer al dedillo aquel arte implicaba cantar y

---

24. *Abakuá*: Sociedad secreta exclusiva para hombres.
25. Íremes: Antepasados que bajan a la tierra a verificar distintas ceremonias: plante (Iniciación), baroko (recibimiento del sacerdocio) y enyoró (ritual fúnebre).

hablar el dialecto de los efik.[26]

Cuando llegó el momento de sacar íremes me pavoneaba orgulloso ante el público; después los llevaba a la valla, donde tocaba la orquesta abakuá con el Moruá, que así se llama al cantante. Esperaba la marcha o el estribillo del Moruá que alternaba con el coro y mi íreme salía a bailar. Como cada uno tiene su marcha específica con la que disfruta la danza, yo interrumpía y le cantaba a mi íreme la que a él le gustaba; de esa manera fui aprendiendo. También tengo que decir que ha podido escuchar a los más valiosos cantantes como Cando López, Carlos Gómez (Carlito Abaroko), Reinaldo Brito, Tomas Díaz, Tata Gutiérrez con su piquete de Ibiones: Eulogio, Miguel Chappottín y muchos más. Pienso que ellos se merecen el mejor de los homenajes por haber conservado la tradición y enriquecerla. Lo mismo hay que decir de los tocadores, bailarines y artesanos.

Discografía

Fundador del Conjunto Folklórico Nacional, El Goyo me habla con cariño y respeto de grandes artistas como Chavalonga, Nieves Fresneda, Emilio O'Farrill, Jesús Pérez, Trinidad Torregrosa, José Oriol Bustamante, Lázaro Ross, Manuela Alonso e Isora Pedroso. Confiesa su predilección por Miguel Ángel Mesa de la familia Aspirina y por Juan Bosco.

Creador del grupo Oba Ilú, El Goyo ha impartido sus saberes en la Universidad de La Habana y en el Instituto Superior de Arte (ISA); ha ofrecido clases magistrales en numerosos países: Francia, Italia, Holanda, Bélgica, Estados Unidos y Canadá.

Larga y fructífera ha sido la vida de El Goyo, nacido en 1936. Ha intervenido en numerosas grabaciones, entre ellas *Espíritu de La Habana* y *Chamalongo*; *Aniversario Tata Güines*; *Rapsodia Rumbera*; *Distinto y Diferente*, de Juan de Marcos con Afro Cuban all

---

[26.] Efik: Lengua de una región del viejo Calabar.

Star y *Santería Song for the orishas*. Participó en los discos *Mambo Sinuendo*, de Manuel Galbán y *Buenos Hermanos*, de Ibrahim Ferrer. Se destacó como compositor; entre sus obras figura «Grammy p'a la rumba», que aparece en el disco *La rumba soy yo. Con sentimiento Manana*.

Muy importante para la discografía del género ha sido *La Rumba es cubana. Su historia*, en la que intervino como productor y director musical. Se trata de un rico panorama de la rumba en el que participaron notables intérpretes. Contiene desde los bandos y coros de claves, rumbas del tiempo de España, yambú, guaguancó, columbia, y refleja algunas de las incorporaciones genéricas que ha asumido esta música. El músico ha formado parte del Team Cuba de la Rumba en el que viejos cultivadores del género se han unido a los más jóvenes para recrear esta genuina expresión de nuestra música.

El Goyo desarrolló una importante labor como profesor en distintos países incluido Estados Unidos, donde impartió clases en la Universidad de Rochester. Murió el 8 de enero de 2012.

AMADO

La rumba ha sido para Amado de Jesús Dedeu el bazar de todos los sueños; por eso recuerda los tiempos de su niñez naufragando en la pobreza y vuelven nítidas las imágenes; la de la madre con su infinita ternura, la del altar en el solar iluminado por los dioses africanos, la del tambor con su voz ancestral.

En 1945, cuando Antonio María Romeu introduce el danzón cantado, Portillo de la Luz estrena «Realidad y fantasía» y Fernando Ortiz publica «El engaño de las razas», nace Amado de Jesús Dedeu con el sino del investigador, percusionista, cantante y compositor que hoy es.

Su infancia corrió en el solar Los Palitos, en la calle Salud, que pertenece al barrio de Guadalupe. Pronto gustó de las buenas timbas, y aunque aquello se veía con prejuicio, se armó de las mejores razones para acudir a cada cita y traspasar aquel delirio de hogueras que lo seduciría para siempre.

Sintió que parte de su mundo estaba en esas manos callosas, que a veces sangraban batiendo la conga hasta el amanecer; en esas voces que cantaban historias con rostros de amantes y corazones desgarrados. Con el tiempo no quiso ser más espectador porque se sentía protagonista.

Desde fiñe se me hicieron familiares las figuras de Caballerón, Manguín, Tío Tom, Guillermón. Los instrumentos los fui aprendiendo de la mano de Miguelito, a quien llamaban Cheo, el Muerto, porque en una ocasión lo invitaron al restaurante El Pacífico y se tomó una sopa de aletas de tiburón y como le cayó mal se desmayó. Mi amigo tenía más experiencia que yo en el canto, y me guiaba: «Coloca la voz así, entra suave con esta frase…».

Me aprendí muchas rumbas viejas, e incluso un danzón que cantaba mi abuela, al que llevé a ese ritmo. Decía: …
tienes corazón de roca, miel de amores en la boca y veneno

en tu mirada. Íbamos a rumbear sobre todo a Los Sitios, San Leopoldo, Pueblo Nuevo; en esos trajines conocí a Los Pluma, a Maza, a quien llamaban El vive bien, por el popular guaguancó que hablaba de un hombre que vivía acomodado, era aquello de la sopita en botella, que en su época se escuchaba en todas las victrolas.

Luego hice dúo con Manuel del Pino, El Moro, y uno de nuestros escenarios principales fue el solar El África, núcleo de rumberos. Nos anunciábamos con un llamado: *Pero, señores presentes, oigan bien/ si la mujer con su humano proceder/ el hombre sin saberla comprender llegan a una niebla y se pierden en la oscuridad...* Por esa fecha el difunto Maza empezó a incorporar a la rumba números famosos de otro géneros. Nosotros lo hicimos con «Cuando calienta el sol» y «Yo soy aquel» y algunas canciones de Los Zafiros. Y sí, gustó aquella manera de interpretar.

En 1968 El Moro y yo conocimos en el barrio de Jesús María a Guillermo Triana y a Lázaro Rizo, y antes de que salieran Los Ébanos de Milí, empezamos a cantar a cuatro voces, recibíamos infinidad de invitaciones a las que siempre asistíamos, porque cuando la timba suena nadie que de verdad lleve esta música en la sangre falta.

Algo muy interesante que ocurrió en mi vida fue el encuentro con Santos Ramírez, El Niño, director de la comparsa El Alacrán, quien me enseñó melodías y secretos de la rumba, difíciles de penetrar. Fue un excelente cantante, uno de los mejores que oído, tanto por su fraseo como por lo original de sus interpretaciones.

Clave y Guaguancó

Repiqueteo de tambores, Clave y Guaguancó ensaya en la casa de Amado, su director con quien hablo sobre la historia de la gustada agrupación. Confieso que me sorprendió conocer cómo surgió.

El mismo grupo de amigos se daba cita el 2 de noviembre en el cementerio de Colón todos los años. Algunos llevaban pequeños ramos, tal vez cortados en un jardín ajeno; a otros solo los acompañaba el sentimiento de homenajear a los seres queridos ausentes para siempre.

Entre aquellos asiduos visitantes al lugar en tan señalada fecha como el Día de los Fieles Difuntos se encontraba Agustín Pina, decimista del coro Los Dichosos; todos terminaban recordando a los rumberos famosos.

Agustín Pina, Flor de amor, llamado así porque siempre en el ojal de su chaqueta llevaba una rosa, contaba que por 1945, cuando finalizaba la Segunda Guerra Mundial, en el mismo camposanto habanero surgió la idea de formar un piquete para los fines de semana tomar unos rones y rumbear. Allí estaban Agustín Gutiérrez, del coro Paso Franco, Martín Rivas, El gallego, Gustavo Martínez, Cucharas, y Mario Alán, entre otros.

Nacía Clave y Guaguancó, que comenzó como aquellas agrupaciones de coros de clave y rumba originadas a finales del siglo XIX y principios del XX, y a cuyo desarrollo tanto aportó Ignacio Piñeiro. Fue rápido el ascenso y pronto gozó de popularidad en las distintas barriadas habaneras. Su fama hizo que fueran contratados para diversas fiestas particulares, además de actuaciones en La Tropical. Luego el conjunto de rumberos languideció, pues varios de sus integrantes, como Agustín Gutiérrez y Mario Alán, pasaron a septetos de son. Después de 1959 los musicólogos Argeliers León, Odilio Urfé y esa enciclopedia viviente que se llamó Eduardo Robreño lograron reorganizar nuevamente la agrupación, que volvió al panorama musical con renovados bríos.

La reestructuración llevó a sus filas a la pareja de bailes formada por Peky Pérez y Angelita y a los cantantes Gloria Mora y Ramón Ordóñez, Mongo el villano; aunque con el tiempo los integrantes han ido variando.

En sus distintas etapas pasaron por Clave y Guaguancó figuras estelares del género como Alberto Zayas, El Melodioso; Miguel Ángel Mesa, Aspirina; Alfredo Gómez Paula, El Niño, Rolando Rodríguez, llamado Malanga, uno de los grandes conocedores del complejo rumba; Roberto Maza, El vive bien; Calixto Callava, inspirado compositor, y el legendario Miguel Chappottín, Chapo.

No solo folclor

Para Amado la rumba no es una pieza de museo porque como todo hecho folclórico debe evolucionar.

Tiene que caminar con los tiempos porque si no se estanca; lo importante, es saber tocarla, puedes usar los instrumentos más rudimentarios, y si no vives esa atmósfera, ni no la sientes muy dentro del corazón, no aflora como es. Y eso lo aprecias cuando un extranjero la toca; tal vez la melodía sea fiel y esté en clave, pero le falta esa voz orgánica, interior, que yo resumiría con una palabra: sabor.

> Pienso que, además, el género está en constante evolución tanto en las letras como en los instrumentos. Hay aportes nuevos como los de Francisco Hernández, Pancho Quinto, quien tocaba el cajón y simultáneamente el batá, enriqueciendo así el espacio sonoro.
>
> Clave y Guaguancó ha hecho un trabajo de renovación al incorporar el arará, yoruba, bantú, carabalí, abakuá, todo lo cual lo diferencia de otros conjuntos que cultivan el género.
>
> En el ámbito musical, si lo analizamos morfológicamente tenemos la base tradicional de la rumba, es decir, la célula rítmica no se altera, pero cambia el timbre, el color… Nos interesa el trabajo de fusión y hemos hecho muchos temas en ese sentido con *jazz*, *rap*, flamenco y elementos de la música campesina.

En el repertorio hay piezas para rendir homenaje a Rita Montaner, Benny Moré, Merceditas Valdés y Celina González…

Clave y Guaguancó fue seleccionado en 1993 como uno de los diez mejores de América Latina entre 700 concursantes del área para optar por el premio Découvertes de Radio Francia Internacional. En 1994 recibió mención de honor por la Naird Award.

El colectivo tiene grabados los discos *Cantaremos y bailaremos*, *Déjala en la puntica* y *Noche de la rumba* y *La rumba que no termina* en la que intervienen intérpretes de otros géneros como Beatriz Márquez, Vania, Tania, Leo Vera, Mayito, Sexto Sentido y otros. También ha participado en los CD de los cantantes Anais Abreu y

Pío Leyva y en *La rumba soy yo. All star de la rumba cubana.* Premio Grammy Latino 2001 y *La rumba de fin de siglo.* El grupo, con un estilo muy bien definido, ha tenido excelentes críticas en los países de Europa. En la gira de 1999 a Inglaterra los rumberos hicieron un concierto único en el Barbican Center de Londres con el excelente músico africano Manu Dibango. Además, Amado y otros integrantes han tenido la oportunidad de realizar talleres sobre nuestro folclor en Estados Unidos. A ese país y a Canadá viajaron en 1996 con la saxofonista Jane Bunnett para promocionar la placa *Chamalongo* en la que tocan varios números.

La más reciente producción de Clave y Guaguancó es el CD *Carraguao vs. Pueblo Nuevo.* Con la dirección de Rudy Mora y Orlando Cruzata, el documental de igual nombre incluye la conferencia *La rumba,* del doctor Olavo Alén y la multimedia de Rodolfo Delgado.

Amado estuvo al frente del *Ventú Rumbero,* todos estrellas de la rumba, que se presentó en dos ocasiones en Estados Unidos y en el Team Cuba de la rumba.

Con Amado Dedeu, Clave y Guaguancó continúa su camino de experimentación y búsqueda dentro de un género entrañable para todos los cubanos.

En la grabación *La rumba que no termina de Clave y Guaguancó,* el compositor Pedro Almeida Tata, le dedica un guaguancó a la famosa agrupación, titulado «Origen de mi conjunto».

Amado Dedeu dirige también El solar de los seis que fusiona ritmos como rumba, guaguancó, columbia o yambú mezclados con voces con sostén armónico. En su alianza con el *jazz,* ha trabajado esta música, principalmente con el pianista Harold López-Nussa. La joven agrupación rumbera utiliza instrumentos de percusión al uso, y otros más raros como el cancabají; se trata de una jícara que va metida dentro de una cubeta de agua. Los integrantes de Los seis del solar son Yamilé Sardiñas, Dámaris Driggs, Rubén Bulnes, Freddy Ernesto Valdés, Vladimir Silvio Oquendo, Adonis Andrés y Amado Dedeu, hijo.

El DVD *Feeling con cajón,* de Emilio Vega, sello Egrem, a modo de expresiva descarga, rinde homenaje a Amado Dedeu, quien también participa junto a Ángel Bonne, Emilio Frias El Niño, Mandy Cantero, Raúl El Chino Verdecia y Lázaro González Pedroso...

LOS PAPINES

Los instrumentos tejen una rica polirritmia. La música escapa, vuela, se filtra por los ventanales y sale a la calle; son Los Papines poniéndole calor a la mañana invernal. Sin prisas, volviendo una y otra vez sobre el mismo tema, ensayan en vísperas de un viaje que los llevará a varios países europeos, donde se han convertido en embajadores de nuestro folclor. Legendaria agrupación, son verdaderos reyes del espectáculo, aplaudidos en más de cincuenta países.

Historia con ritmo

Un día, Los Papines decidieron desenredar el misterio de la percusión. Buscando aquí y allá, en reuniones con los informantes o desafiantes duelos con otros tamboreros, llegaron a dominar toda esa fuerza percutida.

Los Pocitos, donde nacieron los hermanos Luis, Alfredo, Jesús y Ricardo, fue antes un barrio muy pintoresco con gente humilde que vio desvanecerse sus sueños en el duro aprendizaje de la vida.

Sí, era un lugar con muchas historias, con ojos para mirar el cielo y tocar la pobreza, pero en medio de esa resaca amarga, los solares se iluminaban con el tambor empeñado en poner alegría en esos corazones maltratados. Había todo un mosaico social: niños limpiabotas, mulatas de miradas doradas, chulos, la maestra, tal vez solterona, algún que otro dueño de un pequeño comercio, obreros que muy pronto iban a envejecer, creyentes y descreídos, y familias como los Abreu, que solo tenían como orgullo su honradez.

Musicalmente hablando, podemos decir que allí se crearon los tres golpes, y hasta surgió una forma original de tocar los palitos. Las comparsas de esa zona de Marianao también se destacaron por el primor de sus cantos y coreografías. Entre ellas hizo época la del Gangá, que aunque no tenía el vestuario más fulgurante, gozaba del favor del público por su latido rítmico, capaz de movilizar a cuantos la oían.

El primero que empezó fue Papín. De chico seguía la música de la radio tamborileando sobre una silla. En los plantes o en las rumbas solariegas, todos los hermanos se aficionaron al sonido del tambor. Los padres también los llevaron al mundo de la música: a bailar en los teatros, a que hicieran demostraciones en fiestas hogareñas. En fin, contribuyeron a la formación de estos singulares artistas, quienes por el mundo han derrochado arte y gracia, pues tienen además una simpática vena humorística.

Digamos que toda la familia Abreu que es muy numerosa ama la música... Son once hijos: cuatro varones y siete hembras. De ellos los jimaguas, Mercedes y Caridad, y María Jesús y Jesús María.

Papín tocó en los conjuntos Estrellas de Chocolate, con el Bolero y Los Complacientes; luego fundó Papín y sus rumberos, y estuvo en el cabaret Tropicana, donde sucesivamente fueron pasando los otros hermanos.

La primera actuación de Los Papines, como agrupación profesional, tuvo como escenario el cabaret Parisién, en un *show* que se llamó *Canciones en la noche*. En 1963 viajaron al extranjero con el espectáculo *Ritmos de Cuba*. La gira abarcó RDA, Polonia, Checoslovaquia y Unión Soviética. La inclusión de lo que ellos han llamado gallegadas —música española con sabor cubano— les ganó grandes triunfos. Montaron «María la O», «Los rosales» y otros números dentro de esa clave.

Su repertorio incluye, además, «Mi quinto», dedicado a las madres; «¿Quiere usted mi güiro?», con seis tumbas y un chekeré que viaja a las manos del público; Patapatatumba, donde los sonidos de la tumba sustituyen la voz humana, y otros muy gustados como Abuela no se puede evitar, varios boleros, rumbas y numerosos motivos abakuá.

Discos han grabado varios, entre ellos: *Fantasía en ritmo*; el que hicieron en Chile con la Aragón, Carlos Puebla y Ela Calvo, *Papín y sus rumberos, Retorno a la semilla, Papines I y Papines II y Somos del Caribe*, hermoso paseo musical por América Latina. Sin contar que la Vitral Records, de Estados Unidos, les editó un disco compacto de su LD *Homenaje a mis colegas*. Otra placa muy significativa fue *El reino de la rumba* junto a Celeste Mendoza, que mereció un premio en el Cubadisco 1998

Su discografía también incluye: *¡Oye hombre, escucha... guaguancó!, El guaguancó llegó a la luna, Rumba sin alarde, La rumba soy yo, La rumba del siglo* y *Los Papines están Ok.*

En cada lugar que han visitado son nuevamente reclamados, pues su lenguaje musical ha roto las barreras del idioma, de ahí que hayan podido establecer una comunicación directa. En Estados Unidos han estado en varias ocasiones. Fue el primer grupo de artistas cubanos que entró en contacto con el pueblo norteamericano después de 1959. Periódicos como *The New York Times, San Francisco Examiner* y *Washington Post* se hicieron eco de esa gira. Por cierto que en esa ocasión hubo un famoso encuentro entre el puertorriqueño Tito Puente y Papín, primero en timbal y quinto y luego timbal y timbal! «Apoteósico!», exclamaban los que presenciaban ese duelo musical. En sus viajes han tenido oportunidad de realizar talleres y clases magistrales sobre la rumba y la percusión cubana, que trabajan en una perspectiva de futuro, es decir, sin perder la base, pero con una nueva evolución.

Muy importante ha sido para el grupo, que se vale de tumbador, quinto, tres golpes y cajita musical, sus actuaciones en África y el Caribe en las que han confrontado con otros conjuntos. Enseñaron y aprendieron. Esa labor de identificación con la música de otros lugares los ha enriquecido.

A lo que el cuarteto aprendió espontáneamente en sus inicios se sumó todo un quehacer investigativo y un riguroso estudio para el montaje de voces que dirigió Luis Carbonell. Ellos continúan apoyándose en los viejos informantes que dominan la rumba y otros géneros. La raíz afrocubana de la cual se nutren sigue revitalizándose en el desempeño artístico de estos destacados percusionistas, conocidos en las cuatro esquinas del mundo.

Uno de los fundadores de Los Papines, Alfredo Abreu, falleció el 28 de octubre de 2001.

El 19 de mayo de 2009, dejó de existir Ricardo Abreu, exponente de la cultura abakuá y fundador y director de Los Papines. La Egrem produjo un documental sobre la trayectoria artística de este músico, que gozó de reconocimiento internacional. Luis Abreu, otro de Los Papines, murió el 17 de abril de 2012, entre sus composiciones figura

«Baila mi yambú». Sobre Los Papines, Mundo Latino realizó en el 2008 el documental *Nunca es tarde si la rumba es buena*, dirigido por Jesús Dámaso González López.

Actualmente, dan continuidad a la agrupación, versátiles y jóvenes músicos: Luis y Alexander, hijos de Luis Papín; Lázaro Jesús Mengual, hijo de Nilda, y Ángel J. Abreu, hijo de Ricardo Papín así como la cantante líder, Yuliet, hija de Jesús Abreu, actual director. Los Papines se presentaron en el Teatro Gaitán, de Bogotá, en Colombia, junto a Totó La Momposina, figura relevante del folclor latinoamericano. Han sido, además, muy aplaudidos en China y otros países asiáticos. Sus más recientes éxitos: escenarios de Estados Unidos. Destacados exponentes de la cultura cubana, son punteros de la percusión. *Rumbeando a mi manera* se titula su más reciente producción discográfica. Es el primer disco que sale con la nueva generación de Los Papines. Combinan la rumba con elementos de la música afrocubana. Tienen como invitado a Rubén Bulnes, cantante y compositor de Osaín del Monte.

YULIET
ABREU

la papina
DE CUBA

Yuliet, la Papina

Como hija de Jesús Abreu, del grupo Los Papines, a Yuliet le corre sangre rumbera por las venas. Y porque siempre amó la floración de sonidos, aprendió a tocar los trepidantes tambores. En la actualidad suma a su carrera de percusionista la de cantante, recreando lo mejor del género, ese que engrandecieron Nieves Fresneda, Merceditas Valdés y Celeste Mendoza, entre otras. De niña, Yuliet Abreu recibió un regalo: una llave de oro para entrar al reino de la rumba. Desde entonces ha vivido dentro de esa ritmática que estremece corazones. Ella ha conquistado aplausos y significativos reconocimientos como el Gran Premio del evento internacional PERCUBA.

Soy así

Nacida en Guanabacoa, siempre escuchó a tumbadores famosos como los de su familia, y esa música terrena y a la vez divina se le antojó maravillosa. A la hora de escoger carrera siguió sus inclinaciones musicales y optó por la percusión, antes vedada para la mujer. Con su título de percusionista egresó del Instituto Superior de Arte, ISA. Fue la segunda en graduarse de esa disciplina en Cuba. En distintos niveles tuvo maestros excelentes como Eduardo Córdova, Roberto Concepción y Yaroldi Abreu.

Aunque estudió percusión clásica, interpreta lo popular con mucho sabor; por eso, cuando su tío Alfredo falleció pasó a la nómina de Los Papines y, hoy, es su cantante líder.

Ha hecho giras por Bahamas, Francia, Holanda, Italia, España, México, Ecuador, Colombia y Estados Unidos, entre otros países.

De los escenarios donde han actuado el que más atención le llamó fue en China. La barrera del idioma no fue obstáculo. Al terminar los conciertos los aplaudían con mucha admiración. Contrario a lo que algunos creen, los chinos poseen un buen sentido del ritmo y lo sabe por experiencia propia pues ha tenido alumnos de ese país.

Yuliet empezó como profesora del conservatorio Amadeo Roldán cuando todavía era alumna del ISA. Le gusta la docencia a la que ha dedicado más de doce años de su intensa labor y destaca el talento de las jóvenes matriculadas en los cursos de percusión.

Habla emocionada de su primer disco *Los Papines están OK* y del concierto por los cincuenta años del conjunto, en el teatro América. Le gustan las versiones y, de las que interpreta, nombra

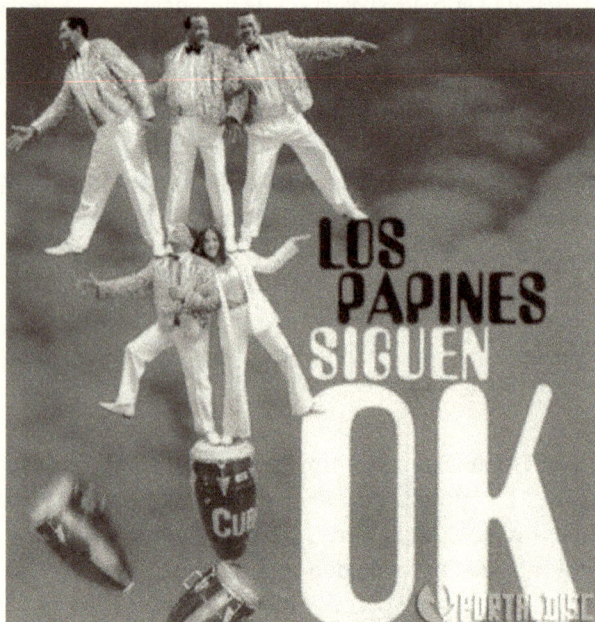

como favoritas las de «Ojalá», de Silvio Rodríguez y «¿Quién es él?», de José Luis Perales. Piensa que la rumba tiene que asumir el porvenir con más arreglos contemporáneos e incluso fusiones con otros géneros.

Entre sus cantantes preferidas menciona a Celeste Mendoza con sus rancheras guaguancoseadas «Tenía ese toque especial para darle color y sabrosura a la rumba. Impuso un estilo que nadie ha podido imitar».

De su influencia mayor cita a Los Papines: «Me enseñaron a amar la música y, sobre todo, la rumba que es cubanía».

Además, siente predilección por las cancioneras que marcaron nuestro bolero con un filin muy particular y evoca a Elena Burke, La Señora Sentimiento, llenando el cielo nocturno con su voz sensual, acunando el amor en su pecho, sintiendo como el alma echa a volar con la música de José Antonio Méndez, César Portillo de la Luz o Isolina Carrillo.

—*¿Y lo de La Papina, cómo surgió?*

—Empezaron a llamarme así, especialmente Zenaidita Romeu con la que habitualmente trabajo, ya sea percusión clásica o popular. De todas las piezas que he hecho con su orquesta una de las que más disfruto es «Camerata en guaguancó», de Guido López Gavilán. Zenaidita es fenomenal.

—*¿Cómo ves el futuro de la rumba?*

—Estoy con muchas expectativas. Aunque no se pueden negar los avances, necesita más divulgación en los medios; no podemos olvidar que es parte de nuestra identidad. A veces, solo se mira al extranjero y aquí tenemos ritmos, géneros muy ricos que, como la rumba, en otros países, son muy demandados. Para mí, a lo auténtico hay que darle paso.

Con la disquera Colibrí, Yuliet presentó en el 2018 su más reciente producción discográfica titulada *La Papina de Cuba*. Incluye temas «Amor fugaz», de Benny Moré; «Cómo fue», Ernesto Duarte; «La gloria eres tú», José Antonio Méndez y «Dos gardenias para ti», Isolina Carrillo. No faltan otras piezas como «Rumba pa' ofrecerte», «Telmary»; «Tú voz», de Ramón Cabrera y «Proposiciones», de Jorge A.Herrera.

TERESITA

La rumba es un cantar bien lindo hecho con pedazos de vida porque cada autor le pone de lo suyo, de lo que le está pasando por la cabeza o por su alma. Es mi vocación, mi camino. La canto si algo me apena porque las heridas son como brasas, pero también cuando estoy contenta. Esa música me pertenece, está en mí definitivamente.

Es Teresa Polledo, cantante y bailarina nacida el 4 de noviembre de 1952 en el barrio de La Marina, en Matanzas, la Atenas de Cuba. El mundo de los rumberos siempre estuvo al alcance de su mano. Era lo que oía al despertarse, lo que sentía en el solar, en cualquier cuarto, donde el olor a albahaca y a *sietepotencias* anunciaba la preparación de sahumerios para mejorar la suerte.

Sentada en una espléndida silla en medio del salón lleno de espejos parece, por su serena majestad, una reina africana recién llegada de aquel continente.

En mi casa está el cabildo Santa Teresa de la tierra de aráoyó, donde se toca bembé, güiro… Por muchos años lo dirigió mi abuela Teresa Villamil, quien es ya nonagenaria. Antes lo hicieron nuestros antepasados, mis abuelos Juan Villamil y Juan Cárdenas. Todo eso viene de lo antiguo, pero la tradición continúa con fuerza y, ahora, es mi tío Osvaldo Villamil quien está al frente de la casa religiosa, muy conocida en Matanzas.

Era muy pequeña y a mi madre le gustaba vestirme muy bonita con lazos, batas floreadas con cintas y mi inseparable abaniquito. Los domingos mi papá me llevaba a pasear, y siempre se tomaba sus tragos en cualquier bar; no faltaba la música de las victrolas, que en esos tiempos estaba de moda. Me gustaba, sobre todo, Celeste Mendoza con ese canto tan rítmico y mágico. Yo, en cuanto oía la clave, salía a bailar, y la gente dejaba la conversación para verme, bailaba ya deseando los aplausos de ellos; quería que todos dijeran; ¡Qué bien, qué bien!

En mi queridísima Matanzas no se me escapaba una de esas guarapachosas fiestas que nacían espontáneamente, porque donde abrí los ojos —en La Marina— se formaban las mejores. Con unos roncitos y varios cajones comenzaban el alborozo. Había que ver a los grandes columbianos cantando y moviendo el esqueleto sin parar: Negro Lindo, Veinte de Mayo, Gilberto Angarica, del pueblo llamado Carlos Rojas, que se quedó ciego... En La Marina, no sé, pero hay un misterio porque los rumberos brotan como agua de la fuente, cuando sonaba la timba, empezaban a llegar la gente de todos los lugares, de Simpson, de Pueblo Nuevo... lo mismo hombres, que mujeres, que ancianos: era una gran convocatoria, y se corría la voz para que más y más se sumaran.

La columbia es muy matancera; aún se discute si es de Sabanilla. Los viejos tienen su controversia y es difícil que se pongan de acuerdo, porque cada uno posee su verdad y la defiende a capa y espada. Yo la he cantado mucho y siempre tiene su palabrita abakuá o del vocabulario palero; lo que sí puedo afirmar que la columbia, aunque concebida en el baile para hombres solos, es un canto muy bello y, a veces hasta jocoso. En esa modalidad el solista alterna con el coro.

Pienso que nací rumbera; todos en mi casa lo son; mi mamá, mis hermanos, mis tíos, mis primos, pero es que, además, crecí en el solar donde se fundaron Los Muñequitos, y no me perdía un solo ensayo. Virulilla y Saldiguera, a quienes considero mis maestros, me enseñaron a colocar la voz, hacer la primera, la segunda y, sobre todo, a sentirme libre en el escenario. Florencio Calle, cátedra de la rumba, me vio nacer y desarrollarme hasta el día que cerró los ojos en junio de 1980, que no se me olvida nunca. Lo vi ponerse viejo, pero empinarse y seguir palante. Lo que sucede es que con los años no hay quien pueda. Él le decía a mamá: «Beba, ocúpese de Teresita, porque ella tiene en su camino la música». Y así fue. De mi querido Florencio recibí no solo enseñanzas técnicas, sino que aprendí números muy bonitos, algunos antiquísimos.

Bailar y cantar ha sido mi vida, desde niña; mis hermanos cargaban conmigo para sus fiestas, y en las comparsas a arrollar yo también como la primera: La Imaliana, Los Congoleses, Los Portuarios, y Los Guajiros de Matanzas... Y es que esto se lleva en la sangre, se aprende viendo, conociendo de los más viejos. El ballet se estudia en una escuela: giras bonito, te elevas; ahora la rumba es otra cosas: ambiente, atmósfera, familia, tradición, los ancestros que están presentes... es como si metieras en una cazuela un ajiaco y lo revolvieras todo bajo la misma llama.

A los diecinueve años, un tío mío, percusionista de un Mozambique, en Matanzas, embulló a mi madre para meterme en un grupo de nueva creación; me hicieron una prueba. Esta vez canté un bolero muy sentimental acompañada de las claves; fue mi entrada a Emi-keké, agrupación folclórica que sonó mucho en Matanzas y en la que también participó mi prima Ana. Hacíamos congo, abakuá, makuta. Amenizábamos fiestas en muchas regiones y nos presentamos también en Camagüey y La Habana.

Teresita estuvo después con Afrocuba, que dirige Minini, hasta llegar a Los Muñequitos, donde lo mismo cantó como solista que bailó. Otras formaciones: Karimao y Obatolá. En La Habana se inició con Clave y Guaguancó, hasta que Rogelio Martínez Furé la pidió para el Conjunto Folclórico Nacional, con el que se ha presentado en España, Francia, Perú, México, Japón, Suiza, Finlandia...

De mis rumberos preferidos tendría que hablar del difunto Juan Bosco, melodioso hasta decir no más; Virulilla y Saldiguera, consagrados en el género; Ángel Pelladito, cuyas composiciones en la percusión puedo jurar que eran únicas; Felipe Alfonso, que me gustaba por ese guajeo callejero de tanto sabor; y a alguien que por su maestría y ayuda no puedo olvidar: Zenaida Armenteros, quien pone no solo ritmo y melodía, sino su corazón de oro.

En la rumba me he atrevido hasta en la composición; tengo varias que no he registrado: «A mí me lo dio natura», «No hay mal que por bien no venga», «Mi campana» y «Cuidado con la picazón». Y sí, siempre hay una pieza que una disfruta más. Y te la voy a cantar:

Yo soy rumbera.
Yo soy rumbera,
desde que estaba en el vientre de mi madre.

Lo digo en congo:
palo que nace pa' violín
desde que está en el monte suena.

Desde niña soy cantora,
voy cantando por doquiera,
canto con Saldiguera
y canto con el que sabe.

Yo canto con Carlos Embale
eminencia en guaguancó,
y por eso yo te digo:
yo soy rumbera
Desde que estaba en el vientre de mi madre.

Teresa Polledo
Foto: Directorio Afrocubanas

Teresita se desempeñó como profesora en el Conjunto Folklórico Nacional de Cuba en el que trasmitió sus sabios conocimientos a las más jóvenes. Ella participó en las acciones plásticas del maestro Manuel Mendive y en el filme inglés *El día de las flores* con el bailarín Carlos Acosta. La extraordinaria rumbera falleció en el 2016.

Los MUÑEQUITOS
De Matanzas

LOS MUÑEQUITOS
DE MATANZAS
Maferefún la Rumba

LOS MUÑEQUITOS

Inolvidable resultó el encuentro con varios de los fundadores de Los Muñequitos de Matanzas. De viva voz, en la hermosa Ciudad de los Puentes, conocí de la trayectoria de estos músicos que, por su marcado estilo, tanto realce le han dado a la rumba. De esa cita quedaron recuerdos y varias fotografías, como testimonio gráfico.

Música en el alma

En los ojos de este hombre el tiempo parece perderse en una distancia de siglos: solo su voz fuerte y precisa lo acerca al presente. Toda la pasión de Florencio Calle, Catalino, ha sido la música. Desde pequeño aprendió a sentir el ritmo: «Yo lo marcaba, pero se me iba rápido, fugaz entre los dedos», me dice recordando su niñez.

Ya después fui descubriendo sus secretos: los cueros hablaron para mí cada vez que quise.

Lo de la música me viene de mis antepasados. Toda mi familia es rumbera. Los Calle, de Matanzas, son bien conocidos. En los corrillos de rumberos se hablaba mucho de la difunta Candunga, de Inés Mesa, de Amadita, de María Sixta; todas parientas mías. Ellas hicieron época como bailadoras; llevaban el baile muy adentro.

El guaguancó es antiquísimo, del tiempo de los coros. Música de negros y mulatos que recoge diversos temas sociales, políticos o amorosos; todo dicho con poesía, que es como de verdad llegan las cosas. En la parte cantada siempre hay quien se inspira e improvisa.

De los coros, aclara:

> En La Habana, fueron muy famosos Los Capirotes, Los Rápidos Fiñes, Los Roncos, y en Matanzas El Lirio Blanco, el Coro Trovador, El Bando Verde y el Bando Azul, único que pervive en esta provincia. Eran agrupaciones de recreo. A la hora de fiestear todo el mundo cooperaba, brindaba lo suyo. Este año el Bando Azul hizo su fiesta para esperar el Año Nuevo. En el barrio de Santa Isabel se rumbeó por todo lo alto.

Así nacieron

Varios jóvenes amantes de la rumba comenzaron a reunirse en distintos bares, preferentemente en el Cayo Confites, y pronto nació la idea de crear un grupo al que llamaron Guaguancó Matancero, surgido en 1952, y dirigido por Florencio, gran conocedor del género e incluso participante en comparsas y coros. Al poco tiempo, el público los bautizó como Los Muñequitos, una de las piezas de su primer gran *hit* discográfico.

Tocador de maruga, guagua o catá, el catálogo autoral de este rumbero, incluye: «La polémica», «El currito», «La viola», «Glorias cubanas», «Baba cuello mao», «Canto para ti», «Ta contento el pueblo», «Vente solito», «La bandera de mi tierra» y «Saludo Musical», entre otras obras.

Donde habla Saldiguera

A Esteban Lantri muy pocos lo conocían por su verdadero nombre; todo el mundo le decía Saldiguera.

> En Pueblo Nuevo, donde me crié, tenía fama de ser un niño muy revoltoso. Tanto, que un día hubo una reyerta y me metí en ella. Cuando la gente menos lo esperaba destapé un salero y lo tiré. Entonces alguien dijo: «Este fiñe es más malo que la saldiguera». Después ya nadie me llamó más Esteban.

Desde 1923, Saldiguera cantó con varios septetos. De ellos mencionó: Los Peligrosos, El Orbe, Yucayo, Armonía, Awarestein, Radiante y el Cuarteto Matanzas.

Mulato, alegre y muy simpático me contó:

Mi vida no solo la he dedicado a la música, muchos años trabajé en el puerto como estibador, cargando azúcar. Tengo el orgullo de haber laborado desde muy joven en nuestra primera industria azucarera.

Aseguraba que adolescente conoció a Malanga y lo vio bailar en un solar llamado La Carolina, en Matanzas.

Era un morenito bajito, él y Cubela fueron los creadores de la columbia en la zona de Unión de Reyes, en la parte de Sabanilla, donde había un cabildo de congos. A Malanga nadie le ponía un pie delante. Era lo máximo bailando.

El cantante empezó en el bolero y cuando descubrió el guaguancó se apasionó con él. Defiende que esta música es autóctona de Matanzas, donde hasta los niños lo bailan y cantan. Él fue aprendiendo con los más rumberos más viejos y cultivó un estilo muy propio.

Disfrutó de la amistad del Benny, la de Orlando Vallejo, quien lo visitaba en Matanzas y la de los integrantes de la Sonora Matancera.

No olvidaba los viajes a La Habana, donde se hicieron famosos con el número de su autoría Los Muñequitos, sobre los *comics* de periódicos como *El País*, cuyos personajes tuvieron gran notoriedad entre los niños.

Lo último:
a que ustedes no han leído
Los Muñequitos del sábado
Anita, la huerfanita
Jorge, el piloto,
llamado Manteca,
que se le caen los botones
y las gallinas se los tragan;
andamos buscando al Fantasma...

Todo el mundo quería verlos tocar en la Polar y la Tropical, donde él y Virulilla dejaron su impronta de excelentes guaguancoseros.

En sus labios siempre había una rumba para enamorar o simplemente festejar el milagro de la vida: *Si el cantar es mi destino/ Si el verso es para gozar/ Si puedes interpretar/ esta es mi expresión sincera/ Hoy les canta Saldiguera/ No lo vayan a olvidar.*

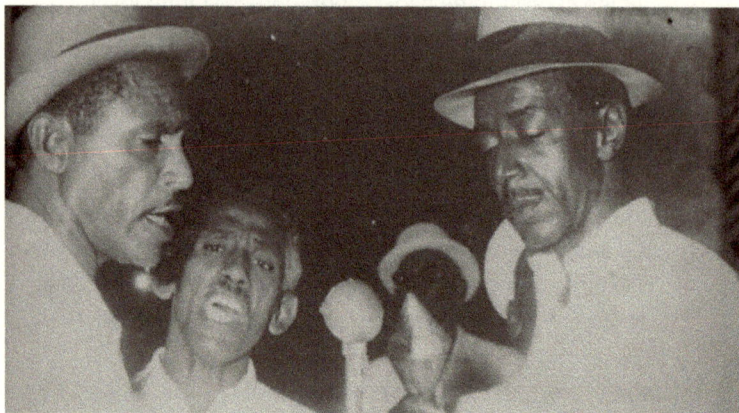

Esteban Lantri, Saldiguera; Hortensio Alfonso, Virulilla y Juan Mesa, Juan Bosco

Con Virulilla

A Hortensio Alfonso, lo nombraban Virulilla, apodo que le puso su mamá, pues «era muy pequeño e intranquilo». Matancero como el Yumurí, nunca abandonó su ciudad, que amó tanto como los barrios rumberos de La Marina y Simpson.

La madre de Virulilla estaba emparentada con la trovadora y compositora María Teresa Vera. El cantante, desde su juventud, estuvo con varias agrupaciones del género; aunque en aquella etapa su principal trabajo fue como electricista y chapista.

Formó parte de Los Muñequitos, e hizo dúo con Saldiguera, que era la voz líder; él, actuaba como falsete. Las inspiraciones corrían a cargo de otro célebre cantante: Juan Bosco.

En La Habana, fuimos una sensación. Los bailadores nos querían conocer, se volvían locos y de todos los lugares nos llamaban; actuamos en el cabaret La Campana y hasta en el famoso cabaret Tropicana. Grabamos, viajamos y en esas andanzas pasó el tiempo.

Al retirarse de Los Muñequitos, tanto Saldiguera como Virulilla, pasaron a Afrocuba.

Chachá

Nacido en el barrio de Simpson, el 29 de noviembre de 1925, Esteban Vega Bacallao, Chachá, es una de las grandes leyendas de la rumba. Nombrado por todos Chachá, este quintero mayor aprendió a los trece años con Pedro Calle, Félix Campos y un negro a quien llamaban Joseíto; luego se convirtió en un gran conocedor de los batás, instrumentos religiosos del fundamento yoruba.

Un día estaba en una esquina tomándose un ron barato cuando llegaron Lorenzo Martínez, Jicotea, y Juan Mesa y lo invitaron a que los acompañara a La Habana porque el Guaguancó Matancero iba a grabar un disco; Pellado, quien tocaba el quinto, no podía ir.

Al principio dijo que no y sus amigos pensaron que era porque no tenía ropa; entonces fue a su casa y se puso lo mejor dispuesto a la aventura. Así para el sello Puchito, hicieron la primera grabación. Pegaron números como «Los Beodos» y, en especial, «Los Muñequitos», letra que pronto se popularizó y dio nombre a la agrupación.

Chachá trabajó desde los diecisiete años como estibador y se retiró en 1985.

Hasta su humilde vivienda iba a visitarlo Chano Pozo, deseoso de verlo tocar e improvisar en el cajón. Los solos de Chachá encendían de admiración los ojos del habanero, quien al final se le sumaba en trepidantes descargas de rumba. El sabio Fernando Ortiz, quien vivió entre bataleros, tenía a Chachá en un lugar muy especial, tanto que cada vez que podía se daba una escapada a La Atenas de Cuba para oír al inconmensurable artista. Otros investigadores del folclor, incluso extranjeros, también lo hacían.

Uno de los momentos felices de este músico fue cuando tocó el Himno del 26 de julio con sus batás.

Al abandonar Los Muñequitos, el quintero mayor se dedicó a enseñar a los más jóvenes y continuó su participación en ceremonias religiosas.

Sus toques, que conservaban las raíces, constituyeron un singular ejemplo de resistencia cultural.

Chachá falleció el 19 de julio de 2007.

Ángel Pelladito Junco

Tocador de cajón y quinto, Ángel Pelladito, El Musicólogo, nació en el barrio Ojo del Agua. Él me contó:

> De niño iba todos los domingos a la calle Velarde a los ensayos de Miguel Faílde. Yo me asomaba a la ventana para ver desde allí al creador de Las Alturas de Simpson. Mis primeros pasos en la música los di en el contrabajo; también toqué guitarra. He trabajado con las orquestas Renovación, Jóvenes del Valle, Conjunto Yumurí, Rayo de Luz. En La Habana estuve durante un tiempo con la Lira Matancera que por entonces actuaba en el Edén Concert.

Ángel formó un dúo muy aplaudido con Braulio Alfonso, Tomeguín.

Era muy depurada la interpretación que hacían de «Quiéreme mucho». En Los Muñequitos, tocaba cajón y quinto. Al músico matancero, el maestro Argeliers León le dedicó la obra «Concierto para un rumbero». Esta obra el músico no pudo escucharla porque falleció antes de su estreno. Sería posteriormente su hijo Justo, quien la interpretara. La partitura se haya perdida.

Fue por 1974 cuando nos reunimos con varios de los integrantes de Los Muñequitos, en la Sala White, de Matanzas; pudimos conversar con Ernesto Torriente, quien tocaba la tumba y guagua o catá; Juan Mesa, clave, inspirador y vocalista y que antes cantó con el Lírico Melodioso; Gregorio Díaz, Goyito Seredonio, conga, quien aseguraba tener la cabeza muy fresca para la percusión, y

Reynaldo Rodríguez, cantador y maraquero. Entonces, el más joven de todos era el bailarín Diosdado Ramos, prodigio del yambú, la columbia y el guaguancó. Por sus amplios conocimientos asumiría más tarde la dirección de la afamada agrupación en la que lleva más de cuarenta años.

Entre las piezas más populares figuraban: «El Chisme de la Cuchara», «María la Nieve», «Los beodos», «En el balneario te vi», «Tierra de Hatuey», «Severa y Latuán», «Óyelos de nuevo...».

El 18 de agosto de 1962 se presentaron en el Teatro Amadeo Roldán, antiguo Auditórium de la Sociedad Pro-Arte Musical, con sus geniales intérpretes Saldiguera y Virulilla. Tuvieron una destacada participación en el Primer Festival de Música Popular Cubana. En sus ocasionales visitas a la capital actuaron en la famosa Peña de Sirique.

Los Muñequitos han contado con los cantantes Ricardo Cané, Frank Oxamendy, Alberto Romero, Ronald González y Ana Pérez, también bailarina. Victoriano Espinosa, Titi, Israel Berrier, Rafael Navarro, El Niño Pujada; los tamboreros Alberto Ramírez, Ernesto Torriente, Jesús Alfonso Miró, Agustín Díaz Cano y los bailarines: Lázara Hernández, Amparo Rodríguez, Bárbaro y Vivian Ramos. Como dato curioso podemos resaltar que el bailarín Luis Deyvis Ramos empezó su carrera con la agrupación cuando solo tenía seis años. Lo que pudiéramos llamar la tercera generación del emblemático conjunto la integran Jaime Oña y Yunisleivis Ramos, nietos de Diosdado Ramos, quien ha logrado la renovación.

No solo cultivan la rumba, Los Muñequitos de Matanzas incorporan a sus espectáculos el yoruba, abakuá y brícamo.

Han realizado numerosas giras: Inglaterra, Estados Unidos, donde han estado varias veces; Canadá, Puerto Rico, México, Brasil, España, Italia...

Desde siempre conquistaron elogiosas críticas. En 1998, durante su gira a Estados Unidos, el *New York Times*, comentó: «Los Muñequitos son un grupo folclórico, pero no una pieza de museo. Son uno de los más vitales conjuntos de intérpretes en el mundo de hoy».

Al referirse a los cubanos, el *Boston Globe* los calificó como «los reyes de la rumba cubana».

Su discografía incluye: *El guaguancó de Matanzas, Los Muñequitos de Matanzas, Rumba caliente, Óyelos de nuevo, Real Rumba, Vacu-*

nao, Po Iban Eshu, Live in New York, Rumba de corazón, Tambor de fuego y *De Palo pa' rumba. Por La Rumba soy yo* obtuvieron Grammy Latino, al Mejor Álbum Folclórico (2001).

Florencio Calle falleció en junio de 1980, Saldiguera, en marzo de 1995 y Chachá , el 19 de julio de 2007.

El compositor y guitarrista Ñico Rojas gozó de la amistad de los primeros cantantes de Los Muñequitos de Matanzas y compuso para ellos la rumba «Saldiguera y Virulilla».

Como dato curioso podemos apuntar que el reconocido pianista Frank Fernández en su tema «Guaguan-piano», del disco El canto de mis abuelos, 2009, contó con la extraordinaria participación de Los Muñequitos de Matanzas. El video fue grabado principalmente en el teatro Sauto de Matanzas y en otras locaciones. Frank produjo el disco *De palo pa' rumba* de la agrupación matancera.

Los Muñequitos también han grabado «El Necio», de Silvio Rodríguez, dentro del estilo guaguancó, con tambores batá y güiro.

Maferefún la rumba se titula el más reciente fonograma de la agrupación con diez temas en los que homenajean a los ancestros.

En el largometraje *Playing Lecuona*, dirigido por Pavel Giroud (Cuba) y Jua Ma. Villar (Islas Canarias) participó la agrupación yumurina. El filme es un tributo al gran compositor y fue exhibido en la premier mundial del Festival de Cine de Montreal, celebrado en 2015.

Los Muñequitos de Matanzas, la leyenda en ruta, llamó la periodista Julia Mirabal a su documental sobre este grupo que ha hecho historia en el contexto de la música cubana. La realizadora contó con la valiosa asesoría de la musicóloga Cary Diez. Viaje a la memoria, aparecen desde los fundadores hasta las figuras más nuevas. Con 97 minutos de duración, tiene testimonios acerca de la agrupación de Leo Brouwer, Pablo Milanés, Frank Fernández, Santiago Alfonso. César Pedroso, Enrique Pérez Mesa, así como Cary Diez, coproductora del disco *La rumba soy yo*, premiado con un Grammy Latino, en el 2001. No faltan las autorizadas opiniones de Berta Jottar, Rubén Blades y Ned Soublette, quien grabó en 1990, junto a la agrupación matancera el disco *Cowboy rumba*, en el que imbrica la música country con nuestro guaguancó.

Para celebrar los sesenta y siete años del surgimiento de Los Muñequitos, el pianista mantacero Alejandro Falcón, acompañado de Cuba adentro, ofreció un concierto en la Sala Cobarrubias del Teatro Nacional que tituló *Jazz con guaguancó*. El reconocido músico interpretó temas emblemáticos de esa agrupación yumurina llevados a nuevos arreglos y al *jazz*.

El nuevo disco de Los Muñequitos se titula *La bandera de mi tierra*, productores Cary Diez y Luis Cansino. Sello Bismusic.

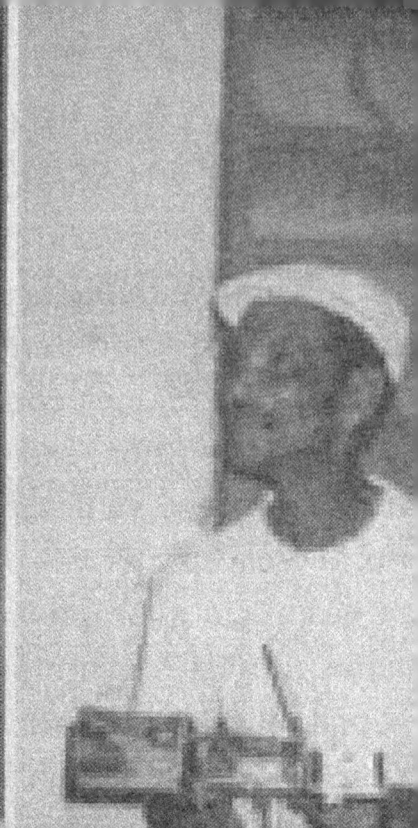

Los chinitos de la Corea

Cuando se habla de rumba de la buena hay que citar a los imprescindibles Chinitos de la Corea, creadores del guarapachangueo, que define lo más revolucionario que últimamente se ha hecho dentro de esa cubanísima manifestación. Con el sonido mágico de sus cajones lograron un estilo diferente, muy contemporáneo, que hoy siguen notables agrupaciones como Yoruba Andabo, Clave y Guaguancó y Rumberos de Cuba, entre otras.

Un reconocido rumbero, ya desaparecido, Manuel Martínez, El Llanero Solitario, al escuchar por vez primera ese modo distinto de toque lo llamó guarapachangueo, pero esa «fórmula» cambió el esquema rítmico percutido al hacer la rumba más abierta, ampliar sus posibilidades tímbricas. Lo que la caracteriza es la síncopa, el contratiempo y la polirritmia que adopta.

Los Chinitos de la Corea —Bertico, Reynaldo, Pedro e Irián— son músicos profesionales de distintos estilos afrocubanos, entre los que se encuentran Güiro, Cajón espiritual o Cajón al muerto... Realizan el importante proyecto Abbilona con registros comerciales de tambores batá.

Rumba de corazón

Bertico es el mayor de los Chinitos, llamados así por sus rasgos asiáticos.

> Nací en Cayo Hueso en 1942, y cuando el ciclón del cuarenta y cuatro nos instalamos en este barrio de la Corea. Mi familia, muy musical, es de Matanzas. Algunos como mi papá y un tío integraron un conjunto de son, y al final todo terminaba con una sabrosa rumba. La casa, en la Corea, San Miguel del Padrón, se fue haciendo muy

popular entre los rumberos y en 1960 esto se convirtió en una peña. Venían los más renombrados tocadores y cantantes a poner lo suyo, gente muy humilde que procedía de barrios marginales como Las Yaguas y La Cueva del Humo, también de Carraguao y Atarés. De aquella tropa no olvido a Juan de Dios, El Colo, Chavalonga, Pancho Quinto, al inmenso Santa Cruz, entre otros.

Recuerdo que una vez tocamos en el Puente Alcoy y estaba el rumbero matancero Esteban Lantrí, Saldiguera, quien al escucharnos, dijo: «Si yo fuera a hacer de nuevo Los Muñequitos, ustedes estarían en esa formación porque realmente son únicos».

Otra anécdota: Orlando Ríos, Puntilla, cátedra del género nos oyó tocando los batá, y explicó: «Un batalero completo se hace en veinte años, ustedes lo han logrado en meses». Claro, desde muy pequeños nos metimos en esta música, conocimos a los más grandes y fuimos tomando de aquí y de allá, nutriéndonos de los mejores, y toda esa ritmática que estaba en el corazón afloró con gran fuerza.

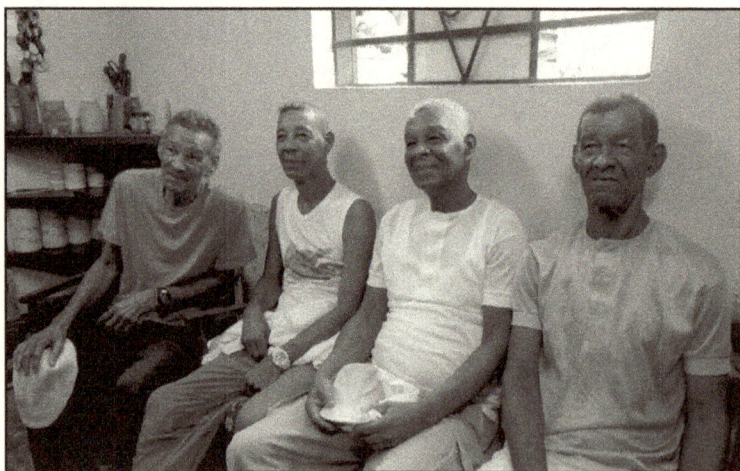

Bertico fue músico de Yoruba Andabo.

Desde fiñe, Irián, fue sensacional. La primera vez que bailó ante Luis Aspirina tendría alrededor de siete años y el notable rumbero de Guanabacoa quedó asombrado, y como premio le puso en la frente un billete de 20 pesos.

A los doce años, otro de los célebres, Juan de Dios Ramos, El Colo, lo llevó al Conjunto Folklórico Nacional y dio una tremenda disertación de la rumba que terminó con fuertes ovaciones. Años más tarde, Irián integraría ese conjunto danzario con el que hizo giras por diferentes países. En su discografía está *La rumba es cubana. Su historia.* Filmografía: *En el País de los Orishas.*

Profundo conocedor de los batá, que aprendió con varios maestros como José Fernández Almendarís, a quien llamaban Pito El Gago, y con los Aspirinas, en los últimos tiempos, Irián se ha dedicado más a la enseñanza de la percusión, sobre todo, en Italia, y la dirección artística del proyecto Abbilona. Se han hecho treinta y dos CDS, de los cuales solo dieciseis se comercializaron y son los más vendidos sobre cultos religiosos afrocubanos.

Fueron invitados numerosos intérpretes en cuatro temporadas, y cada quien cantó al santo que adoraba: entre ellos, figuran Isaac Delgado, Pedro Lugo, El Nene, Migdalia Hechevarría, Benny Santos, Papito Angarica, Alain Fernández, Naivi Angarica, José Gilberto Zayas, El Corto, Pepe Maza, Javier Pina, Jesús, Cusito, Lorenzo Peñalver... Grabar todo el directorio de las divinidades yorubas ha sido uno de los grandes sueños de Irián.

Reynaldo es otro de los hermanos. Nacido en 1952; su repertorio rumbero es inagotable. Excelente cantante y percusionista pertenece al proyecto Abbilona.

En cuanto a Pedro, estuvo en la nómina de Aspirina Guaguancó. Me detalla que fue Efraín Kofa Frijoles, quien inventó el primer cajón cónico de Cuba, que luego él como es carpintero, perfeccionó. A su cargo están los tambores consagrados Añá Obba Tola, que antes fueron de Lázaro Cuesta.

El más joven de los tamboreros de la familia es Manley, Piri, y es hijo de Pedro. Verdadero talento musical, nacido en 1981, perteneció a la compañía Raíces Profundas. A los diez años, comenzó a tocar en los rituales yorubas, siguiendo el magisterio de su tío Irián. Amplió su formación en Tambores de Amador, Tambor de Pedro Aspirina y Tambor de Lázaro Cuesta y en Aspirina Guaguancó.

Con solo dieciseite años, Manley participó en el proyecto Abbilona y grabó las partes que debía tocar en una sola toma, sin antes haber pisado un estudio. Su trabajo creativo en el itótele (segundo tambor) sobre las improvisaciones y numerosas variaciones, constituyen su mejor carta de presentación.

Manley Piri

En la rumba, Manley es todo un maestro del guarapachangueo que captó de su padre Pedro y del tío Irian. Además, ha realizado una destacada labor pedagógica al enseñar los ritmos afrocubanos en varios países europeos como Italia, Bélgica y Francia.

Los Chinitos de la Corea, comparten con los vecinos de esa barriada que mucho los admiran; hasta el populoso lugar llegan también extranjeros deseosos de conocer la ritmática de estos artistas, ahora, enfrascados en grabar un disco sobre el surgimiento del guarapachangueo y dos documentales sobre el tema.

Entre sus piezas populares figuran «Rumba Corea» y «Rumba de mi barrio», esta última aparece en Youtube en la voz de sus creadores:

Retumba pica, guarapachangueo
Retumba pica, guarapachangueo
Porque lo toqué primero
Saca la mano de verdad
Saca el embelé y ya verás
Para ponerlo a guarachar
Esta es la polirritmia
De mi nuevo ritmo
Tocándolo, guarachándolo
Tocándolo, guaracheándolo
Como lo llevan en el corazón
Los timberos nuevos…

IYEROSUN

Aquel día de la Declaración de la Rumba como Patrimonio Inmaterial de la Humanidad, Esmidio Merencio, El Millo, experimentó una de las mayores alegrías de su vida. En Addis Abeba, Egipto, donde se celebró el acto, agradeció a nombre de todos los rumberos cubanos la inclusión del género en la Lista de la Unesco. Él integró una delegación presidida por Gladys Collazo, Presidenta del Consejo Nacional de Patrimonio Cultural de Cuba.

Con la Declaración se reconoció la trascendencia de esta manifestación músico-danzaria, genuina expresión de nuestra identidad y foco de resistencia cultural. Con sus cantos y ritmos la rumba rompió las barreras sociales y ha fulgurado no solo en todo el país, sino en importantes escenarios internacionales.

Órbita rumbera

Si un orgullo tiene El Millo es ser nieto de Tato El Moro, también llamado El Mosongo y de Sofía Valdés, creadores del Centro Cultural Tutuca Ensasi, en el barrio habanero de Atarés. Ellos, a su vez, fueron ahijados de Enrique Hernández y María Jova, Nika, del templo Hijos de San Lázaro, en la Jata, Guanabacoa. En ese ambiente de religiosidad dio sus primeros pasos como percusionista y bailarín de abakuá, el hoy fundador y director de la agrupación Iyerosun.

De niño, él participó en Liberación 75, dirigida por Tato y Sofía. Este conjunto no solo hizo numerosas actuaciones, sino que respaldó musicalmente a artistas de la talla de Celeste Mendoza, Carlos Embale, Puntilla y Pancho Quinto.

En la memoria de El Millo ha quedado una simpática anécdota: a los seis años se lució en los carnavales con la comparsa Los Marqueses. Sucedió que el mismo Víctor Herrera, quien la dirigía, le construyó una farola para que el pequeño mostrara sus habilidades como hachonero. El público lo premió con sus ovaciones.

Con el tiempo el muchacho develó los secretos de los batá y tocó en varios conjuntos como Ensila Mundo, de Chavalonga. Creció artísticamente con Raíces Profundas, de Juan de Dios Ramos, El Colo, con el que participó en el disco de congas y comparsas y en la gira que los llevó a Francia, Alemania, Suiza, Bélgica e Inglaterra.

Se presentaron en ciudades de España y México con la exitosa puesta de *María la O*, del Lírico Nacional, con dirección de la cantante Alina Sánchez y el maestro Manuel Duchesne Cuzán.

Los tambores de Millo se escucharon en los carnavales de Veracruz, México, cuando como invitado integró la orquesta Rumbavana. Precisamente, de ahí nació la idea para la comparsa La Giraldilla de La Habana de la que es fundador.

Llenos de entusiasmo él y su esposa Dalia de la Caridad Lugo, productora artística, dieron vida al proyecto comunitario Marinero, marinerito, muy importante por la labor social y cultural realizada entre familias disfuncionales de Playa: se sumaron cien niños y niñas a quienes, como medio formativo y educador, enseñaron desde cuestiones éticas hasta lo mejor de nuestra música tradicional y los ritmos más nuevos.

Este sería el punto de partida para el surgimiento de Iyerosun con una valiosa proyección de las manifestaciones artísticas afrocubanas y, sobre todo, de la rumba.

Resultaron premiados en el Festival de Raíces Africanas Wemilere 2013 y, en el 2016, recibieron la beca Tata Güines, otorgada por el proyecto internacional Timbalaye. En una rica travesía sonora la agrupación dio a conocer su primer disco titulado *Patrimonio*, del sello Egrem. Son trece temas y contaron con invitados como Rubén Bulnes, voz líder de Osaín del Monte, y Emilio Frías, El Niño. El CD reverencia a grandes exponentes del género en obras como «Suenan los cueros», «Rumberos caídos», «Rumbero soy» y «Cimarrón», ésta última dedicada al 50 aniversario de la novela homónima de Miguel Barnet.

En fragmentos de la interesante crónica Iyerosun como espectáculo, Miguel Barnet, expresa:

[...]Pero me voy a detener ahora en una de las agrupaciones

que últimamente ha adquirido resonancia popular y solera artística. Quiero destacar el trabajo de Iyerosun conjunto artístico dirigido por Millo-Esmidio Merencio-, premio Timbalaye, que siguiendo la tradición de las agrupaciones rumberas se han trasmutado en un espectáculo de probada calidad folklórica, donde los cantos de Oru lucumí y los bailes de los diablitos-íremes- abakuá exhiben con profesionalismo y raíz cubana sus dotes más notables y excelsos.

Iyerosun representa esa variante híbrida, hoy ya habitual en el espectáculo folkórico, que acompañada de lo más puro de la rumba, se ha convertido en una moda, o mejor dicho en un modo de hacer música popular para todos los públicos. Porque los tiempos tienen siempre la última palabra. Y que así sea.

Asimismo, Iyerosun está entre los primeros conjuntos rumberos en tocar con batas en la Sala Che Guevara de Casa de las América durante la semana de autor dedicada al poeta, escritor y antropólogo Miguel Barnet.

En el 2018, los músicos Francisco Merencio Moreno, Alain Varona y Maykel Falcón junto al propio Millo participaron en el Evento Afro-boliviano Letra del Año, celebrado en Bolivia, que preside el sacerdote Ifá, Lester Alfonso Mejías, Otura Tiyu.

Actualmente, la destacada agrupación mantiene una peña en el Salón Jelengue de los Estudios Areitos de la Egrem, donde son muy aplaudidos por los amantes de la buena rumba, esa que con tanta pasión los inspira día a día.

TIMBALAYE

Dentro del panorama rumbero otra de las agrupaciones a la vanguardia es Timbalaye, creada el 13 de junio de 2007 en el barrio de Juanelo por Nelson López, director musical y Tania Soto, directora artística. La integran principalmente jóvenes que se iniciaron desde niños en el género. Por su virtuosismo vocal y percutivo tienen un rango de primerísimo nivel. Su manera de sonar, su proyección artística los hace diferentes dentro del género. Un trabajo hecho con verdadero sentido profesional, que atrae a los conocedores de esta clave tan nuestra. El género cobra además otra dimensión al fusionarse en ocasiones con la timba, la salsa y el reguetón.

Por su capacidad y experiencia, Nelson López ha sabido guiar a esta «tropa» de triunfadores. Él ha trabajado con distintos conjuntos y, entre ellos, el de Chappottín y sus Estrellas donde cantó por varios años. Además, como percusionista es muy versado en los tambores afrocubanos.

Los rumberos representaron a nuestro país en el Festival Internacional del Caribe, celebrado en Quintana Roo, México, en el 2015, junto a las orquestas Aragón, Van Van y Gente de Zona, entre otros.

El primer CD de Timbalaye constituyó un éxito: *Se partió el bate*, producido por la disquera Egrem, ganó el Premio Cubadisco 2014 en la categoría de Música Folclórica. Todo un acontecimiento para los amantes de la rumba. Entre los títulos están: «Columbia te traigo», «Cantando en la valla», «Rumba con reguetón», «Mi amada», «Somos», «La disputa», «El girasol y la rosa» y «Se partió el bate», que da título al fonograma.

Otro disco notable: *Timbalaye soy yo*, sello Egrem, fue nominado al Cubadisco 2018. Tienen el audiovisual de igual nombre. Ambos fonogramas tuvieron como productor musical a Frank Oropesa, actual director general del Septeto Ignacio Piñeiro.

Tuvieron una participación especial en el disco *La Habana tiene su son*, del Septeto Nacional Ignacio Piñeiro, sello Bis Music, que fue nominado al Latin Grammy 2013, y en el disco *El más Grande y Universal*, por igual nominado al Latin Grammy 2016.

Timbalaye sonó en el CD *Para siempre Embale*, homenaje al gran sonero, y en el que aparecen el Septeto Nacional, el Sierra Maestra, *Rumberos de Cuba* y los cantantes Mandy Cantero y Pedro Lugo, El Nene, entre otros. El CD fue nominado al Cubadisco 2019, en la categoría de Tradición Sonera y Campesina. Con su ritmo estuvo presente en el documental *80 años del Septeto Nacional.*

El quehacer musical de Timbalaye lo ha llevado a importantes escenarios de la Isla; se han presentado, principalmente, en el Palacio de la Rumba, y en varias exitosas ediciones del Festival de Raíces Afrocubanas, Wemilere. Su peña habitual está en la Casa de la Música de La Habana, donde han conquistado un público de fervientes admiradores.

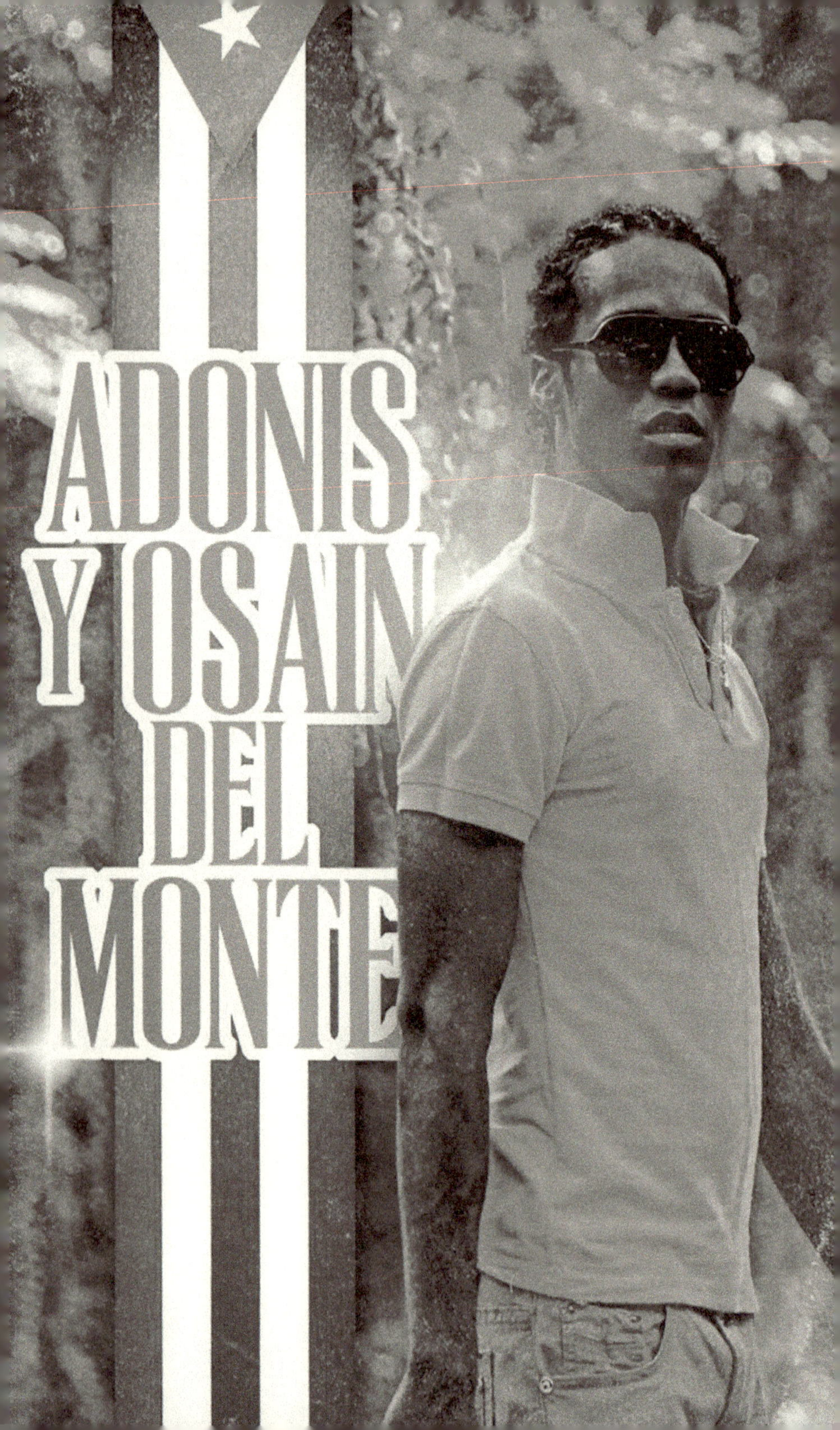
ADONIS
Y OSAIN
DEL
MONTE

Osaín del Monte

Música para regocijarse en un escenario, una calle del barrio, en la punta de una loma o en un río lleno de estrellas. Refugio de amor o timbre en la hojarasca del olvido, la rumba llama. Se disfruta en el tiempo dorado de la juventud o regresa desde la niebla del recuerdo y nos hace exclamar «Tan solo fue ayer». No importa cuándo, ella continúa siendo la protagonista de lo mejor de nuestra clave en esta isla de infinitos sueños.

Fundada en el 2013, Osaín del Monte sobresale, gracias a los músicos que la integran; se trata de jóvenes muy conocedores del género dispuestos a renovarlo sin que pierda su esencia. Imbrican tradición y modernidad.

Tanto en Cuba como en el extranjero, Osaín del Monte se ha impuesto por la buena selección de su repertorio. Más que moda pasajera, logra permanecer en el gusto del público que es lo difícil. En su ámbito sonoro están los cantos y toques de las religiones afrocubanas: yoruba, bantú, abakuá y, además, los de las congas del carnaval.

Su director Adonis Panter Calderón, desde niño, tomó contacto con esta ritmática, ya que desciende de Los Calderones, una familia netamente rumbera del reparto Juanelo, sin olvidar que ha bebido de la sabiduría de Pancho Quinto, Tata Güines y otros reputados músicos.

Percusionista, cantante, bailarín, arreglista y autor, en sus inicios hizo importantes grabaciones con el grupo Yoruba Andabo. Con esa agrupación se presentó en diversos escenarios en los que se lució además como director musical. De productor tiene dos interesantes trabajos: *The Black Root of Salsa* y *La rumba no va a morir*.

Impresionantes han sido sus proyectos sobre la innovación y la comunicación en la percusión afrocubana de hoy; se trata del Dúo Peligroso en el que comparte con Michael Herrera Pérez, otro virtuoso del tambor y del Trío Peligroso al que también se suma Bárbaro Crespo.

El alto nivel de creación artística de Osaín del Monte le ha permitido realizar varias giras al extranjero, principalmente a Europa, donde algunos de sus integrantes han impartido clases magistrales. Tuvieron una actuación relevante en el Afro Music Würzburg, Alemania. Brillaron en el espectáculo del Día Internacional del Jazz, celebrado en el 2017, en La Habana. Participaron ese año en el Festival de jaz de New Orleans, que tuvo a Cuba como invintado.

Su disco *P'al Monte* reúne variedad de asuntos, algunos muy graciosos, sin caer en vulgaridades. Del sello Egrem, la producción es de Pachy Naranjo Jr. y de Dayron Ortega. La mayoría de las piezas son del inspirado compositor Rubén Bulnes. Otras pertenecen a Yuniel Torres, Luis Stock y hay una hecha a dos manos entre Adonis y Yuniel, titulada «La guaracha».

Se hicieron sentir en el CD *La vuelta al mundo*, de Havana D'Primera, dirigida por Alexander Abreu, que conquistó el Gran Premio Cubadisco 2015. Igual con el tema «No me interesa», en *Pasándola bien*, de Pupy y los que Son Son.

Percusionistas de Osaín del Monte tocaron los batás en el disco *¿Qué volá?*, grabado en Cuba y Francia. Excelente encuentro entre el jazz y la rumba.

Osaín ha colaborado en otros discos y, entre ellos, *Son más duro*, de Emilio Frías, *El Niño y la verdad*. Por igual, está con la pieza «Identidad», en el fonograma *Amor De Luxe*, de Haydée Milanés y su padre, Pablo, donde recrean una refinada rumba en la que interviene como invitado el pianista Cucurucho Valdés.

Y repiquetearon con toda su fuerza percutiva en el disco *Gourmet*, de Orishas, con un número lleno de sabrosura «Rumba caviar».

Otro momento significativo: su participación en el clip musical del tema «La guarapachanga», del Septeto Santiaguero, plasmado por David Hernández. El disco fue premiado con el Grammy Latino como Mejor Álbum de Música Tradicional.

Además, se insertaron en el concierto ofrecido por el joven maestro de la quena y compositor argentino Rodrigo Sosa, efectuado en el Edificio de Arte Cubano, del Museo Nacional de Bellas Artes.

Rubén Bulnes

Desde su alma bendecida por la rumba y bajo el manto protector de los orishas, sintió que tenía mucho que decir dentro de ese lenguaje sonoro, parte de nuestra identidad. Como autor, Rubén, aborda en sus composiciones los asuntos amorosos, aunque no se detiene solo en esta cuestión: otras razones para inspirarse están en el paisaje, los héroes, la religión…

Nacido el 9 de septiembre de 1972, en el Vedado, en sus inicios cantó con el Conjunto Artístico de las FAR y el grupo Mi gente. El gusto por los tambores batá lo inclinó hacia el folclor y, en especial, a la rumba, que tanto ama. Su voz se ha escuchado en Los Ibeyis, Raíces Profundas, Clave y Guaguancó, El Solar de los Seis y, ahora, en Osaín del Monte.

A Rubén se deben numerosas composiciones. «La pieza P'al Monte», titula el disco del conjunto rumbero. Entre las más populares están «La Negra», «El negocio...». También para el CD *Son más duro* compuso Con Elegguá y con Orula junto con Emilio Frías y Arián Chacón.

El músico ha tenido otras importantes colaboraciones con Los Papines para el disco *Rumbeando a mi manera* y en *Patrimonio*, de Iyerosun.

Lo complace trasmitir sus conocimientos rumberos y en sus giras, sobre todo, a Italia lo ha hecho.

Osaín del Monte, el músico Raúl de la Caridad González Brito, Lali, les dedicó un bonito número donde alaba las cualidades de la joven agrupación.

GRACIAS A LA RUMBA

RUMBATÁ

RUMBATÁ

Con grupos como Rumbatá que tocan de corazón, la rumba va a seguir alumbrando nuevos caminos, caminos sin fin en la tarde, en la noche, en el abrazo de los amantes, pura ofrenda a Ochún y a otros dioses del panteón yoruba, milagro de la vida que nace. Rumba tierna y a la vez bravía surgida para gozar, besar los cielos del amor, rumba buena con sabor a agua fresca de tinajón; toque de tambores sonando desde la memoria o anuncio de amaneceres en esplendor.

Creada en 1996, la agrupación camagüeyana que dirige Wilmer Ferrán es puntera del género que hicieron grande Malanga, el Conde Bayona, Chano, Tata Güines y otros.

Bajo el signo de Aries, Wilmer nació el 7 de abril de 1973, en Camagüey. Graduado de bailarín en la Escuela El Yarey, en Bayamo, fue profesor y coreógrafo en el Ballet Folclórico de Camagüey. En 1996, fundó Rumbatá surgida como proyecto de la Asociación Hermanos Saíz (AHS). La agrupación se caracteriza por ser muy novedosa; sin relegar las esencias del género, lo lleva a modos más contemporáneos para acercarlo a la juventud.

Su primer disco se llamó *Rumba de tinajón* con versiones a otros géneros como las hechas a «Mariposita de primavera», de Miguel Matamoros, o «Candil de nieve», de Raúl Torres. También incluye piezas humorísticas como «Yeyo compadre».

En el 2011, Rumbatá dio a conocer su CD *La rumba del siglo*, Bis Music de Artex. Con arreglos que fusionan la rumba con el Latin jazz, el samba, el rap, entre otros ritmos, contó con la producción musical de Manolito Simonet. El fonograma incluye piezas memorables como «El manisero», de Moisés Simons, «Veinte años», de María Teresa Vera y «Óleo de una mujer con sombrero», de Silvio Rodríguez. Destaca el tema «Sóngoro cosongo», interpretado con mucho acierto por Mayito Rivera. La placa fue nominada al Cubadisco 2012.

El título de este CD está relacionado con el musicólogo Helio Orovio, quien impresionado al escuchar el espléndido sonido de Rumbatá afirmó que la agrupación «estaba haciendo la rumba del siglo».

Su tercer fonograma *Gracias a la rumba* con diversidad de timbres conquistó el Premio Cubadisco 2018, en la categoría de Tradición Afrocubana.

Han hecho colaboraciones con orquestas como la de Adalberto Álvarez para el fonograma *Son de altura*, nominado al Grammy Latino en el 2011. Participaron, además, en el disco de *Latin Jazz* de Manolito Simonet con el tema «Güines, qué le pasa a Tata».

Del conjunto musical y danzario, la actriz y realizadora Isabel Santos filmó un documental, en especial, en la calle Cielo de la ciudad camagüeyana, donde nacieron y crecieron muchos de los integrantes. Desde el 2015, se ha denominado *Calle de la Rumba* al lugar, en homenaje a dos notorios rumberos: Quintín y Fila, ya desaparecidos, que fueron promotores del género.

Como alma de Rumbatá, Wilmer continúa sus estudios de nuestro rico folclor, cuyos conocimientos trasmite a los músicos más jóvenes. Él no es solo un excelente cantante y bailarín, sino que le gusta sonar los tambores batá y hasta fabricarlos a su entero gusto para lo que emplea el cedro bien seco y el cuero de res curtido.

Rumbatá, que ha llevado su música a varios países, conquistó el Premio Olorum en el 2017.

Con varias ediciones, auspician el evento Rumbatéate, con sede en Camagüey, y en el que se realizan conferencias teóricas, clases prácticas y espectáculos en el que participan conjuntos rumberos de todo el país. El encuentro promueve el género Patrimonio Inmaterial de la Humanidad.

Otros protagonistas

Agrupamos preferentemente a los rumberos y rumberas de pura cepa, los que ayer y hoy y siempre abrazaron el género y han luchado por conservarlo. Aparecen en el libro bailarines, cantantes, compositores y percusionistas famosos, algunos vinculados al *jazz* en Estados Unidos. Aportamos fichas de los jóvenes que empiezan a destacarse en el género y además, cultivan otras manifestaciones, algunos son reconocidos apwones. El libro reúne fichas de fabricantes de tambores, investigadores, y otras personalidades de la música afines a la rumba que pueden ayudar a quienes en Cuba y el extranjero se acercan a esta manifestación tan nuestra que por sus valores fue declarada Patrimonio Inmaterial de la Humanidad. Al final, letras de conocidas rumbas tomadas principalmente del blog El Cancionero Rumbero y otras suministradas por Gregorio Hernández, el Goyo.

Abilio Hernández, el Rumberito
Inició su carrera artística en 1958. Trabajó en espectáculos del carnaval y en cabarets. Se destacó cantando rumbas, piezas de guaguancó y canciones folclóricas de procedencia africana.

Achaó
Nacido en el barrio La Gloria. Brilló como percusionista y ejerció su toque mágico principalmente en Villa Alegre y Pueblo Nuevo, en Sagua la Grande, la conocida Villa del Undoso. Integró algunos grupos musicales. Este rumbero callejero a la hora de dormir colocaba sus tambores a cada lado de la cama como si fueran sus guardianes.

Adriano Rodríguez
Nació en La Habana, 23 de septiembre de 1923. Proviene de una familia de músicos, su abuelo tenía un sexteto que se llamaba Carmen, donde Adriano comenzó a cantar con solo seis años. Se crió en Guanabacoa donde se

adentró en el mundo de los santeros, abakuá y rumberos, del que bebió. Alberto Zayas, que era visita frecuente de su casa, lo invitó a cantar con su grupo Lulú Yonkori. Grabaron dos discos *El vive bien* y *Guaguasones*. Luego, este conjunto cambió su nombre por el de Rapsodia Negra. Adriano ilustró conferencias de Fernando Ortiz, de Argeliers León y Odilio Urfé. Solista en «Drume Negrita», que aparece en el disco del sello Orfeón titulado *AfroRitmos AfroCubanos con los Tambores Batá* de Giraldo Rodríguez. Trabajó en espectáculos de cabarets: Karabalí, Copacabana y Tambó en Tropicana; *Bamba Ireco*, en Sans Souci: *Sensemayá*, en el Riviera. Actuó en México y viajó con Odilio Urfé a Nueva York para presentarse en el Carnegie Hall. Trabajó en varias películas como Yambaó, *El árbol de la fiebre*, *El otro Cristóbal*. Con Edesio Alejandro, grabó «Corazón de son» y «Cubatronix». Premio Nacional de Música.

Agustín Banguela, Chinchilla
Habanero, nació el 17 de noviembre de 1956. Tocó en varios grupos de rumba entre ellos Aché Illá y Yoruba Andabo. Profesor de percusión de la Escuela Nacional de Arte, ENA, y en el Instituto Superior de Arte, ISA. Viajó por varios países. Discos: *Del Yoruba al son* y *La rumba de fin de siglo*.

Agustín Díaz Cano
Nació en el barrio matancero de Simpson, 1956. Tamborero (tres-dos), hijo de Gregorio Díaz y músico de Los Muñequitos de Matanzas.

Agustín Gutiérrez. Manana
Llamado también El bongosero. Nacido el 28 de agosto de 1900 en La Habana. Desde los doce años bailaba y cantaba en los solares El África y Desengaño. Compañero inseparable de Chano Pozo, se dice que a instancias de Miguelito Valdés, crearon una academia de baile en un solar conocido por El Ataúd, a donde llegaban las norteamericanas aprender a bailar la rumba. Muy joven participó en el coro de El Paso Franco. Fue excelente bailador de rumbas, quinteador y violista. Estuvo con los septetos Habanero, Nacional, Agabama y Matamoros. En 1925, durante su trabajo con el Habanero, viajó a Estados Unidos donde sostuvo importantes encuentros con tamboreros cubanos y extranjeros. Inventó en el bongó El martillo. Fue bongosero de Ignacio Piñeiro y en el viaje a la Feria de Sevilla lo mismo bailó son que encendidas rumbas con la bailarina Urbana Troche. En su condición de solista participó en diferentes conciertos

como uno dirigido por Erich Kleiber al frente de la Sinfónica Nacional. Fundador del Conjunto Folklórico Nacional y de Clave y Guaguancó. Falleció en La Habana, en 1983.

Agustín Pina. Flor de Amor
Como cantante es una de las figuras más reconocidas de la rumba. Decimista del coro Los Dichosos e integrante de otras agrupaciones como el Sexteto Lugareño. De privilegiada voz sostuvo controversias con Ignacio Piñeiro del coro Los Roncos. Flor de amor, perteneció a la potencia abakuá Eforí Buman y fue fundador y director del conjunto Clave y Guaguancó; esta famosa agrupación tenía una forma típica de vestir en sus presentaciones: ropa blanca y alpargatas. Autor de «Oquere mi china». Filmografía: *La herrería de Sirique*.

Águedo Morales
Tamborero e informante del folclore cubano. Virtuoso del batá (tocaba el itótele). En 1936, participó en el primer concierto de tambores batá, organizado por Fernando Ortiz, en la Universidad de la Habana. Ilustró muchas de las conferencias del gran sabio cubano.

Aidita Artigas
Vedette, que se destacó bailando rumbas. Surgió en el programa La Corte Suprema del Arte. Bailó con la Orquesta Casino. Hizo varias películas, entre ellas, *Una gallega en La Habana*, comedia de 1950 en la que canta y baila la rumba de Obdulio Morales: «Gracia para rumbear». También intervino en *Qué suerte tiene el cubano*, 1950, *Cuando las mujeres mandan* filmada en 1951 y en *Te enseñaré a bailar un son*. Participó en telenovelas venezolanas. Realizó giras por varios países como embajadora de nuestros ritmos.

Aidita Salina
Bailarina y cantante de coro. Actualmente con Rumberos de Cuba. Se ha presentado con otras agrupaciones como Raíces Profundas, Havana Nigth, Rumbavana y con la saxofonista canadiense Jane Bunnett. Su discografía incluye *Dónde andabas tú, Acerekó, Cuando los espíritus bailan mambo* y *Tributo a Gonzalo Asencio. Tío Tom*. Filmografía: *Rumbón tropical con Rumberos de Cuba*.

Akemis Terán

Cantante del Conjunto Folklórico Nacional. Ha participado en las giras artísticas de esa compañía y llevado su arte a varios países. Su voz ha recreado los distintos géneros de la música afrocubana y, en especial, la rumba.

Alambre

Notable rumbero y uno de los más fieles exponentes de la rumba de cajón, que tuvo su pilar en el solar de Rancho Grande, ubicado en San José y Marqués González. Según Manuela Alonso, quien lo conoció en la RHC Cadena Azul, Alambre era un buen tocador de quinto. Participó en la superproducción *Congo Pantera*, realizada por el coreógrafo Julio Richard, en el cabaret Tropicana.

Alejandro Aguirre. Machado

Nacido en Limonar, Matanzas. Destacado bailarín, especialista en columbia campesina con cuchillos y machetes. Ha pertenecido a la agrupación Columbia del Puerto en Cárdenas. De muy niño, conoció a Malanga de quien decía no solo vio bailar sino cantar rumba seca de dos letras, esto es rumba corta. Filmografía: *La rumba y el tambor*.

Alberto Enrique Domínguez, Coqui

Nació en La Habana el 25 de noviembre de 1970. Percusionista de Agüiri-yo. Ha estado antes con Siete potencias, Oba Ilú, Ensila Mundo, entre otras. Con Obbara Iré participó en el disco *Potencia africana*.

Alberto Entenzas, el Conde Bayona

Nació en Palmira y murió en la década de 1960. Uno de los más extraordinarios bailarines de rumba. Cuando Malanga lo vio bailar lo admiró tanto que quiso llevarlo con él para sus rumbantelas por la Isla. El Conde se trasladó a los veinte años a Cienfuegos y vivía con su mamá en una casa frente al parque Villuendas. Como rumbero perteneció a los llamados invasores que iban de pueblo en pueblo y en los bodegones compraban botellas de barro, una caja de bacalao y cajitas de velas para percutir en ellas y formar sus buenos fiestones. Compartió con Roncona, Pio Mogba, Alambrito, Malanga y otros reputados artífices del género, principalmente en la Ciudadela de Pueblo Nuevo, en Cienfuegos, donde se reunían, en especial, a partir del 23 de diciembre para cantar y bailar: se estilaba la rumba del tiempo de España. También se trasladaban a la Ciudadela de

Hollywood, (la ciudad que nunca duerme) porque los vecinos vivían de jolgorio en jolgorio. Otro rumbero cienfueguero Victoriano Martínez contaba que El Conde Bayona con otros amigos salían en barquito de Cienfuegos a Trinidad para gozar la rumba. Entenzas, autor de sones y rumbas, fue, además, tresero del septeto cienfueguero La Caja de Hierros, que dirigió Ramón Alonso, Ramitos.

Alberto Romero

Cantante de la agrupación Los Muñequitos de Matanzas con la que participó en su significativa trayectoria. Nació en el barrio de Bachiche en 1948 y falleció el 1ro de agosto del 2006.

Alberto Villarreal

Nació el 7 de agosto de 1948, La Habana. Empezó con Luis Chacón en el grupo folclórico Rita Montaner y luego perteneció al Sicamarié. Participó como percusionista en la comparsa del Cabildo que dirigió Giraldo Rodríguez. Se ha presentado con el Conjunto Folklórico Nacional.

Alberto Zayas, el Melodioso

Nació en Matanzas, el 14 de febrero de 1908 y falleció en Guanabacoa en 1983. Llegó pequeño a La Habana al trasladarse su familia a la capital. Integró varias agrupaciones soneras como el Septeto Habanero. Por su creatividad es una de las figuras descollantes de la rumba. Dirigió la agrupación Lulú Yonkori. Su pieza más famosa fue «El vive bien», éxito en la voz de Roberto Maza. Viajó al extranjero con el Grupo Folckórico Cubano. Grabó con el sello Panart el disco *Congas y comparsas* en el que también interviene el conjunto de Carlos Barbería. En pequeñas placas para esa disquera también grabó: «Tata Perico»; «Se corrió la cocinera»; «Una rumba en la bodega»; «El Yambú de los Barrios»; «La chapalera»; «Que me castiguen»; «El guaguancó de los países»; «El Edén de los Roncos»; «Ya no tengo amigos»; «A mí no me tocan campana…». En CD: *El yambú de los barrios*. Tumba Classics. Autor de «Tinde aró», «Ya no tengo amigos», «A la rumba no le temas», «El guaguansón», «Chencho ya se va», «Mayarí monte adentro», Oye mi rumba, Pa' la mar serena, entre otras. El compositor, pianista e intérprete Bola de Nieve le grabó «Dibule Oñí» con la orquesta de Chico O' Farrill y los tambores batá de Giraldo Rodríguez.

Alain Portales

Percusionista y vocalista. Nació el 9 de enero de 1989, Juanelo, La Habana. Integra la agrupación Echú Alabbony. DVD: *La rumba no va a morir*. Grabación: *En el patio de mi casa*.

Alaine J. Portales

Nació en La Habana, 1984. Desde niña es rumbera cantando y bailando en el proyecto de Natividad Calderón. Actualmente, pertenece a la agrupación Echú Alabbony y ha participado en sus grabaciones y DVD.

Alejandro Publes

Percusionista de excelentes facultades, que ha sobresalido en especial en los tambores batá. Ha estado en varias agrupaciones folclóricas como Clave y Guaguancó.

Alexis Hernández Pérez

Músico que se ha distinguido como director de la agrupación Tamborcitos de Bejucal, que en esa localidad agrupa a niños y jóvenes con un gran sentido ritmático. Han ido heredando los conocimientos de los Tambores de Bejucal.

Alexander Nápoles

Nació el 13 de marzo de 1965, La Habana. Se crió en el ambiente rumbero de Pogolotti y aprendió a tocar batá con su padre. Hizo una gira como miembro del grupo de Bellita y Jazztumbatá por Estados Unidos donde también acompañaron al destacado rumbero Pancho Quinto y alternaron con Patato Valdés.

Aleixy Zayas

Rumbero y cantante solista de yoruba. Nació en La Habana, 1972. Hijo del famoso Candito Zayas. Cantó con el tambor de Jesús Pérez, dirigido por Regino Jiménez. En 1989 pasó a Raíces Profundas. Estuvo también con Danza Nacional y el Conjunto Folklórico Nacional. Vive en San Diego, California.

Alfonso Miranda Torriente, Cayito

Percusionista, contrabajista, tresero y trombonista. Se destacó como rumbero mayor en las década del treinta. Tocador de quinto junto a su hermano el Conde Bayona, gozó de otras timbas con famosos rumberos de Matanzas. Fue fundador de la orquesta Venecia y como pedagogo formó a varias generaciones de músicos. Nacido en 1905 en Palmira, Cienfuegos, falleció en esa ciudad a los cincuenta y nueve años. También formó parte de las orquestas de circos como La Rosa y Pubillones. En la década del cuarenta integró la Banda Municipal como trombón solista.

Alfredo Díaz, Pescao
Cantante de rumba, establecido actualmente en Estados Unidos. Participó en el proyecto Rumbos de la rumba, con el CD de ese nombre. Es también un notable compositor de vena humorística. Autor de «El Brete».

Alfredo Gómez Paula, el Niño
Percusionista. Tocaba la caja en Clave y Guaguancó en la etapa en que Mario Alán fue director de esa agrupación. Hizo numerosas grabaciones y, entre ellas, la rumba columbia Coco Mondansere. Aparece en el documental filmado en la Peña de Sirique, donde los músicos de Clave y Guaguancó eran presencia habitual.

Alfredo Morgan, Pipo Gallo ronco
Cantante de Rumboleros. Su discografía incluye las placas *Protesta Carabalí* y *Tambor Enamorado*.

Alicia Parlá, Mariana
Según Alejo Carpentier, Alicia Parlá, bailarina cubana conocida por Mariana, alegró con sus rumbas las noches parisinas, y agregaba que su foto era publicada por la prensa de la capital francesa. Todos los que la veían sucumbían al encanto de la bailarina vestida con el clásico traje de vuelos de la rumbera. Contaba el propio escritor que la vida de Mariana semejaba una novela. Nacida en Camagüey y educada en un convento, era hermana del famoso aviador Parlá. Ella se trasladaría luego a Nueva York, donde fue descubierta por el empresario Leo Reisman. Aunque nunca había bailado en su país los ritmos tropicales, la joven debutó en el Central Park Casino de Boston y actuó en Montecarlo y puso a París a sus pies desde el dancing del Plantation. Se presentó con la orquesta de Don Azpiazu. Dio lecciones de danza a Eduardo, Príncipe de Gales, Durante sus giras, se dice que bailó para Hitler. Después de una intensa vida, falleció en

Miami, Estados Unidos, en octubre de 1998, a los ochenta y cuatro años, Alicia Parlá, Mariana, La Reina de la rumba, como también se le llamó.

Amalia Aguilar

Se llama realmente Amalia Rodríguez Carriera y es una de las más importantes representantes del cine de rumbera que triunfó en la llamada Época de Oro de la cinematografía mexicana. Nació en Matanzas el 3 de julio de 1924 e hizo pareja desde muy joven con su hermana presentándose en teatros habaneros. Al viajar a Panamá se separaron y Amalia emprendió una carrera como solista. Protagonizó varios filmes en los que aparece junto a su compatriota Benny Moré. Su filmografía abarca más de una veintena de filmes entre los que se destacan *Pervertida, Dicen que soy mujeriego, Calabacitas tiernas, En cada puerto un amor, Las tres alegres comadres…* Ella fue la última pareja que tuvo el famoso bailarín y coreógrafo cubano Julio Richard.

Amado Dedeu

Es hijo del notable rumbero, Amado de Jesús Dedeu. Nació el 18 de noviembre de 1975, La Habana. Muy joven integró como tamborero la agrupación Clave y Guaguancó. Ha tocado en varios discos y, entre ellos, *Déjala en la puntica* y el CD/DVD *Carraguao vs Pueblo Nuevo*, con la producción musical de Emilio Vega, y los estudios Areíto Egrem. Participó en Argentina en la obra dedicada a Bola de Nieve, de la actriz Cecilia Rossetto. Se ha presentado con la *Ópera de la Calle*.

Ambrosio Díaz

Rumbero a quien se le atribuye la creación de la primera coreografía de la comparsa Los Marqueses de Atarés, organizada por los abakuá de ese barrio, donde se sacramentó la potencia Isum Efó. Rumbas y congas animaban la gustada agrupación danzaria, que además incluía pasos del minuet y rigodón; algunos informantes aseguran que el palatino, variante de la rumba, surgió en esa comparsa hoy vigente.

Amelia Pedroso

Procedía del Conjunto Folklórico Nacional. Directora del grupo folclórico Ibbu-Okun, fundado el 18 de enero de 1994. Amelia tocaba batá, tumbadora y cantaba. El grupo ejecutaba la rumba y recreaba las danzas de los dioses de la Regla de Ocha. Representó a Cuba en el Royal Festival, Nassau. Amelia también mostró el trabajo de la agrupación en el Festival Rumba Orisha, efectuado en Londres y Manchester, Inglaterra, 1999. Falleció en el 2000.

Amelita Vargas

Actriz y bailarina, que se destacó como rumbera en el cine. Nació el l6 de enero de 1928. Trabajó en el filme *Perilous Holiday*, en Estados Unidos. Entre sus películas más famosas están *Escuela de sirenas y tiburones, La mano que aprieta, El fantasma de la ópera, Cuando besa mi marido*. Esta artista cubana desarrolló su carrera principalmente en Argentina, donde se estableció.

Amparito Valencia

Rumbera y *vedette*, que desarrolló su carrera principalmente en teatros y cabarets. Participó en numerosos espectáculos como *Café de los recuerdos*, en el hotel Capri y en el Show del Cabaret Caribe. También hizo televisión.

Ana Gloria Varona

Rumbera, y cultivadora de otros ritmos cubanos como el mambo; se presentó en el Guateque de Partagás de la RHC. Aparece en el documental *Nosotros, la Música* de Rogelio París. Hizo pareja con Rolando y juntos exhiben su arte en *Cuba, canta y baila*, comedia de 1951, dirigida por Manuel de la Pedrosa y en el corto musical publicitario *Mambo en España*, del mismo realizador. También participaron en el filme *La mentira*, 1952. Ana Gloria bailó en los más exclusivos cabarets capitalinos como Tropicana. Hizo giras al extranjero.

Ana Pérez

Pertenece a una familia de estirpe rumbera: los Villamil, de Matanzas. Vocalista y bailarina que integró la nómina de Los Muñequitos durante treinta años. Viajó a Gran Bretaña en 1989 con la agrupación matancera para ofrecer conciertos en distintas ciudades. Ana no solo rumbeó sino que también interpretó a deidades del panteón yoruba como Oshún. En la actualidad dirige el proyecto Moddeya, integrado principalmente por muchos de sus familiares como los nietos y biznietos y otros jóvenes del barrio. Este grupo es como la continuidad de Los Muñequitos. Tienen una peña fija en la ciudad de Matanzas. Actuaron con El Mirón Cubano en *Otra historia sobre la niña Cecilia*. Exponen lo mejor de las raíces afrocubanas y, por supuesto, la rumba. Moddeya está asesorada por la musicóloga Cary Diez.

Andrea Baró

Se hizo famosa en el siglo XX como bailadora de rumba en Matanzas, especialmente en el estilo columbia, baile exclusivo de los hombres. En su casa se daban buenos jolgorios a los que acudían las más reconocidas figuras del género. Benny Moré la nombra en su conocida pieza Rumberos de ayer. También se hace referencia a ella en Columbia Libre (n.º 2) cantada por Miguel Ángel Mesa, Aspirina, en la grabación «Rapsodia Rumbera».

Andrés Chacón

Extraordinario tamborero (batá, arará y rumba). Director del grupo Alafia o Alafia Iré o Iré Iré. Dueño del último juego de tambor arará de fundamento estilo habanero.

Andrés Cortina

Renombrado bailarín y rumbero. Aparece en los filmes *La última cena* y en *Fresa y chocolate*. Actuó en la obra *María Antonia*, de Eugenio Hernández, la primera vez de su estreno. Realizó giras con el Conjunto Folklórico Nacional al que perteneció.

Andrés Roque, Papucio

Cantante matancero que en su juventud hizo buenos dúos con Esteban Lantrí, Saldiguera, en los rumbones organizados en Pueblo Nuevo, La Marina y Bachiche, en Matanzas.

Ángel Contreras, Caballerón

Nacido en La Habana en las primeras décadas del siglo XX, procedía de una familia de rumberos. Ángel era un reputado tocador de quinto. Trabajó en diferentes grupos como Los Africanos y en comparsas, sobre todo, en Los Marqueses. Autor de «Tiene mi barrio de Atarés».

Anselmo Calle

Perteneció a la familia de los Calle, protagonistas de la rumba en Matanzas. Fue a partir de 1880 que comienza a escucharse el guaguancó en esa ciudad interpretado por los negros criollos del cabildo congo Musundi. Tocador y bailador del estilo yambú, este rumbero organizó el antiquísimo coro La Lirita. A él se debe un viejísimo guaguancó: *Soy de Matanzas/ mi dulce encanto tú eres mi vida/ mi frenesí, donde murmuran alegremente el San Juan y el Yumurí.*

Angelito González

Valioso tamborero, especialista en rumba y abakuá. Nació el 8 de octubre de 1949, en el barrio habanero del Cerro. Tocó con las comparsas Los Componedores de Bateas y La Jardinera. En 1970 formó parte de la orquesta Keleyá y en 1976, ingresó en el Conjunto Folklórico Nacional. Ha pertenecido a otras agrupaciones como la orquesta de Obdulio Morales y al grupo Oru, de Sergio Vitier, Ventú Rumbero, Ecué Tumba y Wemilere. Discografía: *Buenavista en guaguancó, La rumba es cubana. Su historia y Santería* (grabado con Wemilere).

Ángel Guerrero

Extraordinario cantante de abakuá. Participó en las rumbas del Central Park, en Nueva York. Su voz se escucha en importantes grabaciones como Enyenison Enkama e Ibiono.

Ángel Tarafa, Piture

Rumbero de la agrupación Awe, dedicada a cantarle a los orishas del panteón yoruba y a tocar rumba cruzada con palos. A este conjunto le fue otorgado el Premio Memoria Viva por el Centro de Investigaciones y Desarrollo para la Cultura Juan Marinello.

Antonio Díaz Mena, Chocolate

Nacido en Marianao, es considerado uno de los mejores bongoseros cubanos. Se estableció en México a partir de 1940 con la pareja de Pablito y Lilón, contratados para El Patio. En esa etapa también se presentó en el cabaret Río Rosa. Fue percusionista de una bailarina exótica llamada Krumba. Chocolate alternó con la orquesta de Luis Alcaraz y la de Ismael Díaz; luego, se unió a su amigo Silvestre Méndez para acompañar a Tongolele que actuaba en el Follies. Además, tocó para sus compatriotas, las rumberas María Antonieta Pons, Rosa Carmina y Ninón Sevilla. El músico cubano brilló en Los Eloines, muy visitado por las estrellas de cine desde Gary Cooper a María Félix. Posteriormente, se trasladó a París y tocó en una exposición del pintor Dalí. Grabó numerosos discos y, entre ellos, los titulados *Latin jazz, Caribbean Drum* y *African Latin Vudoo.*

Antonio Martínez, Tonito

Formó parte del quinteto Los Cinco Solitos, de Pancho Quinto e integrado también por Román Díaz, Santa Cruz y Pedrito Martínez. Se estableció en Estados Unidos, donde hizo grabaciones y participó en las rumbas del Central Park, en Nueva York.

Antonio Orta Ferrol, Manengue

Timbalero, y por más señas reglano y abakuá, nació el 14 de julio de 1891. Desde muy pequeño, a Manengue, que así lo llamaban, se le veía en cuanta rumbantela había en su barrio y tamborileaba lo mismo en una lata que en la gaveta de un escaparate. De mayor, gustoso con sus amigos acudía a cuanta rumba de cajón se formaba.

Se sabe que acompañaba a su abuelo cuando éste tocaba en los bailes con órganos de cilindro. Como experimentado timbalero, Manengue perteneció a la orquesta del flautista Tata Alfonso, que mucho sonaba en aquella etapa. También estuvo en las de Juan Pablo Miranda, Armando Romeu, Tata Pereira y la de Calixto Allende. Incorporó creativamente el cencerro al timbal, y se afirma que fue el primero en utilizarlo al igual que la cajita china en una orquesta danzonera. Falleció el 3 de abril de 1967.

Arasay Díaz

Cantante principalmente de rumba aunque ha cultivado otros géneros. Nació en 1985, Cienfuegos. Graduada de la Escuela de Instructores de Arte. Estuvo con el grupo de son Madera fina. Hizo grabaciones con Achesón, de Trinidad. Actualmente, integra la agrupación Rumbalay de Cienfuegos.

Arelys Savón

Bailarina y ex solista del Conjunto Folklórico Nacional de Cuba, con el que realizó giras. Participó en el Festival Internacional Timbalaye 2012, en Roma.

Argeliers León

Notable musicólogo y compositor. La Habana, 7 de mayo de 1918-22 de febrero de 1991. Hizo estudios en el Conservatorio Municipal de La Habana. Estudió didáctica musical y folclore en la Universidad de Chile. En 1957, en París amplió su formación musical con Nadia Boulanger. Fue uno de los integrantes del Grupo Renovación Musical, dirigido por el compositor José Ardévol. Su gran quehacer investigativo lo llevó a adentrarse en zonas de nuestro folclor del que dio conferencias en varios países: Universidad de Santiago de Chile, Panorama del folklore musical cubano; Ministerio de Educación, Lima. El negro en el folklore musical cubano, 1951; Escuela de Antropología, México, Factores etnológicos del pueblo cubano... Dirigió el Instituto de Etnología y Folklore de la Academia de Ciencias de Cuba, el Departamento de Folklore del Teatro Nacional de Cuba; el Departamento de Música de la Biblioteca Nacional José Martí, el Departamento de Música de la Casa de las Américas. Ha sido profesor del Conservatorio Municipal de La Habana; de Arte Africano y culturas negras de Cuba, en la Universidad habanera y profesor de musicología del Instituto Superior de Arte. En su obra sobresalen: «Sinfonía n.°1»; «Suite cubana»; «Sonata a la Virgen del Cobre»; «Quinteto para guitarra y maderas»; «Concertino»; «Cánticos de homenaje» y la cantata «Creador del hombre nuevo». Su labor como musicólogo incluye varios libros: *Influencias africanas en la música de Cuba*, 1959; *Música folklórica cubana*, 1964, y *Del canto y el tiempo*, 1974.

Armando Aballí. El Monón
Rumbero en su juventud. Uno de los grandes del batá, fue discípulo de Jesús Pérez y también trabajó en Danza Nacional con Regino Jiménez. Participó en el disco Homenaje a Jesús Pérez, en el que tocó las tumbas, batá e hizo coros. Lo llamaron El Monón por su fuerte complexión física.

Armando Díaz Reina. Reinita
Prodigiosa voz del complejo de la rumba. Perteneció al coro de guaguancó El Paso Franco, fundado en 1901 e integrado por varias potencias de los ñáñigos. Se considera que Reinita contribuyó con sus conocimientos a potenciar la rumba en el municipio de Antilla, en Holguín. A su alrededor se nuclearon otros cultivadores de la rumba como Pedro Armando de la Bronca, Raúl Cantero, Osvaldo de Armas y Juan Luperón entre otros. Junto a Leandro Laffita Suárez Taqui crearon un grupo rumbero que, principalmente, tocaba el repertorio de Los Muñequitos de Matanzas. Este conjunto fue apadrinado por la Empresa de Terminales Mambisas.

Armando Oréfiche
Pianista, compositor y director de orquesta. Nacido en La Habana, 5 de junio de 1911. Fue pianista de la compañía del maestro Ernesto Lecuona. Estudió piano en una academia musical habanera. En 1932 viajó a Europa

con la orquesta de Lecuona y quedó al frente de ella al regresar el autor de «La comparsa» a La Habana; a partir de entonces se llamó Lecuona Cuban Boys. Realizó varios viajes a la capital cubana y se estableció en 1954 en Santiago de las Vegas. Reorganizó luego la orquesta con el nombre de Havana Cuban Boys. Su catálogo incluye numerosas rumbas como «Rumba azul», «Rumba colorá», «Rumba internacional». Se le ha criticado la adaptación de nuestros ritmos como la rumba y la conga al gusto europeo; de todas formas fue uno de los grandes difusores de los géneros cubanos, que llevó a numerosos países. Falleció en Islas Canarias, España, 24 de noviembre de 2000.

Armando Pedroso, el Zurdo

Uno de los más notables tamboreros de batá, y gran conocedor de la religión abakuá. Ha enseñado a varias generaciones de músicos. Entró al Conjunto Folklórico Nacional en 1980. Disco *Ibiono*.

Armando Peraza, Mano de plomo

Habanero, nacido el 30 de mayo de 1918. En su juventud fue vendedor ambulante y pelotero semiprofesional. Buen tocador de rumbas, actuó en los principales teatros y cabarets del país, como el Zombie. Con el conjunto Kubavana, de Alberto Ruiz, tocó el bongó. También se unió a las orquestas de Paulina Álvarez, Dámaso Pérez Prado y el conjunto Bolero. Viajó a México con Mongo Santamaría acompañando a la pareja de Pablito y Lilón. Luego, con ellos va a Estados Unidos, donde se establecen definitivamente. Peraza trabajó con Slim Gaillard. George Shearing, y con el vibrafonista Cal Tjader, con quien populariza la pieza «Guachi guaro», de Chano Pozo. Actuó también con la banda roquera de Carlos Santana. Conocido por Mano de plomo, Armando Peraza, exquisito tocador de tumbadora y bongó es autor de «Ritmo rumba», «Barandanga», «Jackie' s mambo» y «Armando' s Hideway». Grabó más de setenta discos.

Armando Valdés, el Loquillo

Nació el 30 de noviembre de 1943, en el barrio habanero de Los Sitios. Percusionista, cantante y actor. En 1959 integró un grupo de rumba dirigido por Orlando Contreras y que tuvo entre sus integrantes a Ángel Contreras, Caballerón, David Pluma, Cusito, Roberto Quesada, El Pipi, Ignacio Peña y Panchito Maldad. También tocó en varias comparsas y, entre ellas, Los Marqueses de Atarés. En 1964 integró La Tahona, de Chavalonga. Participó en el Conjunto Folclórico de la DAAFAR y al licenciarse volvió a La Tahona. En 1969, fundó y dirigió el grupo de mozambique Los Atómicos. Otros conjuntos en los que intervino: Los Brillantes, Cuarteto Luna, Los Bosucucos, de Papo Angarica, Sangre Africana, Sarabanda, Rumba Eriera, Agüiri-yo y Rumbolero, entre otros. Actualmente está en los proyectos Embrujo de Pedro Menocal y Rumba Vieja, de Miguel Ángel García. El Loquillo es creador del ritmo arvaré. Es asesor del programa *La rumba no es como ayer*, que trasmite Radio Metropolitana. Dirigió el conjunto folclórico de niños Los Tormentas. Ha compuesto varias rumbas: «Manrique y Peñalver», «Diosa Africana» y «Margarita». Premio Memoria Viva 2016.

Ariel Gallardo
Nació en 1976, Ciego de Ávila. Cantante que antes trabajó con la compañía Folclórica de ese lugar. Fundó en el 2012, la agrupación Rumbávila Fusión, de gran popularidad. Han actuado en su terruño y, en La Habana, en El Palacio de la Rumba, Patio de Tata Güines, Callejón de Hammel, Palenque y en el Cubadisco 2014. Mezclan elementos de la música haitiana, yoruba y otras expresiones sonoras. Esta agrupación músico-danzaria la integran dieciseis miembros, entre ellos muchos jóvenes.

Ariel Monteresi
Joven cantante, que se formó desde los trece años junto a Juan de Dios Ramos, El Colo. Ha actuado con los grupos Ébano, Oba Ilú, Clave y Guaguancó y Rumberos de Cuba. Su discografía incluye: *Habana de mi corazón*, con Rumberos de Cuba.

Arsenio Rodríguez, el Ciego maravilloso
Considerado uno de los treseros más grandes de todos los tiempos, Arsenio nació en Güira de Macurijes, Matanzas, el 31 de agosto de 1911. Se crió en la villa habanera de Güines; en el barrio de Leguina rumbeó y se aficionó a los toques de tambores yuca, el quinto y la tumbadora. El músico, que perdió la vista desde niño, se dedicó principalmente al tres. En 1936, ingresó en el septeto Boston, y en 1938 fundó el Bellamar. Tocó en la academia de baile Sport Antillano y grabó un disco con la orquesta Casino de la Playa. También tocó con la banda de Tommy Dorsey, en Sans Souci, y en Tropicana con Woody Herman. En 1940 fundó el conjunto que lleva su nombre y con el que debutó en el Edén Concert y en Sans-Souci. En 1954, se radicó en Estados Unidos. Grabó con Kenny Clarke, Al Blake, Dizzy

Gillespie, Bobby Richard y Al Taylor, entre otros. Estrenó en el Parque Central de Nueva York, su ritmo quindembo, en los que utiliza tambores yuka y piezas interpretadas con lengua conga. Sobresalió en el cultivo del bolero, la guaracha y el son y es uno de los precursores del mambo. El tresero introdujo en la sonoridad del son elementos del guaguancó. Autor de los populares boleros «Acerca el oído» y «La vida es sueño» en su catálogo se inscriben las rumbas: «Adiós África», «Batista y su mortero», «La ruñidera», «Llora timbero», «Que negra pa' celebrá», «Meta y guaguancó». Se le han dedicado varios álbumes en su homenaje, entre ellos, los titulados *Tributo a Arsenio*, Orquesta Harlow, 1972; *Dundumbanza*, conjunto Sierra Maestra, 1994; *Marc Ribot y los Cubanos Postizos ¡Muy divertido!*, 2000; Tico All Star. *Recordando a Arsenio,* Varios artistas y *Arsenio Essential*, de Luis Bofill. Con motivo de su centenario se le rindieron varios homenajes en Estados Unidos, donde desarrolló parte de su importante carrera. En su honor una calle del Bronx lleva su nombre. Del valioso autor e intérprete la Egrem lanzó en el 2012, el disco *Arsenio Rodríguez Centenario* con temas de El Ciego maravilloso y la excelente producción de Tony Pinelli. De este artista quien a partir de la década del cuarenta renovó la música popular bailable se filmó el documental *La leyenda de Arsenio*, del realizador Rolando Almirante.

Arturo Martínez Cabrera

Nació el primero de septiembre de 1961 en el reparto Martín Pérez, San Miguel del Padrón. Con solo once años formó parte del grupo Chequeré, donde tocó la percusión. Muy jovencito, dirigió la comparsa Los Componedores de Bateas. Se le ha visto en agrupaciones como Otonagua, de cajón y güiro, donde se desempeñó como cantante y percusionista y en Iyambó. En toques de batá fue akpwón. En 1996 pasó a Clave y Guaguancó. Ha sido asesor de agrupaciones como Baobab e Isoro Obba. Discografía: *Déjala en la puntica, Los Componedores de Bateas, La Isla de la música V.1*, entre otros.

Arturo Soto Martínez

Percusionista, hijo del fabuloso Tata Güines. Arturo dirige la agrupación de ese nombre con la que se ha presentado en importantes escenarios rumberos. Participó en el audiovisual *Penumbras*, de Charlie Medina. También dirige el proyecto Rumba Vieja, que agrupa a rumberos famosos de mucha edad entre los que se encuentran Fariñas, el Príncipe de la diana, El Loquillo y María Isabel Landa, Chavela, entre otros.

Aurelio Tamayo,Yeyo

Creció en los barrios habaneros en los que se rumbeaba de día y noche. Se radicó en México a fines de la década del cuarenta, donde trabajó en varias agrupaciones; a veces, como tumbador y otras como timbalero. Participó en películas con sus compatriotas las rumberas de la *Época de Oro* de la cinematografía mexicana. Hizo grabaciones con Dámaso Pérez Prado y formó un exitoso dúo con Humberto Cané. En 1957, creó su conjunto Los Cariñosos, una charanga típica con la que grabó piezas como «Poco pelo», «Gozando», «No puedo contigo», «El bodeguero». Falleció en 1999.

Aurora Lincheta

Reconocida intérprete de los ritmos afrocubanos, y, entre ellos, de la rumba. Como estrella naciente de la Corte Suprema del Arte fue todo un fenómeno de popularidad, Bautizada como La Reina de la Pimienta, iluminó la escena en la década del treinta. En sus inicios trabajó como profesional en el programa *Doble onda*. Hizo grabaciones con la orquesta de Absolon Pérez y Casino de la Playa. Aunque se ha dicho que cantó «Rumba Matumba», de Bobby Collazo, el autor lo niega. Tuvo *hits* en la línea rumbera con «No me busques» y «Fue en África». Trabajó en varios filmes como *Cancionero Cubano*, de Jaime Salvador, *Ahora seremos felices*, musical de 1938, *Siboney* y en la segunda versión de *Estampas habaneras*. Incorporó a su repertorio piezas de Chano Pozo.

Baldomero Ricardo Cané

Nació en el barrio de Bachiche, Matanzas,1949. Integró varios grupos folclóricos en los años sesenta y setenta, entre ellos, La Pachanga de Papá Goza, Estrellas de Mozambique y Muñequitos de Matanzas. Cantante, percusionista, abakuá e hijo de Changó y gran conocedor de las tradiciones folclóricas matanceras. Se radicó en Estados Unidos. Falleció el 5 de junio del 2003, en Miami. Tenía cincuenta y cuatro años.

Bárbaro Montagne

Excelente cultivador de la rumba que en Cienfuegos dirige la agrupación Obbá Ilú, con actuaciones en importantes escenarios de la Isla.

Bárbaro Ramos, Barbarito

Excelente bailarín matancero y percusionista. Aprendió a bailar columbia desde los cinco años. Pertenece a la agrupación Muñequitos de Matanzas y ha participado en sus giras al extranjero. Discografía: *La rumba soy yo.*

Benito González, Roncona

Nació en Jovellanos, Matanzas, posiblemente a finales del siglo XIX y falleció en La Habana en 1950. Vestía elegantemente con traje y una flor en la solapa. Personaje de mucha comicidad, trabajó en la emisora RHC Cadena Azul, donde abordó con maestría sin igual la rumba que cantó, bailó y tocó. Se le considera el mejor improvisador de la columbia. Cantó en la década del treinta con la Orquesta Filarmónica de La Habana, dirigida por Gilberto Valdés, en el Anfiteatro de la capital. Participó en las conferencias ilustradas de Fernando Ortiz como las celebradas en el Teatro Campoamor el 30 de mayo de 1937. Interpretó distintos cánticos como los levantados a Ochosi y Yemayá, entre otros. Fue la primera vez que los cantos litúrgicos de los negros yorubas han sido estrenados fuera de los templos. Roncona compuso varias rumbas y entre sus composiciones figura «Lamento de un congo real». El conjunto de Arsenio Rodríguez, en la voz de Estela Rodríguez interpreta la Columbia «Adiós a Roncona».

Benny Moré, el Barbaro del ritmo

Bartolomé Maximiliano Moré, Benny Moré, fue conocido por El Bárbaro del ritmo, por sus extraordinarias dotes como músico. Nació en Santa Isabel de Las Lajas, 24 de agosto de 1919 y falleció en La Habana, 19 de febrero de 1963. Fue criado en el ambiente africano del Casino de los Congos, en la Guinea, de donde era descendiente; allí, aprendió a tocar macuta, mursundi, el tambor… además, bailó y cantó. Trabajó en el Conjunto Avance, de Vertientes, Camagüey; Septeto Cauto, Conjunto de Matamoros. En México, en varias agrupaciones como la de Arturo Núñez y con Dámaso Pérez Prado. De regreso a Cuba, fue cantante de Mariano Mercerón. En 1953, fundó la Banda Gigante Benny Moré, en la que desplegó todo su genio musical. Cultivó los distintos géneros de la música cubana: rumba, guaguancó, son, guaracha, mambo, bolero… Grabó varias rumbas y, entre ellas, «Tuñaré», «El timbero de Belén», «Roncona». De su autoría son «De la rumba al chachachá» y «Rumberos de ayer», homenaje a los grandes cultivadores del género. Otro número famoso en su voz fue el guaguancó «Pongan atención», de Horacio de la Lastra. El Bárbaro del ritmo participó en varias películas en México, como *Carita de cielo, En cada puerto un amor, Ventarrón, Perdida, El gran campeón, Te besaré en la boca, Fuego en la carne* o *Cuando el alba llegue, Novia a la medida Al son del mambo* o *El rey del mambo, Quinto patio, El derecho de nacer* (En *off* se le escucha con Lalo Montané en La bayamesa, de Sindo Garay) y *No me olvides nunca*. En algunos de estos filmes compartió con sus compatriotas las rumberas de la Época de Oro del cine mexicano: Ninón Sevilla y Amalia Aguilar. Dedicada a su vida se filmó la cinta *El Benny*, primer largometraje de Jorge Luis Sánchez.

El Premio Centenario del Benny Moré, a quien se dedicó el Cubadisco 2019, le fue conferido a las producciones *Siempre tu voz*. Homenaje a Benny Moré, de Omara Portuondo y la Orquesta Faílde y Lo más Bárbaro del Ritmo 1945-1952, de Benny Moré, una compilación del relevante productor Jorge Rodríguez, ambos de la Egrem.

Bernardo Acosta
Nació en La Habana el 11 de julio de 1942. Ha integrado grupos de rumba y música folclórica, entre ellos, Raíces Profundas. También su tambor ha sonado en varias comparsas.

Bertina Aranda
Rumbera y conocedora de las tradiciones musicales. Pertenece a la agrupación Afrocuba, de Matanzas. Es de la familia de Los Villamil, que tienen el cabildo de Santa Teresa; todos los años realizan la procesión por los barrios de Pueblo Nuevo, La Marina, Simpson.

Bienvenido Julián Gutiérrez, Bienvenido la Clave
Notable autor habanero (1904-1966). En su juventud en el barrio de Cayo Hueso se permeó del espíritu rumbero y sus primeras composiciones fueron dentro de esa línea, creando principalmente obras para el grupo de guaguancó Los Roncos. Autor de más de quinientas obras. Su primera canción la tituló «Ojeras» y la cantó Antonio Machín. Es autor del famoso bolero «Convergencia» escrito con Marcelino Guerra, Rapindey.

Blanquita Amaro
Rumbera, cantante y actriz, nacida en San Antonio de los Baños, el 30 de julio de 1923. Debutó en La Habana, en 1934, interpretando «El jíbarito», del puertorriqueño Rafael Hernández. Llevó la rumba a los escenarios del teatro, el cabaret y la televisión. Trabajó en películas cubanas, mexicanas y

argentinas; entre ellas: *Estampas habaneras, Embrujo del palmar, Cuidado con las imitaciones, Una noche en el Ta Ba Rin, A La Habana me voy, El seductor, Buenos Aires a la Vista, Locuras, tiros y mambos, Bárbara Atómica, Casada y Señorita* y *Mi viudo y yo*. Radicada en Miami protagonizó la revista musical *Cuba, canta y baila*, dirigida por su hija Idania Villegas. Blanquita falleció en el 2007.

Bobby Carcassés

Cantante, compositor e instrumentista, que domina la danza y la pantomima. Roberto Arturo Carcassés nació en Kingston, Jamaica, en 1938. Debutó profesionalmente con el cuarteto de Bobby Collazo. Fue fundador del Teatro Musical de La Habana, dirigido por el actor mexicano Alfonso Arau. En su estilo original Carcassés fusiona el *jazz* con géneros cubanos como el son, la guaracha y la rumba. Perteneció a la nómina de la agrupación de Los Papacuncún, del rumbero Evaristo Aparicio. Entre las composiciones de Bobby destaca «Blues en guaguancó», interpretada por Emiliano Salvador en el disco de este famoso pianista, Egrem, sello Areíto, 1989, Carcassés, notable jazzista, recibió el Premio Nacional de Música.

Bonifacio Jenke, Carburo

Extraordinario cantante exponente de la columbia y uno de los más grande rumberos que se recuerda por los años cuarenta. Elegante en el vestir impuso la moda del peinado la mano negra.

Cándido Camero, Candito

Percusionista. Nació en San Antonio de los Baños, La Habana, 22 de abril de 1921. De niño aprendió el tres, instrumento que luego tocaría en los septetos Gloria Matancera y Bolero. Como percusionista tocó en la orquesta del cabaret Tropicana. Trabajó en Nueva York por los años cincuenta con Billy Taylor. A su regreso a La Habana colaboró en la creación del ritmo batanga del compositor y pianista Bebo Valdés. Trabajaría más tarde con George Shearing y Stan Kenton. Hizo importantes grabaciones con estrellas del *jazz*. Candito, llamado El hombre de los mil dedos, conquistó mucha fama con su disco *Brujerías de Cándido*, grabado en 1971 para el sello Tico y en el que interviene otro importante percusionista: Chino Pozo. Le fue conferido el reconocimiento de Maestro de Jazz y también recibió un Grammy honorífico por su trayectoria musical. Por su noventa cumpleaños, el músico Andrew Neesley le dedicó la pieza «¡Qué viva Cándido!», fusión de guaguancó, con funk, jazz y rock.

Candita Quintana

Bailadora de rumba, que cultivó con mucha gracia el género. Aprendió a rumbear en la calle, con la gente del solar. Todo lo que vio lo incorporó luego a sus personajes de una manera artística. Su debut fue en el Cerro Garden en 1927, donde cantó «Una rosa de Francia», de Rodrigo Prats. Bailó las famosa «Danza de los ñáñigos» con Julio Richard en la zarzuela *María la O*, de Ernesto Lecuona. Candita encarna la apoteosis de la mulata sandunguera: bailarina, actriz, tiple cómica brilló en el teatro. Fue de las últimas artistas de Alhambra, pero su verdadero reino estuvo en el Teatro Martí, donde cosechó aplausos de la crítica y el público. Actuó en numerosas obras del lírico: *El cafetal*, *Niña Rita* o *La Habana 1830*, *Amalia Batista*, *Soledad*, *María Belén Chacón*, *Rosa La China*, *Cecilia Valdés*. Formó parte del grupo del Teatro Anckermann, donde hizo gala de su vis cómica. Además, fue una excelente actriz dramática. Hizo actuaciones en radio, cine y Televisión. Nacida el 2 de noviembre de 1912 falleció el 5 de septiembre de 1977.

Candita Vázquez

Vedette, que cultivó la rumba en los cabarets. Interpretó números de su repertorio en el corto musical *Rumba*, realizado en 1951 con el auspicio del cognac Tres Medallas.

Candito Zayas

Perteneció al Conjunto Folklórico Nacional. Habanero, desde muy niño se aficionó al folclor afrocubano y en especial a la rumba. Aprendió con Armando Pedroso. Candito es uno de los más famosos cantantes de abakuá. Este excelente rumbero fue asesor del grupo Patakín. Tiene una destacada participación en el disco *De San Antonio a Maisí*, de Pancho Amat y su Cabildo del Son. Candito interpreta el número afroson titulado «Fannia», también conocido como Fania Funché, en el que aparecen frases africanas.

Caridad Martínez, Cacha

Rumbera, quien tuvo varias parejas de baile. Viajó a Nueva York por la década de los años cuarenta con el bailarín Pepe Becké, y con Chano Pozo, quien fue su compañero sentimental. Actuó en teatros y cabarets en esa ciudad. Se presentó en el centro nocturno La Conga con Becké y Chano Pozo en un *show*, donde fueron presentados por el cantante Miguelito Valdés. Era la mujer de Chano cuando este fue abatido a balazos en Nueva York.

Carlos Aldama
En su juventud fue operario de sastrería y luego se aficionó al tambor. Integró el Conjunto Folklórico Nacional. Se destacó como tamborero en la comparsa Negros Curros de esa afamada agrupación con la cual viajó al extranjero. Intervino en el disco *Para ellos*, de John Santos y el Grupo Folclórico Kindembo y en el titulado *Timbero*, de Louie Romero y su grupo Mazacote, donde tocó el batá Aparece en el filme *Historia de un ballet*. También baila y hace coros.

Carlos Javier Boy, el Social
Cantante de la agrupación Columbia del Puerto, Cárdenas, Matanzas. Participó en el disco *Rumba para hombres inmensos*, y con el maestro Frank Fernández y el Team Cuba de la Rumba.

Carlos Noa
Uno de los grandes rumberos cubanos. Pasó su juventud en su barrio de Jesús María, donde murió a causa de una riña en un bar. Autor de «La rumba es cubana».

Carlos Valdés, Patato
Nació en La Habana el 4 de noviembre de 1926, en la barriada de Los Sitios. Su padre Carlos perteneció al conjunto Los Apaches y también figuró en el Septeto Habanero. Patato atraído por la música creció tocando la marímbula o botijuela y la tamburina. Se hizo famoso tocador de congas y de percusión con cajones de madera en agrupaciones como las comparsas La Sultana, Las Boyeras y La Leona. Tocó con Chano Pozo en el Conjunto Azul. También trabajó en la academia de bailes de Marte y Belona. Estuvo con la Sonora Matancera y el Conjunto Casino, en esta agrupación inventó el baile del pingüino y el del yoyo. Grabó *Moforibale al tambor* y *Rumba en el patio*. Llegó a Nueva York en 1954 y participó con el trompetista Kenny Dorham, en el disco *Afrocuban*. En 1963, se unió a Totico, Eugenio Arango, su amigo del barrio para grabar el álbum de rumbas callejeras titulado *Patato y Totico*. Trabajó con Ismael Rivera, (Maelo), la banda de Mongo Santamaría y con Machito, en cuya banda permaneció

hasta 1966. En el famoso disco *Descarga 77* junto a Cachao López tocó el tambor batá. A partir de 1958 trabajó con el flautista Herbie Mann en giras por Europa y África. Grabó con Tito Puente *Tambó* y con Bauzá y Machito el disco *Kenya*. El primer disco de Patato como figura principal fue *Masterpiece*. Otro de sus discos clásicos es *Orgy in rythm*. Trabajó en el filme francés *Y Dios creó a la mujer* con Brigitte Bardot, donde aparece ofreciéndole una lección a la artista de cómo bailar el mambo, chachachá y pasos de la rumba. Entre otros apodos también tuvo el de Pingüino por el baile de ese nombre y el de Zumbito por haber trabajado en el Zombie Club. Falleció el 4 de diciembre de 2007.

Carlos Vidal

Nacido en 1914, Vidal es uno de los más reconocidos tamboreros cubanos. Disfrutó de las mejores rumbas en La Habana y luego se estableció en Estados Unidos. Con el título *Carlos Vidal y su Ritmo de Tambores* grabaron, en 1940 para el sello SMC, varios discos con rumba columbia, bembé, abakuá y guaguancó. Muy importante fue su paso por la orquesta de Machito. Según noticias, cuando en 1947 Stan Kenton hizo su exitosa grabación de «El Manisero» usó la sección rítmica de los AfroCubans de Machito, que integraban Vidal en las congas, José Luis Mangual, timbales y campana y Machito, maracas. Jack Constanzo tocó el bongó en esa ocasión. Tanto Vidal como Mangual formaron el llamado «motor rítmico» de la reconocida agrupación. Carlos Vidal grabó con los Big Ten de Dammeron, Miles Davis, Charlie Parker, Fats Navarro, Stan Getz, Marx Roach. En 1950 con Stan Kenton participa en memorables temas en los que además asume la parte vocal «Cuban Fire», «Cuban Episode» y el titulado «Incident in Sound». El músico falleció en Los Ángeles el 24 de agosto de 1996.

Carmen Curbelo

Bailarina que actuó en el filme *Rumba*, de la Paramount, en 1935. Hizo pareja con Luis Correa y realizaron giras por Estados Unidos; se dice que fueron los que crearon la rumba conocida como «La Mula o La Herradura».

Cary Diez

Musicóloga, profesora y productora de discos fonográficos. Nacida, en 1962, La Habana. Licenciada en Música con especialización en Musicología en el Instituto Superior de Arte, ISA. Ha hecho la producción de discos con sellos cubanos y de España, Estados Unidos, Alemania, Japón y Venezuela. Ganadora del Grammy Latino 2001 por la producción del disco *La rumba soy yo*, obtenido en la categoría de Mejor Álbum de Música Folclórica. En esta placa también fue fundamental la dirección musical del maestro Joaquín Betancourt. Ambos, volverían a unirse para el disco *La rumba soy yo. Con sentimiento Manana*, donde ciento cincuenta músicos homenajean el género. Intervienen Chucho Valdés, El Goyo, Adriano Rodríguez, William Vivanco, Los Muñequitos de Matanzas, Luis Carbonell, Robertico Carcassés, Bobby Carcassés, Yusa, la Schola Cantorum Coralina, Telmary Díaz, la Camerata Romeu, Pedro Lugo... Autora del libro *La identidad nacional en la creación operística cubana (1898-19343)*. Se ha destacado como promotora de la rumba. Es directora ejecutiva de la Feria Internacional Cubadisco y representante de la famosa agrupación Los Muñequitos de Matanzas.

Cecilio Francisco Mendive, Kiko
Nació el 22 de noviembre de 1919, en el barrio habanero de Los Sitios, donde aprendió a bailar la auténtica rumba. Compositor, autor y bailarín. Se le conoció por los apodos de Canillita y Kiko. Comenzó su carrera musical con el Sexteto Boloña y fue fundador de Sexteto Caribe y de Los jóvenes de la Crema. Se estableció en México donde hizo una fructífera carrera, principalmente en la Época de Oro de esa cinematografía. Bailó mucha rumba y mambo en numerosos filmes y tuvo como pareja a sus compatriotas María Antonieta Pons, Amalia Aguilar y Rosa Carmina. Su filmografía incluye: *Qué hombre tan simpático, Distinto amanecer, Cruel destino, Los misterios del hampa, Pervertida, La reina del trópico, Embrujo antillano, El amor de mi bohío. El reino de los gánster, Tania la bella salvaje, Gánster contra charros, El charro del arrabal, Mujeres de teatro...* Desarrolló una exitosa carrera en Venezuela, donde falleció el 5 de abril de 2000.

Celedonio Capote, Bacardí
Uno de los rumberos del popular barrio de Pueblo Nuevo, en Artemisa. Por los años cuarenta junto a otros cultivadores del género bailaba en bares y bodegas del lugar ante la mirada admirada de muchos parroquianos.

Celia Cruz, La Reina de la rumba
Nació el 21 de octubre 1925. Habanera. Se dio a conocer en un concurso de aficionados de Radio Lavín: Los Reyes de la Conga y fue seleccionada como reina por un jurado que integraban los maestros Rodrigo Prats,

Gonzalo Roig y Rita Montaner. También fue premiada en el programa La Corte Suprema del Arte y se convirtió en Estrella Naciente. Su voz se dejó escuchar en varias emisoras cubanas. Perteneció al elenco de Las Mulatas de Fuego con las que viajó a Venezuela. Muchos de sus grandes éxitos los cimentó con la Sonora Matancera. Su historial artístico incluye actuaciones con Tito Puente, Johnny Pacheco, Willie Colón y la Fania All Star. Participó en la ópera *Hommy*. Cultivó diversos géneros cubanos y en sus más de cien discos se recogen famosos números de rumba en los que hizo creaciones antológicas. Grabó de Senén Suárez, la pieza «Reina Rumba» en 1976 para el sello Vaya Records con Julio Betancourt, Pappo Luca y Johnny Pacheco. Se hizo muy popular con «La sopita en botella», del propio Senén, en contestación a «El vive bien», cantado por el malogrado Roberto Maza. En su repertorio figuran: «Rumberos de ayer», «El disgusto de la rumba», «Rumba quiero gozar», «Timba timbador», «El muerto se fue de rumba», «Sabroso guaguancó», «Nadie se salva de la rumba», «Corazón de rumba...». Fueron premiados los discos de Celia *Azúcar negra*, *Ritmo en el corazón* y *Siempre viviré*. Participó en los filmes: *Así es México lindo*, *Olé Cuba*, *Una gallega en La Habana*, *Rincón criollo*, *Los reyes del mambo*, *La familia Pérez* y *Amorcito corazón*. Falleció en el 2003.

Celina Reinoso

Afamada bailarina de rumba, que en su tiempo se presentó en espectáculos de teatro, cabarets y TV. Con su pareja de bailes Papo actuó en *Tam Tam o el origen de la rumba*, filme dirigido por Ernesto Caparrós, en 1938. Formó parte de la compañía Batamú, de Obdulio Morales. En Estados Unidos trabajó en el cabaret La Conga Club junto a Miguelito Valdés. En 1945 viajó a México con una compañía integrada por el Conjunto Matamoros con Benny Moré. En su larga trayectoria, Celina se unió a otros bailarines. En 1956, participa en el elenco de *Yambaó*, coproducción cubano-mexicana, dirigida por Alfredo B.Crevenna. Celina asumió el papel de Mercedes Ayala, en el estreno en el Teatro Payret de la *Cecilia Valdés*, del maestro Gonzalo Roig. La artista actuó en varias zarzuelas cubanas.

Ciro Colás

Nació en La Habana en 1938. Desde muy joven se dedicó a cantar rumbas y también figuró en grupos de son. Por la década del sesenta integró el conjunto de guaguancó Los Distintos. En 1968 pasó a Danza Contemporánea de Cuba, compañía con la cual viajó por Europa y América Latina. Dirigió el grupo Osaré, que cultiva la rumba y la música yoruba y arará. Es uno de los cantantes del disco *Homenaje*, dedicado a la memoria de Jesús Pérez.

Chela Castro

Actriz, cantante y bailarina, que en sus inicios cultivó la rumba. Trabajó en los filmes *Tam Tam* o *El origen de la rumba*, 1938, del realizador Ernesto Caparrós, en *Siboney*, de Juan Orol, y en *Más fuerte que el amor*, de Tulio Demicheli. Se destacó en la interpretación para el teatro de *La ramera respetuosa*, de Jean Paul Sastre. Hizo telenovelas en México.

Claudina Calzado

Cantante de varias agrupaciones folclóricas con la que realizó grabaciones. Integró la nómina de solistas del disco *La rumba es cubana. Su historia.*

Clemente Piquero, Chicho

Disfrutó en su juventud de las timbas rumberas de las que se nutrió como percusionista. Tocó principalmente el bongó. En 1942 viajó a México con la Jungla Africana de Armando Barreto. Luego trabajó en la emisora XEW de Ciudad México con la orquesta de José Sabre Marroquín. Ocasionalmente actuó con el Trío Los Panchos también como bongosero. Con Benny Moré, integró la agrupación de Pérez Prado. Tocó la tumbadora con la Banda Gigante de Benny Moré, su gran amigo.

Concepción Delgado

Bailarina, solista de rumba, yoruba y congo del Conjunto Folklórico Nacional de Cuba en cuyos espectáculos brilló. Más tarde integró la compañía Raíces Profundas. Madre de los rumberos Juan Ramos y Reynaldo Delgado, Flecha. En la filmografía de la rumbera figura: *Arte de cada día* (*Everyday art*).

Consejo Valiente Robert, Acerina

Nació el 26 de abril de 1899 en Guantánamo y creció en el barrio de Los Hoyos, en Santiago de Cuba. Desde niño disfrutó la alegría de la rumba y con dos laticas tocaba esa rítmica. También la bailaba muy bien. Muy joven aprendió a tocar maravillosamente los timbales. Se estableció en México en 1925 y para ganarse la vida lo primero que hizo fueron demostraciones de rumba, que el público aplaudía entusiasmado. Adoptó el nombre de Acerina, con el que ganó fama por ser uno de los primeros cultivadores del danzón en México. Su orquesta brilló, sobre todo, en el Salón México. Falleció en México en 1987.

Cosme Genovevo Chappotín
Toca la guagua en Agüiri-yo. Nació en el barrio habanero de Jesús María, el 27 de septiembre de 1964. Ha participado en comparsas como La Jardinera, de gran lucimiento musical y coreográfico.

Cristobalina Arrieta
Bailarina y cantante del Conjunto Folklórico Nacional, aparece en el filme *La última rumba de Papá Montero*, de Octavio Cortázar.

Cristóbal Hernández
Director de la reconocida agrupación matancera Addaché, fundada en Varadero. Se han presentado en su provincia y en el Palacio de la Rumba, en La Habana.

Cubela
Nacido en Matanzas probablemente a fines del siglo XIX. Pertenece a la etapa en que brilló Malanga. Algunos viejos rumberos le atribuían ser uno de los creadores de la columbia en el pueblo de Sabanilla, donde existía un cabildo de congos.

Dalia de la Caridad Lugo
Promotora artística y cultural, en especial de la rumba. Nació en La Habana. Ha desarrollado una importante labor en el proyecto Marineritos, en el municipio Playa, al que se integraron más de cien niños y niñas de diferentes edades para aprender los cantos y bailes del país. Incluía el conocimiento de otras disciplinas artísticas para su formación.

Damaris Driggs
Pertenece a El Solar de los Seis y participó en varias grabaciones de rumbas.

Daniel Domínguez, Tata
Nació en La Habana en 1934. Bailarín de guaguancó y columbia. Tomó elementos del filme norteamericano *Bailando suave* para llevarlos creativamente a la rumba. En su juventud bailó en la comparsa Los Marqueses

de Atarés. Se ha presentado con frecuencia en la Peña del Tío Tom, donde se ha destacado en «El vuelo del pájaro».

Daniel Rodríguez

Tamborero, cantante y bailarín. Nació en La Habana, el 11 de noviembre de 1958. Director de Los Ibeyi, grupo acompañante de Merceditas Valdés. Discografía: *Los Ibeyi, La rumba es cubana. Su historia y Oñi Oñi*, con el grupo Oloyú Obba, de Puntilla. Otras grabaciones: *Evocación yoruba* y *Rumba a mi pueblo*, con una disquera chilena. Participó en Timbalaye, 2012.

Daniel Ponce

Nació en La Habana el 21 de julio de 1953. Tocó la tumbadora y los batá en varias agrupaciones folclóricas. A los once años, participó en el grupo de mozambique Los Brillantes y luego estuvo en la comparsa estudiantil universitaria. En 1980 se radicó en Nueva York donde consolidó su carrera. Tocó en Village Gate con Jerry y Andy González. Músico invitado de dos álbumes de Paquito D'Rivera. Ha grabado además con Eddie Palmieri, Celia Cruz, Mick Jagger, Mario Bauzá, Tito Puente, entre otros. Composiciones: «Invasión 80». Discografía: *Arawe, Changó te llama, Rumba p'a gozar*. Falleció el 2013, Miami.

David Curbelo

Cantador de rumbas. Se estableció en Estados Unidos. Fundador de la agrupación Raíces Habaneras, que toca la rumba sin afectaciones; junto a Tony Zequeira produjo el disco Raíces Habaneras, con piezas del género y que es, además, un viaje a los cantos litúrgicos de las religiones afrocubanas. Esta placa fue nominada a los Grammy en el 2003. En uno de los números de guaguancó donde explican su razón de ser dicen: *Un domingo nos juntamos con deseos de crear/ algo nuestro/ muy profundo y a mi tierra recordar/ en lugar donde la gente se pusiera a descargar/ un domingo de la rumba y en ambiente familiar*. Participan en los rumbones del Shuetzen Park, de Unión City.

David Oquendo

Guitarrista, nacido en La Habana, 1958. Actuó con reconocidos grupos y luego se estableció en Estados Unidos. Allí creó la agrupación Raíces Habaneras para rescatar y preservar lo más legítimo de los ritmos cubanos. Se reúnen los domingos de la rumba en un lugar llamado La esquina habanera, en Unión City, Nueva Jersey. Aparecen en el filme *Cómo crear una rumba*, de Iván Acosta. Han sido muy elogiados por sus presentaciones en festivales. Su disco *Raíces Habaneras* fue nominado al Grammy Latino 2003. El grupo está integrado principalmente por valiosos artistas cubanos.

David Pluma, Cusito

Nació en La Habana, 19 de abril de 1943 y falleció en esa ciudad el 21 de julio de 1986. Percusionista, cantante de rumbas y compositor, quien junto a su hermano Humberto gozó las timbas en los solares, donde ambos se formaron musicalmente. Trabajó en varias agrupaciones: Los Afrocubanos, Tata Güines, Los Papacuncún, Los Nueve y Sol y Barro.

Demián Díaz, el Buda

Percusionista y cantante. Nació en La Habana, 18 de marzo de 1980. Trabaja en Yoruba Andabo, antes estuvo con la compañía Pinos Nuevos. Ha participado en grabaciones como *El espíritu de la rumba*.

Desiderio Arnaz, Desi Arnaz

Cantante, nacido en Santiago de Cuba, Oriente, 2 de marzo de 1917. Se estableció en Estados Unidos a mediados de la década del treinta. Cantó acompañado por la orquesta del catalán Xavier Cugat. Trabajó en el club La Conga de Nueva York. Fue uno de los primeros músicos cubanos en introducir la conga y la rumba en Estados Unidos. Apareció en la comedia musical *Too Many Girls*, en 1939. También actuó en filme *Father Takes a Wife*, con figuras estelares como Gloria Sawnson y Adolphe Menjou. A Desi Arnaz lo hizo muy famoso su programa para la televisión *I Love Lucy*, de gran teleaudiencia.

Didiel Acosta

Tamborero y cantante de rumba y yoruba. Fue un niño prodigio en el género. Ha estado con las agrupaciones Agüiri yo y Los Ibeyis. Participó en la comedia musical de Jerome Savary *Buscando a Chano Pozo*, presentada en París y La Habana. Su discografía incluye: *Oloyú Obba* y *Oñi-Oñi*, con Orlando Ríos Puntilla. En la actualidad dirige la agrupación Yoruba Andabo.

Diego Iborra

Reconocido tumbador, nacido en Santa Clara, Las Villas, 4 de febrero de 1919. Estudio violín. En La Habana a partir de 1930, trabajó con la orquesta de René Touzet. Realizó un viaje con los Lecuona Cuban Boys. Trabajó en Nueva York con las agrupaciones de Dizzy Gillespie y Charlie Parker en importantes clubs de Harlem. Según su testimonio tocó con Dizzy principalmente *bebop* y hacían incursiones en lo afrocubano. Grabó con los Afrocubans de Machito, Fats Navarro y Kai Winding. Hizo presentaciones con Miles Davis. Perteneció a la orquesta de Cab Calloway. Con Miguelito Valdés realizó una gira por América del Sur. Radicado en Miami continuó su carrera. Algunos especialistas consideran que fue Iborra y no Chano Pozo, quien primero introdujo la percusión cubana en el *bebop*.

Digna Zapata

En una foto ya amarilla por el tiempo aparece la malograda artista con el clásico traje de vuelos de rumbera. Digna multiplicó su quehacer en varias direcciones: cantante, actriz, bailarina de rumba y declamadora. Nació en La Habana en 1922 y desde pequeña creció en un ambiente artístico: su padre fue el actor Armando Zapata, quien se presentó en teatros como Alhambra. La muchacha que fue estrella de la Corte Suprema del Arte apreció como se bailaba la rumba en el barrio de Carraguao, en cuyo solar de La Jacoba vivían connotadas figuras del género. Fue artista exclusiva de la RHC Cadena Azul y realizó viajes por Estados Unidos, Venezuela y Argentina. Participó en la comedia musical *Mirando por un hoyito*, con dirección artística de Julio Richard. En ocasiones, junto con el simpático negrito Govín cerraron los *shows* con encendidas rumbas. En el momento de sus grandes éxitos se enfermó y entonces fue internada en el Hospital de Dementes de Mazorra, donde falleció cuando tenía cincuenta años.

Dionisio Paul

Graduado de la Escuela Nacional de Arte, 1982. Fue primer bailarín en el Conjunto Folklórico Nacional. Actualmente pertenece a Rumberos de Cuba. Filmografía: *La última rumba de Papá Montero* y *Rumbón Tropical* (DVD, con *Rumberos de Cuba*).

Diosdado Ramos

Nació el 8 de noviembre de 1948 en Marianao, La Habana. Practicó el boxeo en su juventud, legado de su padre el campeón Urtiminio Ramos. En la década del sesenta se trasladó a Matanzas. A los diecisiete años inició una brillante carrera como el primer bailarín de Los Muñequitos de Matanzas, agrupación representativa de la rumba. Diosdado es uno de los grandes conocedores del complejo rumba. Con los Muñequitos, que actualmente dirige, ha logrado numerosos éxitos en Cuba y en el extranjero.

Dolores Benguela, Lolita

Cantante. Ha pertenecido a las agrupaciones Clave y Guaguancó y Yoruba Andabo. Discografía: *Déjala en la puntica*, Clave y Guaguancó. Filmografía: DVD *Rumbanteo*, de Santiago García, Chaguito.

Dolores Pérez, Lolita

Cantante de rumba y bailarina del grupo Afrocuba del que es fundadora. Antes estuvo con Los Portuarios, La Imaliana y en comparsas matanceras. Composiciones: Caridad. Discografía: *Rituales Afrocubanos*, 1993; *Raíces Africanas; Cuba. World Networt Vol 30. Cuba.*

Domingo Pau, el Columbiano

Bailarín, nacido en 1950. Figura destacada del Conjunto Folklórico Nacional, con el que realizó giras al extranjero. También ha bailado con Alafia, del que es director artístico. DVD. *Rumbambeo.*

Eddy de los Santos

Tamborero que tocó con Rumberos de Cuba. Discografía: *Habana de mi corazón. Suena el quinto en el fonograma La rumba del siglo*, de la agrupación camagüeyana Rumbatá.

Eduardo Córdova

Percusionista y luthier. Nació el 19 de julio de 1963. Estudió violín en la Escuela Nacional de Instructores de Arte y del Centro Nacional de Superación de la Enseñanza Artística. Trabajó como profesor de la Escuela Paulita Concepción. Fundó en 1990 el grupo Obbara. Creador de tambores ha participado en diferentes eventos como PerCuba, Cubadisco y FIART, donde obtuvo en el 2001 premio a su obra por «Tambor Arará». Ha expuesto sus creaciones en Italia, Venezuela y México. En Chile, se presentó en la feria de la Universidad Católica y en San Pedro de Atacama. Córdova es el creador del famoso Tambor de Siete Bocas, instrumento del que se pueden extraer muy ricas sonoridades. Ha actuado en eventos en Canadá y Estados Unidos. Actualmente, trabaja con Habana Compás Dance, compañía que imbrica la danza y la percusión fusionada al flamenco, los elementos afrocubanos y la danza contemporánea.

Eduardo Herrera

Habanero. Nació el 19 de abril de 1963. Percusionista. Agrupaciones con las que ha trabajado: Mulemba, Neo-son, Ire-son, Olorum, JEVO, Compañía de Pedro Brown. Con Humberto Pluma, participó en el disco *Cubanía*. Actualmente con Echú Alabbony intervino en el DVD *La rumba no va a morir* y en la grabación *En el patio de mi casa*.

Elías Aróstegui

Reconocido rumbero, que perteneció al coro El Paso Franco, de la barriada de Carraguao, en el Cerro, uno de los fuertes rivales de Los Roncos, liderados por el compositor Ignacio Piñeiro, de Jesús María.

Elianys González

Bailarina. Nació en Juanelo, La Habana, el 3 de diciembre de 1995. Comenzó a rumbear a los tres años con la agrupación de su tía Natividad Calderón. Participó en la filmación de *La rumba no va a morir* y en la grabación de *En el patio de mi casa*. Ha tenido una rica actividad con la agrupación Echú Alabbony. Ha participado en diferentes eventos como Timbalaye, Wemilere… Además, forma parte del grupo Los Timberos.

Elisier Chappottín

Percusionista. Toca el itótele en varias grabaciones. Figuró en el disco de Puntilla, titulado *Oloyú Oba Oñí Oñí*. Participó en la comedia musical *Buscando a Chano Pozo*, de Jerome Savary, representada en Francia y en Cuba.

Eloy Machado, el Ambia

Conocido como el Poeta de la rumba. Nació en La Habana, 1940. Creador y animador de la popular peña El Ambia, que desde hace algunos años se celebra en el Hurón Azul, en la sede de la Uneac, en la que participan grupos rumberos profesionales y aficionados. El género está también presente en su obra con «Tambor de mi alegría» y uno de los grandes éxitos de la orquesta Van Van: «Soy todo». Autor de varios poemarios como *Jacinta ceiba frondosa* (1992); *El callejón del suspiro* (1993); *Vagón de mezcla* (1998); *Del 1 al 6 la vida* (1999).

Eloy Oliva

Excelente rumbero y compositor. Entre sus obras dedicadas al género figuran «Nosotros los amalianos» y «El guaguancó de los rumberos».

Algunas de sus piezas fueron llevadas al disco por el conjunto de Arsenio Rodríguez. Su guaracha «Sujétate la lengua» se convirtió en uno de los primeros éxitos de la Sonora Matancera.

Emilio Barreto

Cantante y tamborero. Apwón profundo conocedor de las tradiciones religiosas afrocubanas. Discografía: *Santísimo en ritual*.

Endi York

Cantante. Nacido en La Habana, en 1990. Se presentó antes con Cubarumba. En a actualidad está con Echú Alabbony. DVD: *La rumba no va a morir*. Grabación: *En el patio de mi casa*.

Eduardo Santa Cruz

Figura destacada de la rumba en Cienfuegos donde dirige la agrupación Ochareo. Tocan yambú, columbia, guaguancó y otras expresiones de nuestro folclor. En sus rico repertorio hay piezas como «Yemayá», «La santería», «Aprendiz de Ocha», que con gran belleza cultivan las voces de Pablo Raúl Moreno, Yuyito, Carlos Rafael Núñez y Lucio Villa.

Eduardo Salakó

Uno de los grandes tamboreros. Según Fernando Ortiz, hasta hace mucho, pues murió en el año 1914, en Cuba tuvo fama un tamborero llamado Eduardo (Salakó) por lo mucho que "hablaba lengua" con tambor iyá. Era cubano hijo de lucumíes y uno de los criollos que mejor sabía de este arte de sus padres. En las fiestas acostumbraba 'hablar tambor' con Alatuán, otro negro tamborero famoso, nacido en África, y a veces con una vieja santera, a la cual con el mero toque del tambor le pedía agua, tabaco, etcétera, o le decía frases picarescas, a las que ella contestaba de palabra con su idioma lucumí. A Salakó le pertenecía un juego de ilú algunos dicen que fabricado por él o por Atandá, aunque por esa fecha ya este ya había muerto. Se dice que Salakó falleció por 1913 ó 1914 después de un baile de olokun.

Enrique Alberto Pablos

Tumbador. Nació en Trinidad. Formó parte en su juventud de un conjunto al que llamaban Tropical. En las comparsas tocó el quinto. En la rumba ha creado estilos como la maquinita de escribir, el tren, los caballos. En su ciudad, hizo varias exhibiciones en mano a mano con Tata Güines.

Enrique Dreke, Kike el Príncipe bailarín

Nació en La Habana en 1916. En los solares habaneros de Atarés se formó este connotado bailarín de rumba que ganó la admiración del público. Fue muy aplaudido en los espectáculos de los cabarets Sans Souci, Montmartre y Tropicana, donde dio buenas disertaciones del género en el que marcó un estilo. Se conoce que competía fraternalmente con su amigo Chano Pozo. En 1980, se radicó en Estados Unidos, y participó activamente en las rumbantelas del Central Park.

Enrique Tappan, Tabaquito

Buen rumbero, este percusionista se estableció en México a fines de la década del cuarenta, donde se unió a su compatriota Silvestre Méndez. Hicieron actuaciones en distintos centros nocturnos. Juntos acompañaron en el Club Verde a la famosa bailarina norteamericana Tongolele.

Eric Michel Herrera, Lucumí

Fue un niño prodigio de la rumba de la que realizó demostraciones en Cuba y el extranjero. Discografía: *Cuando los espíritus bailan mambo, Ecué tumba* y *En un solar de Pogolotti*, donde toca las congas. Aparece en el documental *El rumbero de Cuba*, de Tony Gatlif, durante un encuentro generacional que capta a Lucumí y al maestro Tata Güines. En su filmografía está *Cuba feliz*. Lucumí se presentó en 1998 en Lima con el grupo Arague en distintos locales de esa capital como *La noche de barranco* y *El callejón del buque*.

Estanilá Luna

Nació en Matanzas a finales del siglo XIX. La llamaban la Rumbera Mayor. Fue fundadora del Bando Azul, que cada último día del año salía en recorrido por las calles entonando hermosos cantos y bailando. Estanislá bailó con los mejores rumberos de su tiempo. Se dice que Malanga viajó especialmente desde Unión de Reyes a la ciudad de Matanzas para conocerla y bailar con ella. Reconocida como la última reina del yambú matancero, en 1968 bajó de su trono para participar en el Primer Festival de la Rumba. Vestida elegantemente y con su abanico de plumas de pavo real bailó con Arístides Campos, el tema de «El Marino», bando de rumbas que a principios del siglo XX se paseaba por Pueblo Nuevo; sería esta su última rumba.

Estela Rodríguez
Nació en 1915 y se crió en Güines, La Habana. De potente y melodiosa voz, cantó en diferentes conjuntos, como el de su hermano Arsenio Rodríguez y el de Alfaro Pérez, Los Juveniles, Carlos Embale, Los Tutankamen, Coro Folklórico Cubano. Cultivó la guaracha, el afro, el bolero y dentro de la rumba hizo verdaderas creaciones en el guaguancó. Trabajó en el Teatro Martí y en el Niche de la Playa de Marianao. Ella encarnó el personaje de Ma' Teodora en el Primer Festival de Música Popular Cubana, en 1962; en ese evento, unió su voz a las de Esteban Regueira y Bienvenido León, del Coro Folklórico, dirigido por Rafael Ortiz, para interpretar las rumbas «A Malanga», «Guaguancó de la cárcel» y «La última rumba». Se le recuerda en especial por los números «Adiós a Roncona», «Con flores en el matadero», y «El yoyo de Mabelén».

Esther Lafayette, la Reina Karula
Espectacular bailarina especialista en el baile con cuchillos al ritmo Columbia, quien viajó en 1945 a México con un espectáculo del Conjunto Miguel Matamoros que incluía a Benny Moré, seis tamboreros y a la rumbera Celina Reinoso.

Eugenio Arango, Totico
Nació en el barrio habanero de Los Sitios, en 1934. Amigo desde la infancia de Carlos Valdés, Patato. Grabó en Estados Unidos discos de música popular con Israel Cachao, Kako Bastar, Patato Valdés y Alfredo Rodríguez. Su discografía que hizo historia incluye: *Patato y Totico* y *Totico y sus rumberos*, en el que cantan el propio Totico, Puntilla y Encarnación. Con Kako Bastar dejó dos discos que son joyas: *Palante y Palante* y el titulado *La máquina y el motor*. Al retirarse de la rumba vivía fabricando herramientas para ceremonias de santería. Falleció el 21 de enero de 2011 en su apartamento del Bronx, en Nueva York.

Eulogio Abreu, el Amaliano
Cantante y compositor. Vivió las grandes timbas junto a Tío Tom, Chavalonga y otros reputados rumberos. Se le denominó el Amaliano por ser de Jesús María. Según se cuenta, en época de la colonia allí vivía una mujer

llamada Amalia, quien daba protección tanto a los revolucionarios como a los esclavos que huían de sus amos, y le propiciaba la fuga hacia tierra haitiana. También era madrina de los centros ñáñigos de esa barriada habanera. En su honor a los nacidos allí se les llama amalianos. Eulogio es autor de varias rumbas, entre ellas, «El botellero». Compuso obras en ese género y su voz se escucha en discos como el titulado *La rumba soy yo. Su historia.*

Eulogio Casteleiro, Yoyo

Notable músico cubano que en su juventud vivió las buenas timbas rumberas en los barrios habaneros junto a los estelares Carlos Noa y Juan de Saraguete. Participó en la comparsa La Jabonera, luego llamada La Jardinera. Fue pianista de varias agrupaciones. Autor de piezas como «¡Qué mambo!», «Son montuno».

Eulogio Santos Ramírez, el niño

Músico y abakuá perteneciente a la potencia Usagaré Sangrimoto. Habanero y figura muy popular del carnaval. Tenía un hermoso timbre vocal; refundó y dirigió la comparsa de El Alacrán, perteneciente a la barriada del Cerro. Esta agrupación llegó a tener ciento cincuenta miembros y treinta y dos melodías que iba cantando y bailando a través de las calles. Esta comparsa se presentó en el Teatro Amadeo Roldán, antes Auditórium, durante el Primer Festival de Música Popular, organizado por el pianista y musicólogo Odilio Urfé. El Niño cantó también en coros y claves de guaguancó. Colaboró en la creación del Instituto de Investigaciones Folklóricas, fundado y dirigido por Odilio Urfé, en 1949. Compuso varias rumbas y el tema «Tumbando caña» de El Alacrán. Según el musicólogo Jesús Blanco el Sexteto Afrocubano, del gran rumbero Santos Ramírez, integró la tumbadora al son en 1936. El músico también formó parte de agrupaciones como los Azules Tradicionales y Botón de Oro. Falleció el 16 de agosto de 1975, a la edad de setenta y dos años.

Eva Despaigne

Nacida en 1953, fue bailarina del Conjunto Folklórico Nacional de Cuba. Dirige el grupo Obiní Bátá integrado por mujeres que cultivan distintas manifestaciones afrocubanas y, entre ellas, la rumba. Cantantes, bailarinas y percusionistas realizan su labor tocando principalmente al compás de los batás; se trata en este caso de tambores judíos; es decir, que no están consagrados. También se valen de otros instrumentos de percusión. Han realizado varias giras y se presentaron en el 2012 en Nigeria.

Evangelino Drake

Fue director del grupo Arabba, portador de las tradiciones afrocubanas en Unión de Reyes, Matanzas, que fue creado en 1944. Cultivan la rumba entre otros géneros.

Facundo Pellado, Pelladito

Nació en el barrio de La Marina en 1952. Procede del clan de rumberos de los Pelladitos de Matanzas. Ha brillado como bailarín y percusionista en Los Muñequitos.

Feliciano Mora, Guananá

En Cienfuegos era llamado el rumbero mayor. Fundador además de comparsas y congas. Usaba su farol de sereno para animar las congas. En su ciudad le dedican el Guananá in memorian en el que participan grupos folclóricos y, en especial de la rumba, que llegan de distintos rincones del país a rendirle homenaje.

273

Felipe Alfonso, Felipito

Nació el 11 de septiembre de 1944 en La Habana y falleció en 1991 en esta misma ciudad. Cantó en programas folclóricos de Radio Cadena Habana. Se inició en su barrio de Los Sitios en fiestas de santo; según decía, el güiro lo había formado en la métrica musical. Fue fundador del Conjunto Folklórico Nacional y uno de sus cantantes más completos al dominar todas las manifestaciones del folclor. A Felipito se le considera uno de los más notables akpwones que tuvo Cuba. Públicos de diferentes países disfrutaron su arte. Colaboró en diversas firmas discográficas en Francia y España. Discografía: Grupo Folklórico de Cuba *Toques y Cantos de Santos Vol. I* y *Toques y Cantos de Santos Vol II.* Conjunto Folklórico Nacional. (Yoruba). Filmografía: *Conjunto Folklórico Nacional en Brooklyn, 1980.*

Félix Baloy

Nació en Holguín, 1944. De potente timbre ha integrado agrupaciones rumberas. También es un valioso sonero. Ha pertenecido a conjuntos como Los Chuquis, Elio Revé y su Charangón y Adalberto Álvarez y su Son. Ha grabado alrededor de 21 discos. Actualmente integra el Club de los Soneros Dorados. Otras grabaciones: *Afro Cuban All Star presenta a … Félix Baloy*, que dirigió Juan de Marcos y *Baila mi son*, de Evelio Landa. Como buen rumbero acude a las peñas donde se dan cita los cultivadores de esta manifestación.

Félix Chappottín

Trompetista y compositor. Nació el 31 de marzo de 1907 en La Habana. Famoso ejecutante de la corneta, en la que creó un estilo único. Integró la famosa Chambelona de Guanajay. Formó parte de numerosas agrupaciones como el Sexteto Habanero, los septetos Colin y Munamar, Alabama, Universo, Bolero, Anacaona, Carabina de Ases, los conjuntos América, Jóvenes del Cayo, y Gloria Cubana. Vivió los grandes rumbones con el tamborero Chano Pozo en el barrio de Belén, con quien estaba emparentado, y participó en la comparsa Los Dandys, agrupación dirigida por Miguel Chappottín y Julio Lastra. También estuvo en la nómina del Conjunto Azul, creado por Chano. Cuando Arsenio Rodríguez se quedó Nueva York, Félix se hizo cargo de la orquesta que aquel dirigía y la nombró Chappottín y sus Estrellas. Como compositor este músico compuso varios números de guaguancó: «Club Oceánico», «Jóvenes de la defensa» y «La chica tiene imán». También es autor de la guaracha-rumba, «Que se vaya». Falleció el 21 de diciembre de 1983.

Felipe Espínola

Matancero y bracero del puerto en esa ciudad y uno de los grandes cultivadores de la rumba. Fundó en 1894 una agrupación rumbera llamada Los Marinos, donde dio a conocer muchas de sus creaciones, algunas en la línea patriótica. Se incorporó al ejército libertador de Cuba y combatió en la manigua. Hizo popular un guaguancó que decía: *Fuego, fuego a los panchos fuego*. Con solo veinte y cinco años fue fusilado el 24 de agosto de 1896 en el Castillo de San Severino, en Matanzas. Se dice que esa misma noche su cadáver fue exhumado por miembros de la sociedad abakuá de la cual era el primer Isué en el juego Odán Efí para hacerle los ritos pertinentes. El escritor cubano Tato Quiñones publicó *Enlloró para Felipe Espínola* y rescata la ceremonia mortuoria. En el puerto de Matanzas hay un busto que recuerda al combatiente.

Felipe García Villamil

Nació en 1931, en Matanzas, donde realizó parte de su vida. Procede de una familia de cultivadores de la música. Gran conocedor de las religiones africanas y del complejo de la rumba. En 1980, se radicó en Estados Unidos, donde ha ofrecido actuaciones y conferencias. Se ha presentado en el Museo de Long Beach y en la Universidad de Yale y la de Columbia. Fue premiado por el Fondo Nacional de las Artes, en Estados Unidos. Sentó plaza como otros famosos rumberos en Nueva York y allí en el Central Park gozó de las mejores timbas.

Felipe Faure

Afamado compositor de rumbas. Uno de sus números más populares es Tonache cantado por varios intérpretes.

Felipe Sarría, Coki

Nacido en 1975, en Remedios. A los ocho años ya se interesó por la música y, en especial, por el tambor. Su estilo diferente lo hizo ganar varios premios como percusionista en concursos. Integró el conjunto Clave y Guaguancó. Ha tocado con Obba-Ilú, de Cienfuegos, y en Perla del Caribe. Su discografía incluye: *La rumba soy yo* y *Cuando los espíritus bailan mambo.* Reside en Francia.

Fermín Socarrás, Nani

Tamborero especialista en rumba y batá. En 1967, entró en el Conjunto Folklórico Nacional. Participó en el proyecto Ilú Aña junto a Regino Jiménez. Fue instructor en la Escuela Nacional de Arte, ENA. Discografía: *Ilú Aña, Sacred Rhythms* (Fundamento 001-1994). Filmografía. *Arte de cada día. Everyday Art.* Falleció el 3 de mayo de 2007.

Fernando González

Bajista y vocalista, nació en La Habana, el 15 de agosto de 1955. Actualmente, canta en la agrupación Afroamérica. Ha cultivado la rumba y la música tradicional.

Félix Vinagera

Rumbero de Matanzas y uno de los creadores de la famosa comparsa La Imaliana de esa ciudad, que fue muy popular.

Filomeno García, Atandá

Conocido como Ño Filomeno, Atandá, fue un esclavo africano tallador de ídolos en Cuba. Se considera que este buen fabricante de tambores junto a su amigo Ño Juan el Cojo Añabí fueron los primeros en construir un juego de batá clepsídricos y con todo el ritual de la religión lo juraron. Así se consagró el primer juego verdadero que hubo en Cuba. Los batá de Añabí y Atandá pasaron por herencia al tamborero Andrés Roche y al morir este a su hijo Pablo Roche. Tanto a Atandá como a Añabí se les atribuye la fundación de un cabildo en Regla. Se dice que Atandá fue envenenado por otro tamborero, que le tenía ojeriza y que le dio a fumar un tabaco «cargado», que lo envió a la muerte.

Francisco Aguabella

Matancero nacido el 10 de octubre de 1925. Tocador de tambores batá y de tumbadora. Se le considera el primer conguero en tocar con cinco tumbadoras en Estados Unidos. Sus conocimientos de estos instrumentos se ampliaron cuando en 1947 trabajó en La Habana con Los Dandys de Belén y con los maestros Trinidad Torregrosa, Raúl Díaz y Jesús Pérez.

Participó en el famoso espectáculo *Zun zun Dan Baé*, del cabaret Sans Souci. La bailarina norteamericana Katherine Dunham lo contrató para el rodaje del filme *Mambo*, de Robert Rossen. Con la compañía de la Dunham viajó por numerosos países. Grabó el disco *Percusión* con Julio Collazo, Marcelino Guerra, Rapindey, y Willie Bobo. Con Tito Puente, Dancemanía. Orquestador e intérprete de los discos de su compatriota Mongo Santamaría: *Bembé y Mongo*. El primer disco en solitario de Aguabella se llamó *Dance the latin way*. De Gillespie grabó «The New Continent» y también trabajó con los cantantes Frank Sinatra y Peggy Lee. Otras grabaciones importantes las hizo con Eddie Palmieri: «Justicia», «Lucumí», «Macumba», «Voodo» y «Sueño». Se sumó al grupo de Santana para el disco *Malo*. Tocó en las sesiones de *Ecué: ritmos cubanos* junto a Walfredo de los Reyes y Louis Bellson. En 1985, Les Blank hizo un documental sobre Aguabella: *Sworn to the Drum*. Participó en los *Master Sessions* de Cachao. Recibió el National Fellowship Award, máximo reconocimiento a un creador latinoamericano en Estados Unidos. Grabó en solitario: *Hitting Hard* y *H20*. Es autor de «Agua limpia», «Alaumba chemade», «Brícamo», «Ayenye», «Longoíto», «Macunsere», «Obatalá yeza», entre otras obras. Falleció en Los Ángeles, California, el 7 de mayo de 2010.

Francisco Cataneo, Pancho

Cantante y percusionista. Llegó a México como miembro del equipo de ciclismo cubano y se radicó en ese país. Su padre fue violinista de una danzonera y Pancho se aficionó a la música. Fue conocido como El ciclista rumbero. Cantó en varias agrupaciones como Son Carabalí, las orquestas de Humberto Cané y la América de Ninón Mondéjar. También integró Los Matecoco con la que hizo las primeras grabaciones.

Francisco Drake

Renombrado rumbero de Matanzas, quien compartió con Malanga las rumbantelas y lo acompañó en sus «invasiones» a otras provincias.

Francisco Enrique Mesa

Tamborero (bata, rumba, abacá, oyes, arará). Nació en 1957 y falleció en 1997. Tocó con Afro cuba de Matanzas. Filmografía: *Afro cuba de Matanzas en Pointer Bride*. Philadelphia.

Francisco García, Kikirito

Nació el 17 de octubre de 1947. Toca diferentes instrumentos. Ha trabajado con distintas formaciones como Raíces Profundas, Alafia-Iré y BataShow.

Francisco Pozo, Chino Pozo

Percusionista, nacido en La Habana, 4 de octubre de 1915. Experimentó el ambiente rumbero de los barrios habaneros y en 1940 viajó a Estados Unidos, donde realizó una exitosa carrera, principalmente con grabaciones de latinjazz. Trabajó con el trompetista Fast Navarro y participó en la grablejandación *AfroCuban Jazz Suite*, de Chico O'Farrill, con Machito y sus Afro Cubans. Hizo importantes grabaciones con Dizzy Gillespie, Pérez Prado, Peggy Lee, René Touzet... En Las Vegas, trabajó como acompañante del cantante Paul Anka. Integró las orquestas de José Curbelo y Pupi Campo. Falleció en Las Vegas, Estados Unidos, en 1977.

Frank Grillo, Machito

Cantante. Nació en La Habana, 1909. Durante su etapa habanera rumbeó, cantó y tocó la percusión en varios conjuntos. Fue cantante de los septetos Agabama, Occidente y Nacional. En 1940 se radica en Estados Unidos, donde crea su orquesta Machito and his Afro-Cubans con la que debutó exitosamente en el cabaret La Conga, de Nueva York. Con el indiscutible aporte de Mario Bauzá, su agrupación contribuyó al desarrollo del jazz latino al fusionar los ritmos afrocubanos con las ideas de los autores del *bop*. Por su orquesta pasaron destacados percusionistas cubanos como Justi Barreto, Patato Valdés y Carlos Vidal, entre otros. Llegaron a llamarlo cantante cocinero a partir de sus creaciones de «Sopa de pichón» y «La paella». Machito y sus Afro Cubans, grabaron en 1965 «Yo soy la rumba». (WSLatino) Falleció en Londres en 1984.

Francisco Hibbert, Nené Guayaba
Defensor de la conga y la rumba en la provincia holguinera. Discípulo del también rumbero Leandro Laffita. Francisco creó la agrupación Los muchachos de la rumba, surgida en 1990, que luego cambiaría el nombre por el de Afro-rumba. Cultivan todas las variantes del complejo rumba. En el 2008, participaron en la convocatoria del Cubadisco de *La rumba más larga del mundo*. Entre sus temas se destacan «Homenaje a Antilla», «Homenaje a los rumberos», «Homenaje al Guayabero».

Francisco Pérez, Panchito
Buen rumbero. Ha trabajado con las orquestas Chappottín y sus estrellas y con Estrellas Cubanas. Dirigió el proyecto En el Callejón de Hammel. Discografía: *Rumba en el Callejón de Hammel*. Incluye novedosos arreglos sobre temas pop de los años setenta, tales como «Vuelve a casa», «Eva María», «Anduriña», «El loco soy yo…» y «Repica bien el tambor», también con Rumba Eriera y un formato que es toda una renovación al incluir la flauta que interpreta J.J Oliveros y el tres de Félix Rondón. En el 2008, Rumba Eriera dio a conocer el disco *A ti, rumbero,* del sello Lujuria.

Francisco Toscano
Dirige la agrupación Ensila Mundo, creada en 1999 por Mario Dreke, Chavalonga, en el barrio de Atarés. Su potencial interpretativo está en las distintas variantes de la rumba tales como el guaguancó, yambú y columbia. Hacen fusión con otros géneros como la salsa. Viajaron a Venezuela, y se presentan habitualmente en el Palacio de la Rumba.

Francisco Zamora, Minini
Nació en Matanzas, 17 de septiembre 1937. Percusionista, cantante y gran conocedor del folclor matancero, ha tenido un intenso quehacer con varias agrupaciones. Dirigió el grupo Guaguancó Neopoblano, creado en Pueblo

Nuevo y en la que figuraban conocidos rumberos como Gabriel Noriega, (Jicotea), Gilberto Hernández (Sagüita), Pedro Aballí, (Regalado), Pedro Tápanes (Pello), y el propio Minini, algunos de sus participantes integraron la comparsa Los guajiros elegantes. Actualmente, Minini, dirige Afrocuba, (antes Guaguancó Neopoblano), que ha realizado giras al extranjero. La agrupación, fundada en 1957, se caracteriza por el batarrumba, que combina la rumba con los batás, y trabaja los ritmos propios de los panteones afrocubanos. Composiciones: El Cuarto, Yambú y Baila mi guaguancó (guaguancó-batarrumba). Discografía: *Rituales Africanos*; *Antología de la Música Cubana. Volumen X. Abakuá; World Network. Vol. 30.* Cuba. Falleció en el 2016.

Freddy Jesús Alfonso
Bebió del mundo rumbero desde niño, pues es hijo del desaparecido Jesús Alfonso Miró, quien fue quinto y director musical de Los Muñequitos. Actualmente, Freddy también es quinto de esa agrupación matancera.

Freddy Pérez
Percusionista. Discografía con Rumba Eriera: *Repica bien el tambor* y *A ti, rumbero.*

Gabriel Pellado. Pelladito
Tamborero, cantante y bailarín. Buen conocedor del folclor congo y de la rumba. Solista en la columbia. Fundador del Conjunto Folklórico Nacional.

Gabriel Torres, Guicho
Cantante. Dirigió el piquete rumbero de la agrupación Irosso Oba, nacida el 4 de abril de 1999. Utilizan la polirritmia del guarapachangueo. Combinan cajones y tumbadoras. Su asesor fue el desaparecido rumbero Rolando Rodríguez Malanga. Algunos de sus músicos son de origen haitiano. Discografía: *El rey de las profundidades* con Irosso Obba y *Repica bien el tambor*, Rumba Eriera.

Gerardo Clemente, el Plátano
Percusionista. Grabó con Ecué Tumba el CD *En un solar de Pogolotti.* Participó en el CD *Lázaro y los ambias del solar* con «Suenan los cueros». Fue uno de los productores de *Rumba en el Callejón de Hammel.*

Gerardo Pellado

Nacido el 24 de septiembre de 1938 en Matanzas, empezó en la música a los ocho años tocando bembé, güiro y rumba. Integró el grupo Nilonillé. Participó en la agrupación Araokó, de Norberto Venero, y después en Yímbula. Destacado bailarín, solista y percusionista del Conjunto Folklórico Nacional ha actuado en documentales y grabado varios discos.

Gerardo Echemendía, Serapio

Nació en Sancti Spíritus en 1927. Cantante y compositor, este músico callejero conoció de las grandes comparsas como la de su amigo César León, conocido por Mundamba. También cantó en los coros de claves. Serapio creó sobre todo rumbas. Personaje muy popular en su ciudad, le fue entregado el Premio Nacional Memoria Viva, otorgado por el Centro para el Desarrollo de la Cultura Nacional Juan Marinello. Una estatua del compositor da la bienvenida en el bulevar de la ciudad. Es autor de «Rumbas» y de «Si tú pasas por mi casa», su pieza más popular. Falleció a los ochenta y seis años en su ciudad natal.

Gilberto Crespo

Habanero, nacido el 23 de agosto de 1970. Cuenta que se aficionó a la rumba en un solar de Atarés llamado Pueblo Embrujado que, al derrumbarse fue a vivir donde Estela, la mujer de El Pícaro; como Gilberto era muy majadero ella lo entretenía permitiéndole tocar la tumbadora. Ya de joven, Gilberto tocó en grupos de aficionados y en Okantomí. Estuvo como cantante y percusionista en Agüiri-yo.

Gilberto Valdés

Compositor y director de orquesta. Nació en Matanzas, 21 de mayo de 1905. Se destacó como uno de los compositores que cultivó lo afrocubano. Autor de varias obras interpretadas principalmente por Rita Montaner como «Bembé», «Baró», «Tambó», «Ecó», «Ogguere». Miguelito Valdés le cantó la pieza «Rumba abierta», esta composición también aparece en la música del filme *Sucedió en La Habana* que, en 1938, dirigió Ramón Peón y contó con la actuación de Rita Montaner y Garrido y Piñero, entre otros. Para el concierto *Tambó en negro mayor*, contrató rumberos en los distintos barrios y, entre ellos, a Silvestre Méndez. En el catálogo de Gilberto Valdés se inscriben las piezas «Yo vengo de Jovellanos» y «Guaguancó». Falleció en Estados Unidos, en 1971.

Gilberto Embale

Habanero, nacido en 1925. Rumbero, tocador de quinto. Participó en comparsas como El Alacrán y Los Dandys. En su juventud tocó con varias agrupaciones rumberas. Falleció en 1980.

Giovanni del Pino

Nació el 24 de febrero de 1942, en La Habana. Una de las figuras más representativas de la rumba habanera. Cantante, percusionista y director de la emblemática agrupación Yoruba Andabo, con la que ha hecho giras a Colombia, Venezuela, Canadá, Estados Unidos y otros países. La excelente voz de Giovanni se escucha en discos como *Callejón de los Rumberos* y en *Espíritu de La Habana*, que alcanzó el Premio Juno. Su discografía también incluye: *Cajones bullangueros*, inédito; *La rumba es cubana. Su Historia*; Puntilla y el Conjunto Todo Rumbero, *Tributo a Gonzalo Asencio Tío Tom.1919-1991*, *Del Yoruba al son* y *Espíritu de La Habana*. Acompañaron a Merceditas Valdés en varias grabaciones como *Aché IV* y *Aché V*. Han filmado los documentales premiados *Quién baila aquí. La rumba sin lentejuelas*, 1989, y el titulado *Hasta la reina Isabel baila el danzón*, 1991. El DVD *Rumba en La Habana* fue nominado por la Academia de Música de España en las categorías de Mejor álbum de música tradicional y Mejor audiovisual 2005. También fue nominado al Grammy Latino 2006 como Mejor álbum folclórico. Participaron en la película *Cuando la verdad despierta...no vuelve a morir*, coproducción Italia-Cuba. Yoruba Andabo asume con gran autoridad y versatilidad las tradiciones folclóricas cubanas y es uno de los más grandes exponentes del complejo rumba. La agrupación en su más reciente presentación en el Carnegie Hall, en Nueva York, fue muy aclamada por el público y la crítica especializada. Giovanni falleció en el 2016.

Giovanni Díaz

Hijo del difunto Marquito Díaz. Perteneció a las agrupaciones Agüiri-yo, Iroso Obba, Rumberos de Cuba. Su discografía incluye: *¿Dónde andabas tú, Acerekó?* con Rumberos de Cuba; *Echú Mingua*, de Angá; *Habana de mi corazón*, *Rumberos de Cuba* y *Cuando los espíritus bailan mambo*. Con Rumberos de Cuba hizo el DVD titulado *Rumbón tropical*.

Giovanny Torriente, el Manguero

Nacido en Colón, Matanzas. Bailarín y coreógrafo. A los diez años ganó el primer lugar en el Festival Internacional de la Rumba, celebrado en

Varadero. En el 2004 obtuvo el premio de la espectacularidad en el Festival Nacional de la Rumba, en La Habana. Se ha radicado en Lausana, Suiza, y realiza giras por países de Europa para impartir clases acerca de la rumba y otras manifestaciones musicales cubanas.

Giraldo Rodríguez, Obanilú

Conocido en el mundo de la música como Obanilú, el Rey del Tambor, tocaba el itótele, tambor batá mediano. Alumno de Pablo Roche, ilustró conferencias de Fernando Ortiz. El músico grabó un disco legendario Afro Ritmos AfroCubanos. Giraldo Rodríguez y sus Tambores Batá con toques cantados a diferentes deidades del panteón yoruba. En Ecos Afrocubanos están Bola de Nieve y su piano y su voz con los Tambores Batá. En la carátula aparecen Bola, Jesús Pérez, Giraldo y un tamborero conocido solo por Guabino. También para esa casa discográfica el LP, *Brisas del Caribe* con Chico O'Farrill y su orquesta con los tambores batá. El maestro Giraldo fue director del grupo Lulú Yonkori con Alberto Zayas y tocó quinto en las primeras grabaciones de rumba hechas en Cuba. Su discografía incluye *El vive bien*, con el Grupo Folklórico de Alberto Zayas. Aparece en *Affaire in Havana*, 1957.

Gloria Mora, la China

Destacada cantante de rumba, que perteneció a Clave y Guaguancó, en sus inicios, agrupación en la que se mantuvo por muchos años. Grabó varios discos. En su filmografía se encuentra *La herrería de Sirique, Y tenemos sabor y Roots of Rhythm*.

Gregorio Díaz, Goyito Seredonio

Nació en Matanzas, 24 de febrero de 1929. Entre los rumberos desplegó una intensa labor dentro del género que siempre cultivó con pasión. Fundador de Los Muñequitos, agrupación en la que se hizo admirar tocando el tambor bajo. Falleció en su ciudad natal en 1996.

Gonzalo Villa Díaz

Cajón tumbador en Clave y Guaguancó. Este percusionista creció entre rumberos y dentro de las religiones africanas en Guanabacoa. Hermano del genial Bola de Nieve, fue fundador de la agrupación Clave y Guaguancó. Filmografía: ¡...*Y tenemos sabor!*

Guillermo Amores

Promotor cultural. Nació en el reparto Miraflores y falleció en La Habana, en el 2017 a la edad de cincuenta y tres años. De los primeros en trabajar en el Palacio de la Rumba. Autor de la idea original y producción de Rumba p'a Fidel, grabación con el pianista Frank Fernández y el Team Cuba de la Rumba, entre otros. Defensor de la rumba obtuvo el premio Cubadisco 2017 en la categoría de música folclórica por el fonograma *Mujeres en la rumba*, único disco que ha reunido a las intérpretes femeninas de ese género en el país. Fue percusionista en NG La Banda en la década del noventa. También trabajó con Clave y Guaguancó. Con Germán Velazco como director artístico fue uno de los creadores del Team Cuba de la Rumba, integrado por reconocidos rumberos. Esta agrupación ha presentado los discos La solución (Egrem) y *La rumba no es como ayer* (Bis Music).

Guillermo Pérez, Macucho

Rumbero nacido en el barrio de Los Sitios. Como cantante hizo importantes grabaciones con Mongo Santamaría en el disco *Mongo in Havana: Bembé.*

Guillermo Triana, el Negro

Cantante de rumba y abakuá, ya fallecido. Nació en el barrio habanero de Jesús María. Viajó con el grupo de Pello El Afrokán y ganó un premio en Bulgaria. Trabajó con Sicamarié, de Luis Chacón, grupo de Lacho Rivero, el de Carlos Embale y con el Coro Folclórico Nacional, Pancho Quinto y Ventú Rumbero. Discografía: *En un solar habanero, En el Solar de la Cueva del Humo, La rumba es cubana. Su historia, Rumba sin fronteras* y *La rumba que no termina*, de Clave y Guaguancó. Participó en el DVD, *Rumbambeo*, de Santiago Garzón.

Gustavo Martínez, Cucharas

Tocó la «guagua» con Clave y Guaguancó. Participó en varias de las primeras grabaciones de esa agrupación. Aparece en el documental *La herrería de Sirique*, 1966.

Hanniel Crespo

Percusionista y vocalista habanero, nació el 24 de noviembre de 1972. Trabaja actualmente con Agüiri-yo; antes estuvo con la agrupación folclórica Omo Olorum (Hijos del sol), dirigida por Tomás Martí y la orquesta Ketal. Ha hecho grabaciones con Ensila Mundo.

Héctor Abreu

Bailarín habanero, nacido el 7 de diciembre de 1963. Ha trabajado con varias agrupaciones como Aché Iyá, Obbar Iré, Alafia, Raíces Profundas y el Conjunto Folclórico Nacional. Participó en el DVD *Rumba en La Habana*, de Yoruba Andabo.

Héctor de la Caridad Santos, el Áspero

Habanero, nacido el 8 de septiembre de 1933. Cantante, compositor y director fundador de Los Principales, que acompañaron en varias grabaciones a Celeste Mendoza. Composiciones del Áspero: «Perro lobo», «Aleida» y «Yo soy la llave», entre otras. Falleció el 12 de febrero de 1999.

Héctor Oviedo

Nació el 7 de diciembre de 1963, La Habana. Antes fue judoca. Bailarín y coreógrafo. Es pariente de la familia rumbera de Los Aspirinas. Trabajó en una compañía del folclor haitiano. Además con Aché Iya, Alafia, Raíces Profundas, Conjunto Folklórico Nacional de Cuba y, últimamente, con Yoruba Andabo, agrupación con la que ha viajado a varios países. Filmografía: DVD *Rumba en La Habana*, con Yoruba Andabo.

Héctor Rogelio Alfonso, Corre Corre

Bailarín. Nació en Matanzas, 29 de abril de 1941. Se unió a Minini desde los doce años para rumbear en distintos barrios. Estuvo con el Mozambique de Papá Goza, donde tocaba el bombo, también en agrupaciones como Afrocaribeño y Obatolá. Representó a Matanzas en distintos festivales de aficionados. Fundador de Afrocuba que primero se llamó Folclor Neopoblano y, en 1968, tomó el nombre de Folclor Matancero. Afrocuba se destaca por el batarrumba y cultiva la música bantú, arará, sabalú y rumba. Viajó a Angola y Granada.

Herminio Marcos Díaz, Marquito

Tamborero y bailarín. Comenzó su carrera profesional con la compañía de Rita Montaner. Estuvo diez años con el Conjunto Artístico de las FAR. Junto con Maximino Duquesne formó una excelente pareja (tambor y tres dos) que grabó uno de los mejores discos de rumba habanera en la década 1994-2004. También hizo actuaciones con el grupo de Tata Güines, *Rapsodia Rumbera*, Jane Bunnett y Rumberos de Cuba. Discografía: *Aniversario, Rapsodia Rumbera, Chamalongo, ¿Dónde andabas tú, Acerekó?*,

Cuando los espíritus bailan mambo. Filmografía: DVD *Rumbón Tropical,* con Rumberos de Cuba.

Hipólito Calderón
Percusionista. Habanero, nació el 7 de abril de 1960. Ha participado en las grabaciones y videos de *Echú Alabbony.* Antes tocó en Cumbayé y Kerequeté.

Horacio de la Lastra
Nacido el 4 de marzo de 1916, este destacado compositor vivió las buenas timbas rumberas junto a personalidades del género como Chano Pozo y Alberto Zayas. Ilustró conferencias de Fernando Ortiz. Las obras de Horacio han sido interpretadas por distintos cantantes como Alberto Ruiz, Orlando Guerra, Cascarita, Vicentico Valdés, Pío Leyva y Alfredito Valdés, entre otros. Benny Moré hizo una verdadera creación de su guaguancó «Pongan atención». En esa línea, Horacio también compuso «No creo en los Rubirosas» y «Rumba en Pueblo Nuevo». Otra de sus piezas más conocidas es «Moforibale al tambó».

Humberto Fuentes, Campeón
Nació el 22 de noviembre de 1921, en el Vedado. Desde niño se permeó del mundo rumbero, pues en el barrio donde se crió había una ceiba enorme, donde Roncona y otros músicos daban espectaculares disertaciones de buena rumba. Humberto tocó con varias agrupaciones soneras en la academia de baile de Pompilio, además con los Comandos de René Álvarez, la orquesta de Paulina Álvarez y, finalmente, con Chappottín. El pianista Lily Martínez se inspiró en el tumbador para el número «Ya tú ves Campeón lo que te está pasando». Humberto ya fallecido, hizo grabaciones de rumbas con el conjunto de Orlando Contreras y Carlos Embale.

Humberto Hernández, Nengue
Tocador de rumbas y de jazz afrocubano. Versátil percusionista. Participó en el disco *Afroblue,* de su compatriota Mongo Santamaría: su discografía incluye *Roots Revisit Cubana, Nigth of the living mambo* y *Late Nigth Sesions.*

Humberto Oviedo, la Película
Posee amplia experiencia con los batá. Tocó rumba con el Conjunto Folklórico Nacional. Por sus conocimientos de abakuá llegaron a llamarlo

El Caballero Efó. Durante un tiempo fue administrador de Clave y Guaguancó. Tocó en el Timbalaye 2012, en Roma. Su filmografía incluye: *La última rumba de Papá Montero, En el País de los Orishas* y *Son Cubano*. Reside en Italia, donde hace actuaciones con su agrupación Akilakuá.

Humberto Pluma

Percusionista y cantante. Uno de los más notables exponentes de la rumba. Nació en Los Sitios en 1946. Fundador en el grupo de Tata Güines, ha trabajado con Los Nueve, El Caracol y en el Conjunto Colonial. Autor de composiciones como «Yo soy hijo de Changó», «El Congo», «A los espíritus», «De los santos, sus hijos». Dirige la agrupación GEVO Ofumladdé. Osiel Poey.

Ignacio Guerra

Nacido en 1953, La Habana. Ha pertenecido a las agrupaciones: Guaguancó Conjunto de la CTC Nacional, Conjunto Folclórico Patakin y al Conjunto Folklórico Nacional entre 1988 y 1997. Reside actualmente en Dinamarca.

Imayacil de la C. Ortega

Una de las más jóvenes cantantes de rumba. Nació en 1987. Estudió música en la Escuela Nacional de Arte, ENA. Canta con el grupo Obá Ilú, de Gregorio Hernández, el Goyo.

Inés María Carbonell

Destacada cantante folclórica y de rumba, que perteneció a Clave y Guaguancó. Su voz se dejó escuchar en obras de *Danza Contemporánea de Cuba* como ese clásico que es *Súlkary*. Ha hecho grabaciones y participado en numerosos conciertos como el dedicado a Sergio Vitier por sus cincuenta y cinco años, celebrado durante el Cubadisco 2003. Cantante solista de La rumba del siglo.

Indiana Betancourt

Con la agrupación Clave y Guaguancó participó en la grabación de Rumba pa'Fidel, con el Team Cuba de la Rumba y Frank Fernández, entre otros.

Irma de la Caridad Castillo

Directora artística del importante proyecto de integración cultural Timbalaye con varias ediciones. Es licenciada en Metodología de la Enseñanza de las Danzas Folclóricas y Populares Cubanas, graduada en el Instituto Superior de Arte, ISA. Fundadora junto a Ulises Mora de la primera escuela de folclor y bailes cubanos, llamada Aché, en Italia. Fue bailarina de la agrupación Raíces Profundas.

Israel Berrier
Notabilísimo rumbero, especialista de la columbia en Matanza. Nació en Jovellanos en 1936 y fue tornero de profesión. Agrupación Los Muñequitos de Matanzas.

Israel Berrier, Toto
Cantante, nacido en Matanzas. Perteneció a las agrupaciones Los Yumurinos y Afrocuba. En 1991 integró Los Muñequitos de Matanzas y luego se radicó en Canadá. Filmografía: *La Rumba y el Tambor*, con Los Yumurinos.

Ismaray Chacón
Como nieta de Luis Chacón forma parte de la familia Aspirina. Empezó como bailarina, cantante y percusionista de la agrupación Obiní batá. En el 2008 viajó a Singapur con un grupo de timba cubana. Al regresar a Cuba formó parte del Coro Folclórico Nacional y de Rumberos de Cuba. Vive actualmente en Suiza, donde es profesora de baile y percusión.

Ismalay Fresneda
Nacido en La Habana, 24 de diciembre de 1984. Bailarín y coreógrafo. Comenzó a bailar rumba a los doce años. Pertenece al proyecto Echú Alabbony. Grabación: *En el patio de mi casa*. DVD. *La rumba no va a morir*.

Jacinto Fernando Villalón
Cantante, compositor y percusionista, dirige el grupo Folkoyuma, fundado en 1969 y representante de la rumba santiaguera. Han actuado en varios países como Guyana francesa, Venezuela y Holanda. Han hecho grabaciones con la Egrem y tienen una peña en el Teatro Heredia de Santiago de Cuba.

Jacinto Rodríguez, Juan de Mata
Percusionista, nacido el 8 de febrero de 1968 en La Habana. Se ha distinguido como tocador de redoblante, bombo y quinto. Dirige la música en la comparsa habanera La Jardinera, de Jesús María. Bajo su orientación esta agrupación ha conquistado premios en los carnavales habaneros.

Javier Campos, Javierito

Nació en la barriada habanera del Cerro en 1971. Aprendió a tocar los tambores con Regino Jiménez y Ángel Bolaños. Profesor del Instituto Superior de Arte, ISA. Tocó con la comparsa El Alacrán y en la agrupación Obá Ilú. Se ha presentado en varios países. Reside en Francia. Director de Afrekete. Discografía: *Con Afrekete Yyabakuá* (Pan 2078, 1999). Filmografía *Cuban Rumba* (Pan Récords).

Jenny Dalmau

Cantante, nacida el 3 de noviembre de 1961. Ha cantado con las agrupaciones Raíces Profundas, Clave y Guaguancó, Rumberos de Cuba y en Obá Ilú. También intérprete del son, grabó con el grupo Cubasalsa el disco *Salí de la penumbra*.

Jennyselt Galata

Bailarina, graduada de la Escuela Nacional de Arte, ENA, y del Instituto Superior de Arte, ISA. Se ha presentado con la agrupación Yoruba Andabo. Cultiva la rumba y otras expresiones del folclor afrocubano. Muy aplaudida por su baile a Yemayá. Ha participado en eventos internacionales.

Jessica López

Joven bailarina de Echú Alabbony. Nacida en Juanelo, La Habana, el 24 de enero de 1991. Intervino en *La rumba no va a morir*. Ha participado con esa agrupación en El Palacio de la Rumba, El Callejón de Hammel y en otros lugares donde se cultiva el género.

Jesús Alfonso

Tamborero, compositor y cantante. Nació en el barrio La Marina, en Matanzas, 1949. Desde los siete años participó como músico y bailarín en la comparsa La Imaliana. Fue integrante de la Orquesta de Música Moderna de Matanzas y del grupo de Papá Goza. Asumió el quinto en Los Muñequitos y la dirección musical de esta agrupación. Entre sus composiciones figuran «Congo Yambumba», «Vale Todo», «Chino Guaguao», «La Llave» y «Lengua Obbara». Su discografía incluye: *La rumba soy yo, volúmenes 1 y 2*; *Tambor de fuego, 50th Aniversary, Ito Ibon Echu, Live en New York, Vacunao, Cantar maravilloso* y *Rumba Caliente*. Falleció en el 2009.

Jesús Evaristo Hernández

Director de la agrupación Columbia del Puerto, grupo insignia de la tradición afrocubana, en Cárdenas, Matanzas. Jesús Evaristo procede de una notable familia de rumberos y columbianos cardenenses de rica trayectoria. Columbia del Puerto ha cultivado durante treinta y cinco años lo mejor de nuestro rico folclor: su forma de bailar está basada en juegos acrobáticos masculinos, manejo de armas blancas... Realizan una importante labor comunitaria en la zona del puerto cardenense. El grupo ha obtenido premios tanto en Cuba como en el extranjero.

Jesús Pérez, Obailú

Reputado tamborero cubano y, además fabricante de batá. Nacido en Cayo Hueso, La Habana, 4 de abril de 1915. Tocaba además el tres y la trompeta. Alumno de Pablo Roche, fue uno de los tamboreros que ilustró el 30 de mayo de 1937 la primera conferencia, que sobre música yoruba ofreció Fernando Ortiz, en el cine Campoamor. El espectáculo consistió en un *set* de tambores batá y un coro mixto. Participó en conferencias de Águedo Morales. Jesús fue de los primeros en tocar batá en una orquesta sinfónica. Fundador del Conjunto Folklórico Nacional, pasó más tarde a Danza Moderna. Participó en *Réquiem* por Ernesto Guevara, de Tomás González, la primera vez que en Cuba se hizo canción política con un toque funerario yoruba. Acompañó la obra *El Cimarrón*, de Miguel Barnet. Intervino en varios filmes: *Sucedió en La Habana*, *Una pelea cubana contra los demonios* y *Maluala*. Realizó giras por Europa, América Latina y África. Con Sergio Vitier y Rogelio Martínez Furé dio vida al grupo Oru. Falleció el 5 de abril de 1985, y dejó un libro inédito sobre la técnica del batá.

Jesús Martínez Zorrilla, Asere

Reconocido rumbero. Fundador y promotor del grupo de rumba Íreme, de Palma Soriano, constituido en 1960. Tuvo distintos nombres y, entre ellos, los de Rumberitos de Palma, Oyurucán, y finalmente Íreme (en referencia a los diablitos del abakuá). En sus inicios lo integraron rumberos como Ruy Ñame, Haitiano Sabá, Federico Matancero, Chantú el Santiaguero, José la Mata, Leonardo Córdova, entre otros. Son defensores de la rumba auténtica y cultivan el yambú, guaguancó y la Columbia. Obtuvieron premio en el Wemilere de Guanabacoa y han participado en el Festival de Garonne, en Francia, en 1993. Su entusiasta creador Jesús Martínez Zorrilla falleció el 5 de junio de 2009.

Jesús Lombira. Cusito

Cantante y tamborero de gran ejecutoria a pesar de su juventud. Cultiva principalmente la música yoruba y la rumba. Pertenece a la generación de los akpownes más jóvenes de Cuba. Ha cantado con Raíces Profundas, Wemilere y Rumberos de Cuba. En su discografía brillan los CDS del proyecto Abbilona. Otras placas: *Del Yoruba al son, Santería* y *Habana de mi corazón.*

Joaquín Betancourt

Destacado violinista, compositor, director de orquesta, arreglista y productor musical. Dirigió la orquesta Opus 13. Hizo la dirección musical del disco *La rumba soy yo*, premiado con un Grammy Latino en Música Folklórica. Fue orquestador del CD, *Humo de tabaco*, de Alexis Puente, que obtuvo premio Juno en Canadá. El maestro Betancourt asumió también el proyecto de La rumba soy yo. Con sentimiento Manana. Autor de la obra sinfónica *La rumba que no escuchó mi abuelo.*

Joaquín González

Excelente rumbero. Conocido en el ambiente artístico como el Mago de las Tumbas, este percusionista se radicó en México donde acompañó a la bailarina Tongolele con quien más tarde se casó. Murió el 26 de diciembre de 1996.

Joaquín Pozo

Cantante. Primo hermano de Chano Pozo. Se presenta habitualmente en el Callejón de Hammel con su agrupación La rumba de Cayo Hueso. El músico hace de las suyas en el CD *Descarga cubana* (2004) con un rico y fascinante jazz afrocaribeño y que incluye las piezas «No son todos los que son», «Rumba para dos» y «Llegó Pozo». En su discografía está también el CD *Ahora vengo con rumba* (2006), con números como los titulados «Congo no tiene mayoral», «Yambú de La Habana», «Olokun», «Rumba de Cayo Hueso», Columbia entre hermanos, entre otros.

Jorge Blandiner

Percusionista. Discografía: *Repica bien el tambor* y *A ti, rumbero*. Ambas placas con la agrupación Rumba Eriera.

Jorge Dixon
Bailarín del Conjunto Folklórico Nacional. Solista de la columna, donde ha tenido gran destaque. Aparece en *La última rumba de Papá Montero*. Asumió también ese personaje en la obra *La rumba de los muertos*, del coreógrafo Gerardo Lastra.

Jorge Enrique Salazar
Nació en La Habana, el 12 de enero de 1969. Se ha destacado como cantante y tamborero. Fue director de Iroso Obba, agrupación con la que grabó «Extrema casualidad», «El rey de las profundidades» y «Santa Palabra». Para Rumba Eriera grabó *En vivo en el Callejón de Hammel, Rumba en el Callejón de Hammel* y *Repica bien el tambor*. Actualmente, trabaja con Agüiri-yo. Es autor de la pieza «En defensa de las gallinas».

Jordan Ferrera
Percusionista y cantante. Nacido en La Habana, el 26 de septiembre de 1992. Empezó a los nueve años en el proyecto de Natividad Calderón. Actualmente está con Echú Alabbony. Ha participado en *La rumba no va a morir* y *En el patio de mi casa*, así como en las presentaciones de esta agrupación.

José Camacho
Habanero, nació el 18 de febrero de 1943. Se crió en un ambiente musical, pues su padre fue bajista del conjunto Estrellas del Acopio. Al mudarse para el barrio de Atarés, el pequeño José se aficionó a los toques y aprendió la percusión con Chavalonga, con cuyo grupo luego tocó. También fue hachonero de la comparsa El Alacrán. Integró agrupaciones como Iré Allé y Agüiri-yo. Filmografía: *El recurso del método*.

José Castillo
Bailarín y percusionista, ya fallecido, que perteneció al Conjunto Folklórico Nacional de Cuba. Se distinguió tocando la conga en la comparsa Los Negros Curros.

José Fernández, Joseíto
Tocador de batá y de otros tambores tradicionales. Nació el 26 de junio de 1963 en La Habana. Hijo del legendario Pito, el Gago Fernández Almendaris. Joseíto perteneció a los grupos folclóricos Cumbayé, de Oriol

Bustamante, Liberación 75, de Atarés con Orlando Ríos, Puntilla, y Juan de Dios Ramos, El Colo, y bajo la dirección del célebre palero Tato. También estuvo en el Ventú Rumbero con Román Díaz y en Cubatá, bajo la dirección de Roberto Borrell. Durante su trayectoria artística ha tocado con grupos muy reconocidos como los de Tata Güines, Chavalonga, Habana Ensemble... Participó en Percuba, espectáculo Rumbantela Latina y fue director musical del titulado Atarés Orishas. Ha tocado y bailado con la comparsa Los Componedores de Bateas. Se desempeñó como profesor en la Escuela Nacional de Arte, ENA. Director de la agrupación Wemilere. Ha hecho giras por varios países. Discografía: Santería.

José Gilberto Zayas, el Corto

Destacado cantante y uno de los solistas de la colección discográfica Abbilona. Es hijo de Candito Zayas. Participó en el disco *Ahora vengo con rumba*.

José Oriol Bustamante

Nació en 1918 y fue uno de los grandes conocedores de la música afrocubana, en especial la de antecedente bantú y abakuá. Aportó sus valiosos conocimientos a las nuevas generaciones como informante fundador el Conjunto Folklórico Nacional. Aparece en el filme *Nosotros la música*. Dirigió el grupo Cumbayé. Falleció en Guanabacoa el 3 de agosto de 1981.

José Manuel Rodríguez, Litico

Excelente bailarín de rumba y otros ritmos cubanos. Fue pareja de baile de Estela, Omara Portuondo y en algunas ocasiones también de Elena Burke. Litico integró un famoso trío con Estela y Mario, muy aplaudido en el cabaret La Campana. En México, participó en los espectáculos de Las Mulatas del Fuego. En la década del cincuenta, la bailarina Yolanda Montes, Tongolele, actuó en Tropicana, y luego realizó una gira por el interior del país, acompañada por Litico. En el Teatro Musical de La Habana, hizo actuaciones en la obra *Pato Macho*, en 1960. Perteneció al Conjunto Experimental de Danza, de Alberto Alonso y al elenco del Teatro Político Bertolt Brecht. Fue figura de la producción del Capri: *Ético, pelético, peléticudo* dirigida por Julio García Espinosa. Además, de actuar en la producción *L'abana*, junto a Federico Eternod, Yolanda Zamora y Gerardo Montesinos. Litico intervino en varios filmes y, entre ellos, los cubanos *Los sobrevivientes, Patakín, Vals de La Habana Vieja, Quiéreme y verás, Zafiro, locura azul* y *Un paraíso bajo las estrellas*.

José Luis Quintana, Changuito

Percusionista habanero, nacido el 18 de enero de 1948. Suplió a su padre en las orquestas del cabaret Tropicana y La Habana Jazz. Trabajó con la orquesta de Gilberto Valdés, el Quinteto de José Tomé y Los Armónicos de Felipe Dulzaides, Sonorama 6 Artemisa Souvenir, Orquesta de Música Moderna de Pinar del Río y Habana Rítmica 7. Changuito es autor del manual teórico *La mano secreta*. Fue el primer músico que tocó con batería en una típica. Con Juan Formell, director de los Van Van creó el songo. Por el disco *Ritmo y candela*, grabado en San Francisco, California, junto a músicos como Patato Valdés y Orestes Vilató fue nominado en 1996 para el Grammy. Ha grabado *Telegrafía sin hilo*, para el sello venezolano Cacao Música. Impartió clases magistrales en Puerto Rico, Escuela de Música Moderna de Nueva York y en el Conservatorio Berklee, de Boston. Ha acompañado a músicos del calibre de Tito Puente, Aito Moreira, Giovanni Hidalgo y Michel Legrand.

José Pilar Suárez

Nació en Cienfuegos el 12 de octubre de 1948. Se crió en la ciudadela Las Almas Perdidas, nombrada de esa manera porque se rumbeaba y fiesteaba sin problemas. Nieto de El Conde Bayona; desde pequeño se dedicó a rumbear, aunque también fue limpiabotas y boxeador aficionado. Estuvo con diversas agrupaciones de guaguancó como Los Sureños y de tumbador en la coral Los Cantores del Sur. Fundador de Yoruba Andabo y percusionista de Danza Contemporánea. Participó en el monólogo Kid Chocolate. Autor de *En la Siguanea la rumba buena, Allá viene Maina el yerbero, Los momentos se acabaron, Elegía a Calixto Callava* y *El billetero de Amalia*.

Joselier López

Cantante. Nacido el 26 de noviembre de 1991. Se formó con Natividad Calderón. Integra el grupo Timbalaye. Ha grabado con Pupi y los que Son Son el tema «La batea de Changó» y con el Septeto Habanero el titulado «La puntica».

José Ramón Rodriguez, Ramoncito

Cantante. Perteneció al grupo Olorún. Actual director de la agrupación Vocal Baobab, fundada en 1994 y que se distingue por la interpretación de los cantos afrocubanos y la rumba. Mezclan en sus actuaciones los cantos afrocubanos con expresiones más actuales como rap, hip hop y el reggae.

La agrupación fue asesorada en sus inicios por el akpwón Lázaro Ross. Han realizado giras al extranjero y participado en los filmes *Las raíces de mi corazón* y *Los Ojos del Arco Iris*, ambos de la realizadora Gloria Rolando. Grabaron el CD: *Sueño Yoruba*.

José Rodríguez, Papo
De aprendiz de barbero se convirtió en excelente bailarín y sustituyó a René como pareja de Estela. Trabajaron mucho en Estados Unidos, principalmente, en Broadway.

Johanes García
Director de la prestigiosa Compañía Folclórica JJ, que ha llevado su arte a importantes escenarios del mundo. Uno de los grandes bailarines del Conjunto Folklórico Nacional de Cuba, donde brilló en sus principales espectáculos. Filmografía: *La última rumba de Papá Montero*, dirigida por Octavio Cortázar.

Juan Alberto Dreke, el Curva

Nació en la capital cubana en 1915. Se dedicó sobre todo a bailar rumba y participó en diversas comparsas, entre ellas, La Sultana y Los Marqueses de Atarés. Se radicó en Estados Unidos. Animó con sus interpretaciones las peñas rumberas del Central Park, en Nueva York. Hizo grabaciones de guaguancó, esta vez como cantante adoptando el nombre artístico de Luis Dreke. Cantó en el disco *Patato y Totico*, grabado en los años setenta.

Juan de Dios Ramos, el Colo
Una de las más grandes personalidades del complejo rumbero. Nació en La Habana, 1935. Desde pequeño, participó en varias comparsas. En 1961 figuró en el grupo de rumba Los Tercios Modernos y luego en Sicamarié, que dirigió Luis Chacón, y en Mambo Chambo, de Lacho Rivero. Fundador del Conjunto Folklórico Nacional, se ha desempeñado como cantante, bailarín, actor y percusionista, facetas en las que ha tenido gran destaque, posee un hermoso timbre y en sus años juveniles también cantó sones y boleros. En el Teatro Mella, el 3 de julio de 1980, el Folklórico estrenó de *El Colo* la coreografía «Danza de los monos viejos». El rumbero ha trasmitido sus profundos conocimientos a las nuevas generaciones. Fundó el grupo Raíces Profundas, en 1974, que ha viajado por América Latina, Europa,

África y Asia. En el 2012, se presentaron en Hanoi, Vietnam. Ha dirigido el grupo oriental Ban Rara, actualmente en La Habana. Falleció en el 2016.

Juan Jesús Ortiz

Nace en La Habana, el 2 de julio de 1943. Primer solista y coreógrafo del Conjunto Folklórico Nacional de Cuba, a quien se deben obras como «Wemilere», «Descarga» y «La rumba te llama», entre otras.

Julián Valdés, Chamba

Se dice que Chamba introdujo la rumba en las comparsas del carnaval habanero en los años 1940-44. En 1941, La Sultana arrolló con Chamba en la tumbadora y Chano Pozo con Los Dandys. Algunos afirman que fue también el primero en instalar una academia de rumba en 1938. El primer ballet cubano de temática social, Antes del Alba, 1947, está muy relacionado con Chamba. Este reconocido rumbero del cabaret El Faraón entraba sigilosamente en los salones de Pro Arte Musical para enseñar, principalmente, a Alberto Alonso los pasos de la columbia y otros ritmos populares que luego el coreógrafo reinterpretaba en la danza. En este ballet asumía el rol protagónico Alicia Alonso, la música era de Hilario González y la escenografía de Carlos Enríquez.

Julito Acosta

Reputado tamborero. Participó en el Festival Internacional de la Rumba Timbalaye 2012, celebrado en Roma, Italia.

Julio Blanco Leonard

Compositor, bailarín, actor y coreógrafo. La Habana, 16 de febrero de 1909-17 de enero de 1982. Escribió más de trescientos títulos en variados géneros, y entre ellos rumbas y congas. Se inició como bailarín de la compañía Habanarte-Criollo, cuya orquesta fue dirigida por Obdulio Morales. También figuró en la Manhattan Black Melody y con la jazz-band The Golden Rain, bajo la batuta de Arturo Núñez. Participó en el filme *Rumba en televisión*. Sus composiciones se utilizaron en *Yo soy el héroe* (Cuba); *La realidad de un sueño* (USA), que protagonizó la actriz Bette Davis; *El recuerdo de tus labios*, con Esther Williams, (USA); *Suba y baja*, (México) con Cantinflas, y *Un golpe de suerte*, (México). Fue Marcelino Guerra, quien musicalizó la mayoría de las obras de Blanco Leonard. Entre las más conocidas están «Vooda Moon», «Enlloró», «La clave misteriosa», «Batam». El tema de la comparsa El Alacrán, «Tumbando caña» fue musicalizado por Santos Ramírez.

Julio César Lemoine

Habanero, percusionista de Yoruba Andabo, agrupación con la que lleva dieciséis años. Participó en el disco premiado con el Grammy *La rumba soy yo* y en casi todas las grabaciones del grupo. Ha realizado giras por Inglaterra, Francia, Austria, Venezuela, México, Columbia, Martinica.

Julio Collazo

Percusionista y cantante. Nació en La Habana, 1925. Creció dentro de la religión yoruba y se distinguió como alumno de Pablo Roche. Collazo trabajó en agrupaciones de rumba y en comparsas del carnaval. Desde la década del cincuenta se radicó en Nueva York, donde divulgó las raíces de la música cubana. Ha trabajado con la compañía de danzas de Katherine Dunham y las orquestas de Tito Puente, Mongo Santamaría, Eddie Palmieri y Xavier Cugat. Colaboró con el Son Bachiche, de Steve Barrios. Dirigió el Conjunto Folclórico Cuba, en New York. El artista falleció el 5 de marzo de 2004 en la ciudad neoyorkina.

Julio Dávalos

Tamborero. Ha enriquecido con su discurso la música afrocubana y, en especial, la rumba. Perteneció al Conjunto Folklórico Nacional. Aparece en el filme La última rumba de Papá Montero (1991). Ha participado como profesor en festivales como el de Salsa en Freiburg, Alemania.

Julio Embale

Nació en La Habana el 20 de abril de 1928. Desde adolescente se sumó a los toques y rumbas de la barriada de Jesús María, compartió con sus primos Los Pellos y con Calixto Callava. Integró el grupo de guaguancó de su hermano Carlos, con el que hizo numerosas grabaciones dentro de esa variante de la rumba.

Justiniano Barretto, Justi

Nacido en La Habana, el 14 de noviembre de 1923. Compositor y percusionista. Sus éxitos como autor comenzaron en 1941 cuando Benny Moré con la orquesta de Pérez Prado le grabó «Rabo y oreja». Barreto creó su propia orquesta en Nueva York, donde se radicó. Actuó como bailarín con

Yolanda Montes, Tongolele, y con Tin Tan, en el filme *Al son del mambo*. Barreto, (Usagare mutanga), compuso las obras: «Batanga», «Batanga II», «Changó tá vení», «Encantado de la vida», «La Chola», «Que te pasa», «José», «Un verano en Nueva York» y «Yényere Cumá», entre otras. Entre sus discos figuran: *Changó Aragua*, Apareció el Rey, *Guaguancó 69* y *Comparsas Cubanas*. En un guaguancó narra la historia de su vida: *Yo soy pobre amaliano/ digno de considerar/ Desde pequeña niñez/ estuve pobre amaliano en grado tercero/pero un día adiviné que solamente era rumbero/ Entonces cuenta me di/ que la rumba callejera/ esa la canta cualquiera/. No es por miedo, ni temor / yo te juro por mi honor/ que fui dejando esa bacha/ ahora escribo una guaracha/ y la cobro como autor.* Filmografía: *Rayito de luna, Callejera, Al son del mambo y En cada puerto un amor.*

Juan Bautista Castillo

Fue llamado El Rey de la Jiribilla por lo bien que bailaba esta variante de la rumba. Se destacó en Santiago de Cuba como coreógrafo y folclorista y participó en el grupo de investigación que dio a conocer las danzas afrohaitianas-cubanas. Brilló en su papel de Papá Legba en la *Fiesta del Tambor Assator*, montaje del bailarín y coreógrafo Jorge Lefebre, con el Royal Ballet de Walloni y artistas santiagueros. En 1989, Juan Bautista fundó la compañía folclórica Kokoyé, que hoy tiene su sede en la sala Baroco del complejo cultural Rogelio Meneses, en Santiago de Cuba. Hay un documental sobre la vida de Juan Bautista.

Juan de la Cruz Echemendía

Nacido en Sancti Spíritus en 1864. Fundador en 1899 del club o sociedad La Yaya. Viajó a La Habana para ejercer el oficio de carpintero y formó parte de la clave El Prestigio, del barrio de Jesús María. Miembro de la sociedad secreta abakuá, creó a su regreso a Sancti Spíritus coros pequeños de rumbas espirituanas o pasacalles. Falleció en 1935.

Juan Eduardo Castillo

Bailarín y percusionista de la compañía folclórica Kokoyé, en Santiago de Cuba.

Juan Enrique Chacón

Canta, baila y toca todos los géneros de la rumba, que cultivó desde niño. Nació en La Habana, el 2 de febrero de 1959. Ha alternado con agrupaciones como Los Muñequitos de Matanzas y Obbaguché de Cienfuegos, entre otras. Actualmente pertenece a la nómina de Afroamérica.

Juan José Gárciga

Nació en el barrio de Los Sitios, el 24 de junio de 1914. De oficio carpintero, desde pequeño se aficionó a la rumba con el toque de tambores. Trabajó en La Habana en el cabaret Kursar, donde conoció a la pareja de rumberos Tunta y Mingo, con quienes viajó a Panamá y de nuevo a la capital cubana para tocar en Tropicana. En 1956 se estableció en México, donde acompañó principalmente a Tongolele, al bailarín Ébano y a las cubanas María Antonieta, Ninón Sevilla y Rosa Carmina. Gárciga hizo grabaciones con Lobo y Melón, Leo Acosta, Welfo, los hermanos Rigual y Yeyo y Cané. Actuó en varias películas mexicanas. Falleció en 1997.

Julio Ochoa

Percusionista, nacido el 15 de enero de 1964. Dirige el grupo Agüiri-yo, que se ha presentado en programas estelares de la TV y en numerosas actividades artísticas. Realizaron una gira por Venezuela.

Justo Marino García, Marino

Tres dos en Yoruba Andabo. Participó en el documental *Quién baila aquí. La rumba sin lentejuelas*. Discografía: *El callejón de los rumberos*. DVD: *Rumba en La Habana*.

Julio Richard

Coreógrafo y bailarín de rumba. Nació en La Habana, 1903. Su verdadero nombre era Julio Pons. Como pelotero fue cátcher del Lomas Tennis e incluso tuvo contrato en Estados Unidos con los Cubans Stars. Bailó con Carmita Ortiz y por las décadas del veinte y treinta, se les consideró la mejor pareja de rumba. Se dice que él comenzó como bailarín en el bataclán de Rimini. En 1926 viajó a Puerto Rico con la bailarina Carmita Ortiz, con quien había debutado en el Strand. En 1928 brillaron en el Palace de París junto a Rita Montaner. Luego actuaron en clubes nocturnos de Panamá, Venezuela, Puerto Rico, Chile, Argentina, Uruguay, Nueva York... Además, se presentaron en escenarios de Europa. En 1934 debutaron en la Compañía de Zarzuelas de Cuba, en el Martí, donde Richard hizo varias coreografías. Tuvo también otras parejas como Olga Negueruela, Teté Torres, Luisita Alfonso, Kiki Wilson y Amalia Aguilar, la última que bailó con él. Al casarse Carmita con el cómico Alberto Garrido, Richard se unió a Elsa Valladares y actuaron en México junto a Cantinflas. El bailarín cubano fue director coreográfico de la Cadena Nacional de Espectáculos, creada en 1943 por Amado Trinidad. En Estados Unidos trabajó como coreógrafo y bailarín en el cabaret Havana-Madrid. Una de sus superproducciones más importantes fue la de *Congo Pantera*, en Tropicana. Falleció en 1945.

Julio Sotolongo

Tumbador. Habanero, nacido en el barrio de Los Sitios, el 8 de febrero de 1976. En la actualidad trabaja como percusionista en Agüiri-yo, agrupación con la que ha hecho grabaciones. Antes estuvo con Clave y Guaguancó y Osamelli. Participó en Timbalaye, 2012.

Juan Mesa, Juan Bosco

Matancero y uno de los grandes conocedores del complejo de la rumba. Cantó con el Lírico Melodioso y fue fundador de Los Muñequitos de Matanzas, donde llevó la voz guía.

Justo Betancourt, el mulato

Cantante nacido en Matanzas, 1940. En su ciudad natal integró un conjunto de guaguancó y formó parte del conjunto Club. En la década del sesenta se radicó en Nueva York, donde fue cantante de la Sonora Matancera. Grabó con Johnny Pacheco, Ray Barreto y Eddie Palmieri. Cantó también con la Fania y creó su agrupación La Borincuba, en San Juan, Puerto Rico. Su amplia discografía incluye: *El explosivo, Los Dinámicos, Pa' Bravo yo, El que sabe, sabe, Justo Betancourt Vol.1; Lo sabemos, Ubane* (junto a Mongo Santamaría), *Distinto y Diferente, Presencia, Lo mejor de Justo Betancourt, Leguleyo, no, Justo Betancourt Vol II, El Bravo de Siempre* y *Mató* para el sello El Paso, que incluye el número «El lema del guaguancó». Él ha expresado: «No creas que porque canto es que me he vuelto loco. Canto porque el que canta dice mucho y sufre poco».

Justo Pellado

Nació el 9 de agosto de 1940, en Matanzas. Desde joven se destacó en la rumba. Integró grupos como Nilonillé, Araokó y Yímbula. En el Conjunto Folklórico Nacional brilló como bailarín y percusionista de distintos géneros. Fundó en 1992 la agrupación Afroamérica, que recorre distintos géneros de la música folclórica y, entre ellos, la rumba. Es un referente de nuestra música por la participación de cuatro mujeres en el grupo, donde algunas asumen los batá. Justo ha desplegado una importante labor en el Instituto Superior de Arte, ISA, en la enseñanza de la percusión.

Krumba

Rumbera que tuvo destaque por la década del sesenta en los cabarets de la famosa Playa de Marianao en la etapa en que brilló Chori. Ella se presentó con varios conjuntos de los que allí tocaban.

Laura Díaz

Bailarina, cantante y coreógrafa. Nació en La Habana, 24 de agosto de 1959. Ha trabajado en cabarets como Tropicana, Parisién, Internacional de Varadero y hecho giras por Italia, España, Francia. Fundadora de la agrupación J.J. Perteneció a Rumbachá. Actualmente, forma parte de la agrupación Ofumladdé.

Lázaro Galarraga

Habanero. Maestro de la percusión. Notable cantante de la música sacra afrocubana. Graduado de la Escuela Nacional de Arte. Figuró en la nómina del Conjunto Folklórico Nacional de Cuba. Ha hecho giras por distintos países. Aparece en el filme *La Rumba*, de Óscar Valdés. Grabó con varias agrupaciones como Ofrécete. Se estableció en Los Ángeles, Estados Unidos, en 1982.

Lázaro Rizo

Habanero. Nació el 17 de diciembre de 1945. Cantante y percusionista y especialista en el catá, ha integrado la nómina de varias agrupaciones de rumba como Sicamarié, Los Textiles, Coro Folclórico y las agrupaciones de Carlos Embale, Tata Güines, Pancho Quinto, Rapsodia Rumbera y Rumberos de Cuba. Realizó giras artísticas por México, Curazao, República Dominicana, Bulgaria y Japón. Composiciones: Lenguasa (guaguancó). Grabó los discos *Carlos Embale y sus rumberos, Pasaporte; En el solar de la Cueva del Humo, Yyabakuá, Habana de mi corazón, Aniversario, Cuando los espíritus bailan mambo* y *La rumba que no termina*.

Lázaro Ross, Osha Niwe

Reconocido akpwón, quien nació en La Habana, 11 de mayo de 1925. En su juventud fue barrendero, lechero y hasta vendedor de pollos. A los trece años comenzó a cantar y a bailar la rumba en cuanta fiesta se presentaba. Aprendió los primeros cantos con Otilia Mantecón, y luego se convirtió en la gran figura de la música que fue. Conocido por Osha Niwe, Santo de la manigua, fue fundador del Conjunto Folklórico Nacional. También trabajó en espectáculos del Departamento de Folklore del Teatro Nacional. Fue cantante y bailarín en numerosas obras como *Rumbas y comparsas, Yorubá, Yorubá-iyesa, Alafín de Oyó, Palenque, Arará.* Intervino en los filmes *Historia de un ballet,* 1961, *Osaín,* 1964. En dos ocasiones fue nominado al Grammy Latino; la primera, por *Yemayá* y la segunda por *Orisha Aye.* Participó en los discos del proyecto *Abbilona.* Compartió el escenario con figuras de relieve internacional como Carlos Santana. Obras: *Alafín de Oyó, libreto,* y *Arará.* Falleció, 8 de febrero de 2005, en La Habana.

Lázaro Yailer Ferrán
Cantante. Discografía: CD *Lázaro y los ambias del solar.* Grupo Suenan los cueros.

Leonardo Planche
Danza, coro y percusión. Intervino en el disco Déjala en la puntica, de Clave y Guaguancó, en 1996.

Leandro Laffita
Rumbero de Antillas, Holguín, de la agrupación Afro-rumba, que pertenece al movimiento de artistas aficionados. Participaron en *La rumba más larga* del Cubadisco 2008. Han hecho talleres de verano con la Escuela de Percusión Sol Drums de Toronto, Canadá, que ha visitado en varias ocasiones el municipio.

Lemay Quintero
Habanero, nació el 14 de marzo de 1991. Percusionista de Yoruba Andabo. Ha participado en las giras internacionales de esa agrupación y grabado el disco Espíritu de la rumba.

Leopoldina Sandrino
Nació en la calle Monte y Romay, en el barrio de Atarés. Junto a su esposo Ricardo Reinoso formó una admirada pareja en la comparsa Los Marqueses. Considerada una de las grandes rumberas, en el Parque del Tío Tom una tarja la recuerda.

Librada Quesada

Notable bailarina del Conjunto Folklórico Nacional, que se destacó en obras de esa compañía. Su discografía incluye la grabación de «Ilú Añá».

Lina Frutos

Una de nuestras primeras rumberas. Fue muy famosa por sus disertaciones de buena rumba... Trabajó en el Teatro Alhambra y su principal pareja fue Pepe Serna. Además, ella lo mismo se hacía aplaudir bailando una columbia que un guaguancó.

Lucio Ariel Angarica

Percusionista y cantante. Nieto de Nicolás Angarica. Nació el 13 de diciembre 1975 en La Habana. Ha estado con las agrupaciones Pinos Nuevos, Raíces Profundas, Yoruba Andabo, Piquete de Salsa Faride y el grupo O'Lloré. Actualmente, canta con Echú Alabbony.

Lino A. Neira

Habanero, nacido en 1951. Percusionista y musicólogo. Egresado de la Escuela Nacional de Arte, fue profesor de percusión en el Conservatorio Esteban Salas de Santiago de Cuba e instrumentista de las orquestas Sinfónica y de Música Moderna en esa capital. Dirigió espectáculos y coros en la República Popular de Angola. Se graduó de musicólogo en el Instituto Superior de Arte, ISA, donde fue jefe del departamento de percusión. Preside desde 1992 la Sociedad de Percusionistas de Cuba PerCuba. Autor de «Como suena un tambor abakuá».

Luanda Pau

Bailarina graduada de la Escuela Nacional de Arte, ENA. Ha cultivado los bailes afrocubanos y, en especial, la rumba. Ha viajado por Francia, donde se ha desarrollado como coreógrafa y profesora de danza.

Luis Chacón Mendivel

Cantante, bailarín y tamborero, nacido en Guanabacoa, y una de las más grandes figuras del complejo de la rumba. También es considerado uno de los mayores folcloristas de nuestro país. Muy jovencito se vinculó con los haitianos en sus asentamientos y con los viejos esclavos de los que asimiló sus legados culturales. Se aficionó a los batá, y aprendió su técnica directamente de Pablo Roche, Akilakuá. Estudió en la Escuela Experimental de Danza de Alberto Alonso. Además, amplió sus conocimientos con maestros como Tomás Morales, Luis Trápaga y Ramiro Guerra. El rumbero fue fundador del Conjunto Folklórico Nacional. A partir de 1960, dirigió varios grupos como Sicamarié. Aspirina como se le conoce a él y a toda familia, ha llevado su maravilloso arte a importantes escenarios del mundo, donde ha sido muy ovacionado. Ha tocado con la orquesta Jorrín y con Rumberos de Cuba. Discografía: *Cuando los espíritus bailan mambo, Dónde andabas tú Acerekó.* Filmografía: *La familia Aspirina*, de Jane Thorburn. DVD. *Rumbón tropical*, con Rumberos de Cuba.

Luis Embale
Habanero, nacido el 23 de enero de 1930 y fallecido en la capital cubana el 11 de junio de 1957. Amó apasionadamente la rumba que cultivó desde niño en los solares del barrio de Jesús María. Los que oyeron al malogrado cantante aseguran que tenía un timbre muy especial para interpretar el guaguancó, cuya música disfrutó con sus hermanos.

Luisa Dorticós Suárez
Nacida en Palmira, en las primeras décadas del siglo XX. Participó en las rumbas de cajón junto al Conde Bayona con quien estaba emparentada. Trabajó luego como profesional, principalmente, en la emisora RHC Cadena Azul, en la embajada artística de Amado Trinidad. La rumbera figuró en el filme *Yambaó* y se presentó en espectáculos junto a Jesús Pérez, Rita Montaner y Marcelino Guerra.

Luis Zayas Castillo, Quintín
Tamborero, conocido en Camagüey por el Rumbero Mayor del San Juan. Integró congas y comparsas y fue director de los Guaracheros de Puerto Príncipe. Una enorme conga lo acompañó al cementerio cuando falleció en el 2004 a la edad de setenta y tres años.

Mabel de la Caridad Dedeu
Nacida en la Habana, en 1973.Vocalista, bailarina y percusionista. Hija de Amado de Jesús Dedeu. Participó en el disco *Déjala en la puntica*, de Clave y Guaguancó. Antes estuvo como bailarina en la compañía Raíces Profundas.

Manuela Alonso, Cara de Caballo

Nació el 17 de junio de 1915, en La Habana. Una de las más notables bailarinas en la historia de la rumba; empezó en el arte desde muy joven dedicándose al guaguancó y al yambú. Fue figura principal de comparsas como Las Bolleras, que dirigió María Carballo y Los Componedores de Bateas. Se distinguió como pareja de Chano Pozo, durante la etapa en que este hacía demostraciones en la emisora RHC, Cadena Azul. Participó en *Tambó en Negro Mayor,* de Gilberto Valdés, uno de los compositores que exploró el universo de la música negra. La imagen de rumbera de Manuela ha quedado plasmada en los filmes *Yambaó, Romance del Palmar, Sucedió en La Habana* y *La bella de Alhambra.* Fundadora del Conjunto Folklórico Nacional, viajó por España, Francia y países africanos.

Manuel Martínez, el Llanero solitario

Cantante, bailarín y percusionista. Nació en la capital cubana el primero de enero del 1930. Comenzó a vivir las rumbas más sabrosas en el barrio de Cocosolo, en Marianao. Según sus biógrafos fue tanta la sed de aprender la rumba en su raíz, que viajó a Matanzas, donde bebió de los grandes conocedores del género. Músico callejero sería el inventor del nombre de guarapachangueo para denominar la rumba innovadora de Los Chinitos de la Corea. Manuel se estableció en Estados Unidos por los años ochenta. Fue uno de los fundadores del conjunto Chévere Makún Chévere. Trabajó junto a Orlando Ríos Puntilla y con el grupo folclórico Los Afortunados. Participó en el Festival de Folk de Filadelfia en 1986. Compuso canciones como «El amor es siempre joven» y «Ay, nena», y la dedicada a Benny Moré, entre otras. En 1985 grabó un disco con varios números, entre ellos los titulados: *Habana, De leguleyo no, Ya no hay sol, La loma de Belén, Benny Moré, Imbalaye* (columbia), *Igual como mago de Oriente, Keyé, Keyé...* Enseñó a varias generaciones que frecuentaban la peña rumbera de Central Park, en Nueva York. Falleció el 29 de enero del 2010, en un hogar de ancianos.

Mario Alán

Uno de los grandes conocedores del complejo rumba. Dirigió el conjunto Clave y Guaguancó y tuvo su grupo, bautizado con su propio nombre. La agrupación Clave y Guaguancó, de Alán, participó en el Primer Festival de Música Popular Cubana, en 1962, organizado por el musicólogo Odilio Urfé. Aparece en el documental *La herrería de Sirique,* de Héctor Veitía.

Manuel del Pino, el Moro

Cantante de rumba; primero, formó un dúo con Amado de Jesús Dedeu, que se convirtió en el cuarteto Aché al unírseles Guillermo Triana y Lázaro Rizo; con Luis Chacón Aspirina la agrupación se convirtió en quinteto.

Manuel López, Maño

Desde muy joven cultivó distintos ritmos afrocubanos y, entre ellos, la rumba. Su primera actuación fue por la década de 1950 en la RHC Cadena Azul. Este cantante grabó piezas del género rumbero como la titulada «Oye, mi rumba» con la orquesta de Ernesto Lecuona. Maño tocaba distintos instrumentos y tuvo éxitos en Hollywood. Intervino en la música de los filmes *Cuba, canta y baila*, rodado en 1951 y ese mismo año en *La renegada*. Además, participó en *Honor y gloria* o *La vida de un ídolo*, de 1952 y en *La Única*, de igual fecha. El también compositor y arreglista integró la revista musical *La Calle*, del cabaret Montmartre, junto a Benny Moré, Mimí Cal y Rita Montaner, entre otros. En su momento de mayor popularidad viajó por distintos países de Europa como España en 1956.

Marcelino Teherán

Vivió en Estados Unidos y se destacó como timbalero en el Cotton Club, en Broadway, en las décadas del treinta y cuarenta. Fue tamborero de la pareja de Estela y Papo. Al regresar a Cuba luego de una larga estancia en Nueva York trabajó en los cabarets de la zona de las fritangas en Marianao hasta que estos dejaron de existir por la década del sesenta. Se cuenta que Teherán sostuvo una constante rivalidad con El Chori; esos mano a mano eran muy aplaudidos por el público.

Mario Angarica, Papo

Nació el 18 de Julio de 1942, en el barrio de Jesús María, La Habana. Se aficionó a la rumba desde el pupitre de la escuela, y aprendió la técnica del tambor con su padre Nicolás Angarica, por lo que creció en el ambiente religioso. Buen conocer de la cultura yoruba, de los tambores batá, de los bembé, los agwes, y los arará, Papo estuvo en varias comparsas y fue quinto de La Jardinera. Ha trabajado en cabarets y teatros y también en la Escuela Nacional de Arte y se presentó con éxito en eventos internacionales. En el Festival de Percusionistas Latinoamericanos, celebrado en Cali, Colombia, obtuvo por su maestría inigualable el Gran Premio, entre más de treinta participantes entre los que participaban Cachete y El Nick de Puerto Rico así como Jairo Varela, director de El Niche y Pelusa, de Colombia. Ha estado con varias agrupaciones musicales como Los Bosucucos y la llamada Ifá. Director de la orquesta Son Yoruba grabó varios discos para la Egrem, entre ellos el CD *Osun Lozun* en el que participó el famoso apkwón Lázaro Ross, que incluye toques y cantos a Oshún, Elegguá, Changó y otras deidades. El rumbero falleció en el 2005.

María Antonieta Pons

A esta habanera se le considera la rumbera por antonomasia; sería ella la iniciadora de este estilo en la cinematografía mexicana. A los dieciséis años contrajo matrimonio con Juan Orol, quien la dirigió en el filme *Siboney*, rodado en 1939. Apareció en *Cruel destino, Los misterios del hampa, Embrujo antillano, Casa de perdición, El ciclón del Caribe, La hija del penal, Konga Roja, Toda una vida, Pasiones tormentosas.* María Antonieta interpretó *Rumba abierta*, de Juan Bruno Tarraza, en el filme *Flor de canela*, de 1957. Alcanzó fama por su popular número de la rumba con escoba, que ninguna otra pudo imitar. La artista falleció en el 2004, a los ochenta y dos años en México, donde realizó casi toda su carrera artística.

Mario Arenas

Cantante con un variado repertorio dentro de la rumba. Participó junto a Carlos Embale en el guaguancó México, popurrí de canciones de ese país que Mongo Santamaría grabó para el fonograma *Nuestro hombre en La Habana*. Del gran Agustín Pina, *Flor de amor*, Mario interpretó la pieza «El mondongo».

María Carballo

Disfrutó de las rumbantelas en el barrio de Los Sitios, donde fundó la comparsa Las Boyeras, con la colaboración de Nieves Fresneda y Manuela Alonso. La comparsa recreaba a las bolleras capitalinas que en su fogoncillo y freidera vendían tortillas, frituras y toda clase de manjares criollos. La agrupación salió en la década del treinta.

María Isabel Landa, Chavela

Insuperable rumbera con mucha gracia para bailar. Se considera que fue la primera mujer en crear una agrupación de rumba de cajón. Integra la nómina de Rumba Vieja.

Maria Luisa Carballo, Cuquita

Nació en La Habana, el 19 de agosto de 1922. Comenzó su carrera de rumbera en el circo Santos y Artigas. Espectacular bailarina se presentó en el Shanghai, teatro habanero, radicado en Zanja, en espectáculos para hombres solos. Ella también actuó en *shows* del cabaret Sierra y en el Bambú Club. Fue de las artistas que durante la Segunda Guerra Mundial entretenían con sus interpretaciones a los soldados norteamericanos internados en un hospital en Florida, Estados Unidos. Convertida luego en popular *vedette* viajó por países de América Latina. Aparece en las películas *Pasaportes para un ángel* y *El Millonario*. Falleció en 1988.

María Monterroso

Rumbera, que interpretaba con gracia el número «Boquita azucarada». En 1941 viajó a Tampa con la Compañía Cubana de Comedias. Intervino en el filme *Hitler soy yo*, dirigido en 1944 por Manolo Alonso.

María Teresa Linares

Reconocida profesora e investigadora de la música cubana. La Habana, 14 de agosto de 1920. Estudió en el Conservatorio Municipal y fue integrante de la Coral de La Habana, entre 1938 y 1947. Ha sido profesora del Conservatorio Amadeo Roldán y ofrecido cursos en la Escuela de Verano de la Universidad de La Habana. Durante años trabajó en el Instituto de Etnología y Folklore de la Academia de Ciencias. Autora de Ensayo sobre la influencia española en la música cubana, El sucu sucu de Isla de Pinos, de La música popular y La música y el pueblo. Trabajó en la Empresa de Grabaciones y Ediciones Musicales. Egrem.

Mario Carballo

Percusionista. Tocador de bongo. Perteneció al septeto Bellamar, de Arsenio Rodríguez. Fue también bongosero en el Septeto Nacional de Ignacio Piñeiro, donde hizo varias grabaciones y, entre ellas, la del popular número Bururúm Barabá para la casa discográfica Egrem.

Mario Jáuregui, Aspirina

Nació el 22 de julio de 1932, en Guanabacoa. Valioso percusionista, bailarín y cantante. A los siete años fue alumno de Pablo Roche, Akilakuá, reconocido como el más grande tamborero de batá en Cuba. Mario tocó con el grupo de Alberto Zayas. Participó en las conferencias demostrativas de Fernando Ortiz y Argeliers León. Fundador del Conjunto Folklórico Nacional, realizó giras por varios países con esta agrupación. Ha figurado en otros grupos como Aspirina Guaguancó, Oba Ilú, Rapsodia Rumbera y Rumberos de Cuba. Su discografía incluye: *Toques y cantos de santos. Volúmenes 1 y 2*: Conjunto Folklórico Nacional (música Yoruba), *Santería*, con Obá Ilú; *La Rumba es cubana. Su historia*; *Rapsodia Rumbera*, Chamalongo, *Cuando los espíritus bailan mambo, ¿Dónde andabas tú, Acerekó? Y Tributo a Gonzalo Asencio. Tío Tom 1919-1991.*

Mario Muños Salazar, Papaíto
Legendario percusionista y cantante a quien la rumba le fluía por las venas. Rumbeó de lo lindo en Marianao, donde nació en 1925. Trabajó en distintas agrupaciones como la de René Álvarez y Enrique Jorrín. Su consagración mayor fue en la orquesta Sonora Matancera. Viajó por numerosos países e incluso se presentó en África. Falleció en junio del 2000.

Mario Quintín
Bailarín. Nació el 6 de diciembre de 1966 en La Habana. Ha pertenecido a Los Pinos Nuevos. Integró el grupo Alafia. Ganó el Primer premio en el Wemilere de Guanabacoa, 1992. Hizo estudios con Emilio O'Farrill. Estuvo también con el Conjunto Folklórico Nacional de Cuba. Actuó en el 2012 en Timbalaye, en Roma.

Mario Rivera, Mayito
Percusionista, cantante, compositor y arreglista. Nacido en Pinar del Río, 19 de enero de 1966. Estudió percusión en la Escuela Nacional de Arte, ENA, y en el Instituto Superior de Arte, ISA. Fue en estas escuelas donde aprendió verdaderamente lo que es la rumba con las enseñanzas de El Goyo y Justo Pelladito. Tocó el bajo con el grupo Moncada y por veinte años fue la voz líder de la orquesta Van Van. Su prodigiosa voz está en el CD *La rumba soy yo*, que obtuvo Grammy Latino como Mejor Álbum Folclórico. Tiene un disco en solitario *Llegó la hora*, nominado al Grammy anglosajón en la categoría de Álbum de Salsa y Merengue. Participó en *La rumba del siglo*, nominado al Cubadisco 2012. Mayito quien ha sabido fusionar el son con la rumba, grabó placas con la orquesta Van Van e hizo numerosas giras al extranjero con esta famosa agrupación. En su filmografía está el documental *Rumberos*.

Mario Fernando Rodríguez, Maño

Percusionista, vocalista y compositor. Reconocido especialista en arará. Autor de varias piezas y, entre ellas, la titulada «Tonada guaguancó para Celina».

Mario Villata

Tresero, nacido en La Habana, el 4 de marzo de 1951. Aprendió la rumba, pues fue criado en Guanabacoa, precisamente en el barrio donde viven Los Aspirinas. De niño, participó en la agrupación Patakín. Fue bailarín del Conjunto Folklórico Nacional. También estuvo con Los tradicionales de Carlos Puebla, Estrellas de Chocolate, Chappottín, Compañía JJ y fue director musical de la comparsa de la FEU.Toca diversos instrumentos tres, percusión, trompeta china y canta. Pertenece a Afroamérica.

Marina Sánchez

Nació el 5 de noviembre de 1920 y falleció el 14 de agosto del 2002. Perteneció al Grupo Folclórico de Alberto Zayas. Integró el Coro Folklórico Cubano en 1954 junto a Carlos Embale, Cheo Marquetti y Estela Rodríguez, entre otros. Luego, ella dirigió esa agrupación.

Marino Márquez, el gordito

Extraordinario luthier matancero, que se ha especializado en construir instrumentos de percusión para famosas agrupaciones rumberas como Los Reyes del Tambor, Afrocuba, Los Muñequitos... En la década de 1950, fabricó los primeros cajones que usaron Los Muñequitos, según contara a la musicóloga Cary Diez. Este hombre de 94 abriles fue estibador en el puerto de Matanzas, donde conoció a los fundadores de esa agrupación como Saldiguera, Virulilla y Florencio Calle, con esos grandes músicos viajó por toda la Isla, incluida la Sierra Maestra. Sus tambores y otros instrumentos de música, que atesoran la calidad de las verdaderas obras de arte, pueden encontrase en muchas latitudes del mundo: Estados Unidos, Tokío, España, Italia y hasta se pueden apreciar en algunos museos.

Margarita Ugarte

Habanera. Nació el 3 de septiembre de 1930. Primera bailarina del Conjunto Folklórico Nacional de Cuba, y una de las más reconocidas intérpretes de los bailes tradicionales cubanos. Tuvo gran destaque como demostradora de danzas yoruba y, en especial, de la rumba.

Mary Esquivel

Bailarina, actriz y cantante cubana. Formó parte del último grupo de rumberas del cine mexicano. Se casó con el director de cine Juan Orol y protagonizó varias películas: *Sangre en la barranca, Bajo el manto de la noche, El duende y yo Tahimí, la hija del pescador, Adiós, Ninón, Los Santos Reyes, Duelo en la cañada y Plazos traicioneros.* Falleció el 30 de junio de 2007 en México, donde residía.

Martha Galarraga, Martica

Nació en 1969, en La Habana. Cantante. Hija de Lázaro Galarraga, uno de los más grandes akpownes cubanos. Ella, fue miembro del Conjunto Folklórico Nacional con el que realizó giras al exterior. Vive en el extranjero. Su voz se escucha en *Santería*, con Obá Ilú, del Goyo y con la agrupación Afrekete, de Javier Campos.

Matías Calle

Tocador y bailador de yambú, junto a Anselmo Calle fue uno de los organizadores del coro La Lirita, en el barrio matancero de Simpson. Se dice que fue la primera organización de ese tipo en el lugar.

Maximino Duquesne, el Moro Quinto.

Tamborero y cantante. Excelente rumbero y especialista en bembé y güiro. Nació en 1939, en el barrio marginal de La Cueva del Humo y luego vivió en otro: Las Yaguas, ambos en La Habana. Fue miembro del Coro Folclórico Cubano y fundador del Conjunto Folklórico Nacional. Ha tocado también con Los Tercios Modernos, Grupo de Carlos Embale, Grupo de Tata Güines, Rapsodia Rumbera, y Rumberos de Cuba. Su amplia discografía incluye: *Rapsodia Rumbera,* Iyabakua con Afrekete, *La rumba es cubana. Su historia, ¿Dónde andabas tú, Acerekó?, Cuando los espíritus bailan mambo y Tributo a Gonzalo Asencio. Tío Tom 1919-1991.*

Mayda Limonta

Notable rumbera que desarrolló su arte principalmente en el cine y el cabaret. Conocida como La perla negra de Cuba, fue figura estelar de las producciones de Tropicana y en los hoteles Riviera, Nacional, Habana Libre y el Internacional de Varadero. Se formó con los coreógrafos Alberto Alonso y Luis Trápaga. También bailó con Tomás Morales. Paseó su arte por Europa y América. Hizo un cortometraje musical con Los

Papines. Trabajó en los filmes *Para quién baila La Habana, Aventuras de Juan QuinQuín* y *Cecilia*. Además, participó en la cinta polaca *Tras las huellas de Adán*.

Mercedes Álvarez

Compositora, quien junto a Florencio Hernández compuso el guaguancó «Chambeleque», grabado por Carlos Embale y el titulado «Préstame el quinto».

Mercedes Romay

Según consigna el *blolg* Cancionero Rumbero, ella es la autora de composiciones grabadas por Alberto Zayas con el Guaguancó Afrocubano como «Tata Perico», «El yambú de los barrios» y la titulada «Congo Mulenze» con Lulú Yonkori. Junto a Jesús Pérez y los batá de Isupo Irawo acompañaron a Merceditas Valdés en el disco *Cantos Afrocubanos*. Su hermana Juanita con la que antes formó dúo, también perteneció a la coral de Lulú Yonkori.

Michael Gálvez

Cantante y bailarín, quien tiene buena experiencia rumbera. Dirige la agrupación matancera Los Reyes del Tambor fundada en 1988. Actuaron en *La Rumba más larga de Cuba*, 2008. Han realizado presentaciones en diferentes peñas en la Isla y giras internacionales que los han llevado a Dinamarca, España y Francia.

Miguel Ángel Díaz, Angá.

Uno de nuestros más destacados innovadores en la percusión. Nacido en San Juan y Martínez, Pinar del Río, 15 de junio de 1961. Graduado de la Escuela Nacional de Instructores de Arte. Se le consideró el mejor conguero cubano de su generación. Perteneció a orquestas como Opus 13 e Irakere. Tocó en el disco *Pasaporte* junto a Tata Güines, que revolucionó la discografía cubana. Angá hizo grabaciones con Orlando Valle, Maraca, Jesús Alemany, Roy Hargrove, Steve Coleman, John Patatuci, Cachaito y Gema 4. Grabó su disco *Echú Mingua* en el que además intervienen Babba Sissoko, Magic Malik y Chucho Valdés. En Barcelona, donde se radicó fundó la agrupación Angá Fusión Brasil MPB Jazz Cubano en la que contó con el guitarrista brasileño Daniel Pinheiro. El afamado percusionista usó el cajón, sobre todo, en su trabajo con su compatriota, el pianista Omar Sosa. El Príncipe Angá, como se le llamó, ofreció clases magistrales en el

Festival Pirineos Sur. Hizo giras por Nueva York, Montreal, Londres, París y Tokio. Falleció el 9 de agosto del 2006, en Barcelona.

Miguel Ángel García

Licenciado en Comunicación Social. Estudios de Antropología en la Universidad de Sevilla. Ha dirigido diversos proyectos culturales como el de Afrokuba. Apasionado del género creó el proyecto Rumba Vieja para hacer rumba a la antigua. Estudioso de las religiones afroamericanas produjo el documental *Asere* (cantos, bailes y celebraciones públicas de algunas importantes cofradías abakuá.) Hizo la producción musical del proyecto fonográfico *Tributo* (viejos cantos matanceros a Olokum y Odduá) Promoción y realización del Proyecto IX Festival de las Artes Negras Cuba-Benin con el grupo portador Ojundegara y en homenaje a la sacerdotisa Miguelina Niña Baró. Otros audiovisuales: *Tras la huella de los ararás*, Majino-Arará, Acaró, Casita de San Lázaro en Agramonte y *Conversando con un dinosaurio viviente: Gilbert Rouget, padre de la etnomusicología francesa*, exhibido en el simposio del Cubadisco 2014.

Miguel Ángel Mesa, Aspirina

Nació el 7 de junio de 1926 en el barrio de Cruz Verde, Guanabacoa. Lo llamaron El Caballero de la Rumba. Posee una singular voz de ricos matices alabada por los conocedores del género. Hizo actuaciones en distintos escenarios como el cabaret Tropicana. Se ha presentado con Clave y Guaguancó, Rapsodia Rumbera, Conjunto Folclórico Irawo, de Guanabacoa, Rumberos de Cuba y Conjunto Todo Rumbero. Se dice que cantó la columbia más larga, que duró 45 minutos. Ha grabado *Rapsodia Rumbera, La rumba es cubana. Su Historia, ¿Dónde andabas tú, Acerekó?, Tributo a Gonzalo Asencio. Tío Tom. 1919-1991.*

Miguel Ángel Terán

Buen rumbero y creador de Los Columbianos en Guantánamo. A este músico se le dedicó el Primer Festival de la Rumba en esa provincia, celebrado en el 2011.

Miguel Bernal Nodal

Percusionista que ha trabajado con el Conjunto Folclórico Cumbayé y con Raíces Profundas. Ha ofrecido clases de percusión en universidades norteamericanas. Discografía: *Drum Jam, Caramelo y It's heaven/ sumise.*

Mimí Cal, Nananina

Se llamaba Manuela Cal y fue bailarina, actriz y comediante. Nació el 12 de enero de 1900 en el pueblo de Regla. Muy joven se dedicó a la danza y se destacó especialmente como rumbera. Los que la vieron afirmaban que poseía una manera muy especial de bailarla e incluso se llegó a considerar que su rumba era la más sugerente de aquella época. Luego, debutó como actriz en los *shows* de Arquímides Pous e integró la compañía de Ernesto Lecuona, donde participó en reconocidas obras del autor. Hizo dúo con el negrito Manuel Colina. Ella se desarrolló como comediante y trabajó en espacios estelares de la TV cubana. Luego con su esposo Leopoldo Fernández, Trespatines, fue figura principal del programa La tremenda corte. Hizo mucha televisión en Cuba, donde fue conductora del programa *Detrás de la fachada*. Incursionó en el cine y falleció en Miami en 1978.

Miguel Chappottín Batista

Cantante de son y rumba. Hermano del trompetista Félix Chappottín y padre de otro reconocido rumbero: Chapo. Miguel Chappottín fue uno de los fundadores de la popularísima comparsa de Los Dandys. Falleció en Nueva York.

Miguelina Baró

Rumbera de Matanzas, descendiente de esclavos y conocedora de las manifestaciones folclóricas. Con noventa años aún cantaba y bailaba y era el alma de Ojumdegara, conjunto de aficionados, que cultiva entre otras manifestaciones el arará y el yoruba. Ojumdegara viajó a Venezuela y participó en *La rumba más larga del mundo*, dentro del Cubadisco 2008.

Miguelito Valdés. Mr. Babalú

Cantante y percusionista. Nació en La Habana, 6 de septiembre de 1912. Uno de los cantantes cubanos de mayor repercusión en Estados Unidos. Se movió en los ambientes rumberos de los barrios habaneros de Cayo Hueso y Belén. En esa etapa arrolló en las comparsas del carnaval. Inició su carrera artística con el Sexteto Habanero Infantil. Alternó en sus inicios su vida de músico con el oficio de mecánico automotriz y además participó en los combates que organizaba entre los vendedores de periódico el diario La Noche. Fue miembro del Sexteto Occidente, de María Teresa Vera, del septeto Jóvenes del Cayo, de la charanga de Ismael Díaz, la Orquesta Gris y fue uno de los fundadores de la orquesta Casino de la Playa, con la que realizó giras al extranjero. Trabajó con la Riverside y viajó a Estados Unidos, donde actuó con la orquesta Siboney, primero, y luego con Xavier Cugat. Hizo grabaciones con Machito y sus AfroCubans. Con su hermano Oliverio, Miguelito tuvo su propia orquesta. De regreso a La Habana, se presentó en la RHC con su amigo Chano Pozo. Fue conocido por Mr. Babalú por su creación de la pieza de Margarita Lecuona, que lo hizo muy popular. Miguelito, quien disfrutó en su juventud las fiestas rumberas creó un estilo peculiar en la conga. Brilló con su interpretación del número A Malanga. Llevó varios tamboreros cubanos a Estados Unidos, entre ellos, a Chano Pozo, de quien Miguelito grabó algunas de sus composiciones con diferentes orquestas: con la Casino de la Playa: «Blen blen blen», «Guagüina Yerabo», «Sangafimba»; Riverside, «Anana Boroco Tinde»; Xavier Cugat, «Blen blen blen»; Machito, «Nagüe» y «Zarabanda». Participó en las películas *Bailando nace el amor, Mi reino por un torero, Suspense; Panamericana, Acapulqueña, Copacabana, Mientras el cuerpo aguante, Canción para recordar* y *Nacido para amarte.* La obra autoral de Miguelito es poco conocida, pero creó boleros muy hermosos como «Tristezas», «Dolor cobarde», «Ya no alumbra tu estrella», «Loco de amor» y «Letargo». En afro compuso: «El Cabildo» y «Mi Tambó». Además el mambo Mondongo. Falleció en Bogotá, Colombia, el 6 de noviembre de 1978.

Miguel Urbina, Miguelito el Blanco
Excelente rumbero, que sobresalió como bailarín del Conjunto Folklórico Nacional de Cuba, donde participó en varias de sus más conocidas obras.

Milán García
Tamborero, nació en 1939, Santiago de Cuba. Aunque estudió trompeta siempre se inclinó por el tambor. Conocer el sonido del batá de Carlos Aldama lo maravilló, y se adentró en los estudios de Fernando Ortiz. Tocó mucha rumba especialmente en Guantánamo. Hizo con Enrique Bonne una grabación que se llamó *Bembé, chequeré y batá.* Escribió un libro sobre técnicas y ritmos del batá referente a los toques de La Habana y Matanzas.

Modesto Durán
Percusionista, que se estableció en México. En su juventud, su casa en la calle Florida entre Vives y Puerta Cerrada, en La Habana, fue famosa por las rumbas que allí se formaban bajo la égida de su madre. Tocó en

los discos de famosos tamboreros y, entre ellos, en los de su compatriota Mongo Santamaría como los titulados *Yambú y Mongo*.

Nancy Rodríguez

Una de las mejores cantantes de la música afrocubana. Ha hecho varias grabaciones y, entre ellas, el disco *Homenaje a Jesús Pérez*.

Natalia Herrera

Vedette, actriz y rumbera. Nació en 1923, La Habana. Estrella naciente de la Corte Suprema del Arte. Aprendió a los siete años a bailar la rumba con los tocadores en el Parque de Trillo, pues su familia era de Cayo Hueso, y, luego, como artista incorporó el género a sus actuaciones, tanto como cantante como bailarina. También cultivó la música afro y, en Regla, aprendió de las mamachanas, que eran las santeras más viejas. Viajó por América Latina y fue vocalista de la orquesta de Xavier Cugat. Trabajó en programas estelares de la radio como *Rincón Criollo*, y fue fundadora de la TV. Actuó en los filmes *Recuerdos de Tulipa, Zafiros, locura azul, Divas por amor, Las profecías de Amanda*, entre otros. Falleció en el 2018.

Natividad Calderón

Nació en La Habana, 25 de diciembre de 1962. Procede de una familia de rumberos y dirige el proyecto comunitario Echú Alabbony, que incluye talleres para niños; muchos jóvenes de su actual agrupación provienen de esta cantera. Con trece años de fundado tiene el audiovisual *La rumba no va a morir* y la grabación *En el patio de mi casa*. Natividad mantiene una peña, muy visitada. El grupo se ha presentado en Timbalaye, el Palacio de la Rumba, El callejón de Hammel, Patio de la Rumba y en la peña del Ambia en la Uneac.

Nicolás Valentín Angarica

Nació el 16 de diciembre de 1901, Perico, Matanzas. Excelente conocedor de la percusión, la santería y el abakuá. Aprendió el lucumí y se crió en el central España; de joven fue arriero. Autor de obras fundamentales como *El lucumí al alcance de todos, El dialecto yoruba-arataco* y *El Manual del Orihaté*. Falleció en 1974.

Ninón Sevilla

Rutilante estrella de la pantalla mexicana e integrante de lo que se ha calificado como cine de rumberas. Nacida en La Habana, 10 de noviembre 1926. Se llama realmente Emelia Olimpia Castellanos y, desde adolescente, arrollaba detrás de las comparsas del carnaval. Se presentó en un concurso radial de la CMQ y obtuvo el premio por su interpretación de *El limpiabotas*. Debutó como bailarina en el Teatro Martí, donde hizo pareja con el rumbero Horacio. En México, donde fijó su residencia, trabajó con la compañía de Libertad Lamarque. La filmografía de Ninón es amplia: *Carita de Cielo, Perdida, Víctimas del Pecado, Revancha, Club de Señoritas...* Protagonizó *Aventurera*, que fue una gran atracción, con Agustín Lara. En su patria, ella rodó *Mulata* y *Yambaó*. Ninón recibió en México, un Ariel por *Noches de Carnaval*.

Nikia S. Scull

Cantante y bailarina. Nació el primero de enero de 1977. Ha pertenecido a varias agrupaciones y, entre ellas, Olorum Oriki y Tata Güines Jr. En la actualidad está en la nómina de Agüiri-yo.

Obdulio Morales

Habanero, 7 de abril de 1910-9 de enero, 1998. Tocó saxofón, violín, piano, percusión, y fue un importante investigador de las células rítmicas de la música africana. Integró varias orquestas como Hermanos Martínez, La Elegante, de Paulina Álvarez, Havana Jazz Band y Los Melódicos. En 1938 fundó el Coro Folclórico de Cuba con Esther Valdés, Isolda Pedroso, Nelia Núñez, Candita Batista, Merceditas Valdés, Trinidad Torregrosa..., que luego cambió el nombre por el Conjunto Coral Sinfónico Folclórico de Cuba. Ilustró conferencias de Fernando Ortiz. Musicalizó *El milagro de Oshún* y estrenó su famoso espectáculo *Batamú*, con una compañía formada por artistas negros. Hizo música para los filmes *Sucedió en La Habana, Romance del palmar, Siete muertes a plazo fijo, Rincón criollo, Yo soy el hombre, Tin Tan en La Habana* y *Yambaó*. Fue director musical del Conjunto Folklórico Nacional con el que realizó numerosas giras. Entre las obras más populares de este compositor se encuentran: *Conga conguea, Ecué, Enyoró, Fantasía abakuá, Juana Bacallao, La culebra, Qué malo son Mundele, Rogación y bembé, La rumba y la guerra* y *Negro, tambor, rumba y bongó, Sube espuma, Yambaó y Yemayá*, entre otras muchas. Es autor del *afro Rumba Omelenkó* grabó en 1955 el disco *Ñáñigo*, con canciones negras de varios autores como Moisés Simons, Eliseo Grenet, Ernesto Lecuona interpretados por la contralto Ruth Fernández, de Puerto Rico.

Odalys Flores, Leisi
Destacada rumbera que participó en el DVD *Rumbambeo* de Santiago Garzón.

Ofelia y Pimienta
La pareja de bailes de Ofelia y Pimienta viajó con la orquesta Habana Casino de Justo Ángel Azpiazu a Estados Unidos, es posible que esta sea la primera agrupación en llevar una pareja de rumba a ese país, donde se presentaron el 26 de abril de 1930, en el Palace Theater de Nueva York.

Olga L. Embale
Nació en 1926, en el barrio habanero de Jesús María. Gozó las timbas con sus hermanos, todos rumberos. No solo confeccionó parte del vestuario de Los Dandys de Belén, sino que también bailó en esta comparsa. Cantó en el coro del Cabildo junto a Merceditas Valdés.

Onay González
Bailarín. Nació el 20 de julio de 1985, en La Habana. Ha sido profesor y coreógrafo del proyecto para niños de Natividad Calderón Durante tres años participó en la comparsa Los Marqueses de Atarés con la que viajó en el 2007 a Venezuela. Con Echú Alabbony ha bailado en *La rumba no va a morir* y en la grabación de *En el patio de mi casa*. También es un destacado bailarín de Los Timberos. Participó en el video clip de Manolito Simonet y su trabuco titulado *A mi Habana*.

Orestes Vilató
Famoso percusionista nacido en Camagüey, 13 de mayo de 1944. En su juventud disfrutó de las rumbantelas en su barrio. Ha pertenecido a varias agrupaciones: la charanga de Fajardo, el grupo de Ray Barreto en la Fania All Stars. Percusionista de estudio con Lionel Hampton, Thad Jones y Mel Lewis así como el violinista Alfredo de la Fe y el cantante Roberto Torres en Dimensión Latina. Colaboró con otros grupos en Estados Unidos, donde se radicó. Creó su grupo Los Kimbos, con figuras estelares, entre las que sobresalían Héctor Lavoe y Rubén Blades. Fue muy importante

su colaboración en Nueva York con el percusionista cubano Armando Peraza, en la formación del rockero Carlos Santana. Trabajó en la orquesta Batachanga, de Jon Santos y Machete Ensemble. Entre sus grabaciones más importantes está la realizada en 1992 con el percusionista cubano Changuito. La más reciente producción de este influyente percusionista se titula *It's about time.*

Orlando Contreras

Nació en Palma Soriano, Oriente, el 22 de marzo de 1930 y falleció en Medellín, Colombia, el 9 de febrero de 1994. Como cantante se unió al trío de Arty Valdés, a las orquestas de Neno González, Casino y Musicuba. Posteriormente, inició su carrera como solista que le dio mucho éxito en el bolero. Hizo un disco con Daniel Santos. En su juventud, Orlando dirigió la agrupación de rumba Los Africanos e hizo grabaciones de ese género como el famoso guaguancó «A ti na má».

Orlando Lage Bouza, Palito

Fue quinto de Los Muñequitos y percusionista en Yoruba Andabo. Ha hecho varias giras internacionales. En octubre del 2007 se presentó con Yoruba Andabo en Toronto, Canadá. Ha participado en varias grabaciones como Rumba en La Habana, con esa última agrupación. Documental: *Quién baila aquí. La rumba sin lentejuelas.*

Orlando López, el Bailarín.

Por su estilo es uno de los más connotados rumberos. Hijo de Manuela Alonso. Orlando nació el 9 de agosto de 1934 en La Habana. Se destaca fundamentalmente en la rumba columbia. Perteneció al Conjunto Folklórico Nacional y formó parte del grupo Oru, de Sergio Vitier. Ha actuado con otros conjuntos como Wemilere y Rumberos de Cuba. Elegante en sus movimientos, tiene una participación activa en el Patio de la Rumba, en el Gran Palenque. Participó en el 2012 en el Festival Internacional Timbalaye, celebrado en la capital italiana. Discografía: *Santería* con la agrupación Wemilere. Filmografía: *In Cuba they are still dancing.*

Orlando Mengual, Orlandito

Procede de una dinastía rumbera: Los Papines. Se crió en esa rica atmósfera de sonoridades cubanas. Nacido el 16 de diciembre de 1969, desde pequeño, se aficionó a la percusión. Graduado en 1988 en la Escuela Nacional de Arte, ENA. Trabajó en el Conjunto Artístico de las FAR. Integró las agrupaciones Sonoridades y Los Papincitos, con esta última viajó a Japón con el espectáculo *Noche Tropical*. También tocó con Van Van, Pachito Alonso y los Kini Kini y actualmente pertenece a la Charanga Habanera.

Orlando Ríos, Puntilla

Tamborero y cantante. Nació en La Habana, 1947. Maestro del batá y reconocido rumbero, se le consideró una eminencia en el conocimiento de los cultos afrocubanos. Fue profesor en la Escuela Nacional de Arte, ENA. En Cuba, integró varias agrupaciones. Se estableció en Estados Unidos cuando el éxodo del Mariel, y allí se radicó. Músico ecléctico experimentó con sonoridades que enriquecieron y actualizaron la rumba. Tocó con la orquesta de Chico O'Farrill y participó en las sesiones vanguardistas de Kip Narran. Discografía: *De La Habana a Nueva York*, 1981; Daniel Ponce, en Nueva York; *Puntilla y Nueva Generación*; *Totico y sus rumberos*; *Santísimo*; *Santísimo Ritual, Rumba en el Central Park* con Eddie Bobé; *Calle 54*; *Tributo a Gonzalo Asencio. Tío Tom.1919-1991*. Falleció en Estados Unidos, en el 2008.

Oscar Calle

Nació en Matanzas en 1898. Compositor, pianista y director de orquesta. Actuó en París y otras ciudades europeas. Autor de «Invitación a la rumba», ¡Ay, mamá! y Loes rumba.

Oscar López

Cantante que entre los distintos géneros que cultivó estuvo la rumba, de la cual hizo grabaciones. Habanero, nacido el 6 de mayo de 1918. Por 1935, cantó en distintas orquestas: Obdulio Morales, Arcaño y sus Maravillas, Cosmopolita y con la Habana Casino, grabó *La rumba y la guerra*, de Obdulio Morales. Viajó con la compañía de Ernesto Lecuona a Argentina en la década del treinta. Se presentó en Estados Unidos y en Ciudad de México y, finalmente, se estableció en Francia. Actuó en los filmes *Amores de un torero, María la O, Mujer de Tánger y Yo soy el hombre*.

Oscar Valdés, hijo

Cantante y percusionista de primera línea. Nació en La Habana, 1937. Especialista en los tambores batá y la construcción de estos y los abakuá y chequerés. Estudió tímpani en el Conservatorio Alejandro García Caturla.

Acompañó al trío que integraron Estela, Litico y Mario. Trabajó con las orquestas: la de CMQ, la Sinfónica de Rafael Somavilla, la Banda Gigante de Benny Moré, entre otras. También perteneció al Coro del Ejército Rebelde. Muy importante fue su paso por la Orquesta Cubana de Música Moderna. Como cantante y percusionista, estuvo en el grupo Irakere, de Chucho Valdés, que obtuvo premio Grammy. Formó el grupo Diákara. Ha impartido conferencias en la Universidad de Francia. Viajó por varios países. Obras: «Lo que arrebata», «La verdad» y «Luisa.

Oscar Valdés, padre, el Abuelo reloj

Notable percusionista. (1912-2003). Habanero, de la estirpe de músicos de los Valdés. Oscar figuró en las orquestas Septeto Nacional de Ignacio Piñeiro (el segundo) y Cauto. Viajó a México en 1945 con la orquesta de Alfredito Valdés. Fue uno de los fundadores de la Orquesta de Música Moderna. Hizo giras por varios países.

Osiel Poey

Percusionista, nacido en La Habana, el 4 de febrero de 1978. Se formó en la rumba a los doce años con Natividad Calderón. Participó con Echú Alabbony en el DVD *La rumba no va a morir* y en la grabación *En el patio de mi casa.*

Osiris Hernández

Bailarina de la agrupación matancera Afrocuba. Hace además coros y es cantante solista de algunos números como «Sigue bailando mi amor».

Pablito y Lilón

Pablo Duarte se inició con el Trío Los Relámpagos, en La Habana. Formó pareja con Georgina Fernández, conocida en el ambiente artístico por Lilón. Se distinguieron bailando la rumba y otros ritmos de la Isla. Formaron parte de la compañía del maestro Ernesto Lecuona y se presentaron en numerosos escenarios: el 22 de noviembre de 1940 debutan en el Teatro San Martín, de Buenos Aires. Con Lecuona intervinieron en la puesta *La Tierra de Venus*, en el Teatro Esperanza Iris de la capital mexicana; la coreografía fue de Jorge Harrison. En el DF también alternaron con el cubano Kiko Mendive establecido en la capital mexicana. Pablito, rumbero de Jesús María, le montó a la bailarina Tongolele la coreografía para el número «Tabú». El bailarín junto a Lilón se presentó en México y en

Nueva York con sus compatriotas, los tamboreros Mongo Santamaría y Armando Peraza. La agrupación fue llamada Los Diamantes Negros. En Nueva York, en un arranque de celos Pablito mató a Lilón y luego se suicidó. El suceso causó consternación entre los cubanos residentes en la Gran Manzana. La bailarina era hermana de la actriz y cantante Candita Quintana. Benny Moré le rinde homenaje a la pareja cuando los nombra en su famosa pieza «Rumberos de ayer».

Pablo López, Pablito

Una de las figuras más queridas en Sagua la Grande es Pablito López de la Paz, cantador y bailador de rumba. Zapatero de oficio, se ha convertido en un gran exponente del género. Se caracteriza por bailar hasta con siete cuchillos. Considerado como el alma de la rumba en la llamada Villa del Undoso es posible verlo dando buenas disertaciones de esta ritmática en barrios como Pueblo Nuevo y Villa Alegre. Con cincuenta y cuatro años encima, ha ganado premios en varios festivales de la rumba. Integrante y promotor del Grupo Folclórico Leiti Elewá.

Pablo Mesa, Papi

Nació en Matanzas en las primeras décadas del siglo XX. Por Simpson y La Marina se le vio alegre tocando rumbas callejeras o piezas clásicas como «El chisme de la cuchara» o «Tierra de Hatuey». Integró varias agrupaciones de rumba. Fundador de Los Muñequitos, donde fue tumba-salidor.

Pablo Padilla

Hijo de Ramón Padilla y Blasa Vigil. Pablo fundó en 1952 el grupo rumbero Awe, en Nueva Paz, más conocido por el Güiro de Padilla. A la muerte de Pablo lo dirigieron Bienvenido Pedroso y Víctor Tarafa.

Pablo Roche, Akilakuá

Habanero y uno de los más reputados tamboreros, quien fue conocido por Akilakuá, brazo poderoso. Nacido a fines del siglo XIX, falleció alrededor de los años cuarenta del siglo XX. Hijo del famoso tamborero Andrés Roche, que percutió los tambores de origen africano en el pasado siglo. Formó toda una generación de excelentes tamboreros.

Paquita «La bella» Romero

Con este nombre se dio a conocer en 1907 esta bailarina, quien protagonizó el filme La Rumba, del cual actualmente no existen copias. Ella intervino en otros cortos musicales.

Pascual Herrera

Compositor. Autor de varias rumbas, entre las que se destacan el guaguancó «La Habana Vieja», grabado por Los Papines en *Retorno a la Semilla* y «La columbina», que Los Papines llevaron al disco en *Fantasía en ritmo*.

Pedro Abayí, Papucio

Notable rumbero, con solo trece años, que integró la agrupación matancera Guaguancó Neopoblano, dirigida por Minini, y luego nombrada Afrocuba.

Pedro Almeida, Tatá

Cantante y tamborero. Ha figurado en las agrupaciones Clave y Guaguancó, Iroso Obba y Rumberos de Cuba. Su discografía incluye *Déjala en la puntica*, Clave y Guaguancó; *Noche de la Rumba*, Clave y Guaguancó; *¿Dónde andabas tú, Acerekó?*, *Rumberos de Cuba*; *Cuando los espíritus bailan mambo*, *La Rumba que no termina*, Clave y Guaguancó. Participó en el DVD *Rumbón Tropical*, de Rumberos de Cuba. Su hermosa voz borda rumbas en el disco Patrimonio de la agrupación Iyerosun.

Pedro Celestino Fariñas

Uno de los más brillantes rumberos. Nació el 27 de febrero de 1943, en el barrio habanero de La Timba. Ha pertenecido a las agrupaciones Los Muñequitos de Matanzas, Rumboleros, Ventú Rumbero, Yoruba Andabo y Ecué Tumba. Cantante y bailarín tiene un buen repertorio de rumbas y es un excelente improvisador. Conocido como El príncipe de la diana, trabaja como maestro de folclor en el Ballet de la Televisión Cubana. Formó parte del proyecto Rumba Vieja. Participó en el Festival Internacional Timbalaye, 2012 en Roma. Discografía: *Fariñas, el rumbero* y *Rumba en el Callejón de Hammel*. Ha filmado: *¿Quién baila aquí? La rumba sin lentejuelas*, *Yo amo a María* y *Maldito solar*.

Pedro Pablo Collazo

Percusionista, nacido en el Cerro, 1962. Ha tocado con varias agrupaciones, y, entre ellas, Habana Rumba.

Pedro Izquierdo, Pello el Afrokán

Percusionista, nacido en La Habana, en 1933. Durante su etapa de rumbero trabajó con distintas agrupaciones como Las Estrellas Amalianas. En 1945, se presentó con sus hermanos Gilberto y Roberto, en el Teatro Martí. Creó el ritmo Mozambique, combinación que incluye distintos ritmos: rumba abierta, columbia, el bonkó enchemiyá, el ekón de los abakuá, el redoblante de la conga, entre otros, y que causó furor entre los bailadores. Con su grupo, Pello el Afrokán viajó por Nicaragua, Costa Rica, Colombia, Ecuador, Argentina, Brasil, México, y Nueva York y actuó en el Carnegie Hall. Otras presentaciones fueron en escenarios de Bélgica, España, Polonia, Unión Soviética, Japón y la RDA Hicieron sensación en París con el Gran Music Hall de Cuba. Entre las composiciones de Pello, figuran Camina como cómico, Ileana quiere chocolate, María Caracoles y Mozambique n.°1.

Pedro Lugo, el Nene

Una voz respetable dentro de la música cubana. También excelente quinteador. Nació en La Habana el 15 de agosto de 1960. Figuró en las comparsas La Jardinera y en Los Marqueses de Atarés. Fue cantante de las orquestas Monumental, Chappottín y de Jóvenes Clásicos del Son. También se presentó con Clave y Guaguancó y trabajó como músico con Tata Güines. Su voz se escucha en uno de los CD del proyecto Abbilona. El Nene canta el tema «Háblame de la rumba», en el CD *La rumba soy yo*, con sentimiento Manana, Vol II, del sello Bis Music. Participó en el CD *Para siempre Embale*, junto a otros reconocidos músicos. Actualmente, tiene su propia agrupación Son del Nene con la que grabó el disco *Mi deseo*. Uno de sus discos más recientes es el titulado *Me faltabas tú*, en el que vocaliza el tema homónimo de José Antonio Méndez.

Ramona Ajón, Estela

Habanera. Popular rumbera que comenzó en la compañía infantil de Roberto Rodríguez. Aprendió la rumba en la escuela de la calle. Formó pareja con René y debutaron en el Chateau-Madrid; con posterioridad fueron las estrellas del Edén Concert. Trabajó intensamente en Estados Unidos y México. Actuaron en 1936, en la película *Tierra Brava*, donde Estela baila y dialoga con Joaquín Pardavé. También aparecen en *México lindo* y *Another thin man* y se presentaron con el Septeto Nacional en la Feria de Chicago. Con René se hizo aplaudir en el Cotton Club de Broadway.

A la muerte de este bailarín, se unió a Papo para bailar en el Havana-Madrid, de Broadway, en un espectáculo centralizado por Rita Montaner y dirigido por el coreógrafo Sergio Orta. Estela actuó en otros filmes, entre ellos *Mamá Gloria*, de Olinda Bozán. Con Chiquito Oréfiche hizo una gira con los Lecuona Cubans Boys por toda Sudamérica; por cierto, que ella bailó en tiempo de rumba el motivo español «Andalucía», en un número que se hizo muy popular. Además, durante su exitosa trayectoria formó pareja con Litico.

Pedro Martínez, Pedrito

Cantante y tamborero, nació en la barriada habanera de Cayo Hueso. Cultivador de rumba y yoruba. Posee amplios conocimientos del folclor afrocubano, los toques de santos, los tambores batás. Estuvo con las agrupaciones Oba Ilú, Ventú Rumbero y el Grupo Wemilere. Realizó una gira por Estados Unidos con Jane Bunnet y se estableció allí en 1998. Se unió al tamborero cubano Román Díaz, de quien mucho aprendió. Ha tocado los diferentes estilos del latin jazz. Durante su trayectoria ha trabajado y compartido el escenario con figuras como Wynston Marsalis, Paul Simon, Bruce Springsteen, Arturo O'Farrill, Sting, Gonzalito Rubalcaba, Lady Gaga…En su discografía se encuentran: *Rumba en el Central Park* con Eddie Bobé; *Chamalongo, Montvale Rumba*, y *Calle 54*. Junto a Román Díaz y Ángel Guerrero, Pedrito creó el CD *Ecobio Enyenisón*, en el que utilizan melodías de los Ekpe, de Calabar, en África para mostrar sus conexiones tanto espirituales como culturales con los abakuá, también la música abakuá con el *jazz*. En el 2000, Pedrito recibió el primer premio en el Thelonius Monk Institute. En su tercer disco de nueve temas, titulado *Habana Dreams*, Pedrito es líder de un cuarteto que integraron Jhair Sala, Edgar Pantoja y Álvaro Benavides. Su grupo que brilla por su virtuosismo se ha presentado en importantes festivales de jazz. La actuación de este gran artista está presente en el documental *Calle 54*. Posteriormente, Fernando Trueba y Nat Chediak realizaron el proyecto Rumba de la Isla, en el 2013, donde códigos del flamenco son llevados al complejo rumbero de manera creativa. Participan figuras del flamenco, bataleros y cantantes cubanos. Una de las obras más interesantes del fonograma es *Homenaje a Camarón*, composición escrita por Román Díaz y el propio Pedrito, iniciada con música de un himno ñáñigo y que concluye con una rumba de altura.

Pedro Menocal Arteaga, el Tigre

Nacido en 1919, en la barriada de Cocosolo, en Marianao. Excelente rumbero que cantaba, tocaba la percusión y bailaba. Estuvo en varias agrupaciones y, principalmente, con el folclórico Afrocubanos, en la ciudad de Cárdenas. Falleció en 1955, en La Habana.

Pedro Menocal, el Bumbo

Percusionista y bailarín. Nació en el barrio Las Yaguas, La Habana, el 23 de abril de 1950. Fue percusionista en Afrocubanos, de Cárdenas. Formó parte de La Tahona, de Chavalonga. En 1971, se incorpora al grupo folclórico Cumbayá, dirigido por José Oriol Bustamante. Ha tocado en las comparsas Los Componedores de Bateas, Las Boyeras y La Sultana. Trabaja como especialista de danza en el Instituto Superior de Arte, ISA. Director de Rumbachá.

Pedro Pablo Tápanes, Pello

Notable tamborero, nacido el 29 de junio de 1942. A los trece años empezó a tocar con Los Tambores de Chachá, en Matanzas. Uno de los cultivadores del batarrumba, que mezcla los toques batá con otras polirítmicas enriqueciendo el espectro sonoro. Antes estuvo con Guaguancó Poblano, Grupo Afrocaribeño, Los Milagrosos y Lukumí Oba. Dirige el grupo folclórico Obba Niqué.

Pedro Poey

Cantante. Nació en Matanzas en 1936. Ha integrado grupos de rumba callejera y en distintos periodos perteneció a Clave y Guaguancó y Rumboleros.

Pedro Salazar

Nació en La Habana, 19 de octubre de 1957. Empezó a tocar a los nueve años y fue alumno de Pancho Quinto. Miembro de la Comparsa Transporte Agropecuario. Ha tocado en los grupos de Arte Popular de Tito Junco, y en Yoruba Andabo.

Peky Pérez, el Peky

Buen conocedor de folclor cubano y uno de los más relevantes bailarines de rumba, especialista en el yambú. Formó pareja con Angelita en Clave y Guaguancó en sus primeras etapas.

Rafael N. Pujada, el Niño

Nació en el barrio matancero de Simpson en 1940. Cantante y compositor. Desde pequeño se aficionó a la música Figura imprescindible de Los de Los Muñequitos de Matanzas desde 1976. Composiciones. «Yo vine pa'ver». Discografía: *La rumba soy yo II, Con sentimiento Manana*.

Ramiro Pedroso

Excelente tamborero batá. Es de la familia de Lázaro Pedroso y de Amelia Pedroso.

Ramoncito Castro, Manos de seda

Reconocido percusionista que fijó su residencia en México. Tocó en filmes de rumberas junto a Silvestre Méndez, su compatriota. Ramoncito también fue conocido como El eléctrico del bongó, por los maravillosos solos que hacía con ese instrumento.

Ramón García, Sandy

Nacido en 1970 es uno de los más jóvenes percusionistas de Matanzas. Con solo doce años trabajó en el grupo matancero Afrocuba.

Ramón Padilla

Ramón, casado con Blasa Vigil, ambos descendientes de lucumí y congo, respectivamente, creó el primer grupo de güiro de la Sociedad Afrocubana o Cabildo de Congos Virgen de Regla, en el barrio de Nueva Paz, que luego daría nacimiento a la agrupación rumbera Awe.

Ramón Torres

Habana, 1964. Periodista e investigador ha escrito interesantes artículos sobre la rumba. Autor de dos esclarecedores libros *Relación barrio-juego abakuá en la ciudad de La Habana* y *La sociedad abakuá y su influencia en el arte*. Además del titulado *La sociedad abakuá y el estigma de la criminalidad* en colaboración con Odalys Pérez.

Ramón Pérez, Sandy

Percusionista que formó parte de Afrocuba en Matanzas. Ha participado en festivales de jazz en Cuba y otros países.

Ramsés Charón

Bailarín de la agrupación Yoruba Andabo con la que ha realizado giras al exterior. También ha impartido clases del género.

Raúl Cárdenas, el Yulo

Tumbador. Nació en 1947 en la capital cubana. Desde muy joven se aficionó a las timbas rumberas en los barrios habaneros. Sus inicios profesionales como tumbador fueron con la orquesta Fascinación. También perteneció a Los Jóvenes del Filin, Novedades y a la Charanga de Elio Revé. En 1969 pasó a Los Van Van, de Juan Formell. Se destaca por su contribución a la base rítmica de esa popular orquesta; participó en la creación del songo al mezclar en los toques de la tumbadora el guaguancó y el son. Fue miembro de NG, Nueva Generación, dirigida por José Luis Cortés. El Yulo falleció en La Habana en 1999.

Raúl Díaz

Nacido en 1915. Tamborero zurdo, amplio conocedor del folclor de origen congo y abakuá; se inició en los secretos de la lengua del tambor con Pablo Roche. Díaz fue uno de los más reputados tocadores litúrgicos y en especial, del batá; estaba a cargo del iyá. Lo llamaban Omó Ológun «hijo de la hechicería». Trabajó como informante de Fernando Ortiz, e ilustró sus conferencias. En una vieja foto de una orquesta batá que aparece en el libro *De la música Folklórica de Cuba*, están Raúl Díaz, Giraldo Rodríguez y Trinidad Torregrosa. El padre de Raúl fue un luchador por la independencia cubana.

Raúl de la Caridad González, Lali

Nació en La Habana el l4 de enero de 1949. Tocador de tumbadora y batá. Ha pertenecido a las agrupaciones Estrellas de Guaguancó, (fundador), Raíces Profundas, Wemilere, Alafia, Ero Ayé, Aché, Caracol, Clave y Guaguancó, Omo de Akokán, Alejo y sus muchachos, Wemilere de Jonas Bombarlé, Cuarteto Adagio, Orquesta América y tiene su propio grupo. Entre sus composiciones se encuentran «Deja la guara», «Elegía para Alfredo», «La rumba no es como ayer», «Público oyente», «Tumbaíto», «El dicho que no he dicho», «Las cosas de la vida». Discografía: *Cantaremos y bailaremos, Lali All Star, Ensalada Musical, Ritmo y Humo, Popurrit Picaresco* (Homenaje a Evaristo Aparicio, El Pícaro). Filmografía: *Los últimos gaiteros de La Habana, A través de los años* con el grupo Layé y Clave y Guaguancó y *Música Irakere*, de Melchor Casals.

Raúl Travieso Rodríguez

Percusionista. Hermano del mítico tresero y compositor Arsenio Rodríguez. Hizo importantes grabaciones con notables músicos en Estados Unidos.

Regino Jiménez

Tamborero. Integró distintas agrupaciones como Danza Moderna de Cuba, además, tocó con el Grupo Oru, Sonoridad de Gonzalito Rubalcaba y la Orquesta Sinfónica Nacional. Participó en el disco *Homenaje a Jesús Pérez* y en el proyecto cultural Ilú Aña, disco en el que colaboraron Amelia Pedroso, Librada Quesada, Fermín Nani y José Pilar Suárez. Ilustró conferencias en The Banff Centre for the Arts, Alberta, Canadá. Regino falleció el 18 de julio del 2005.

Reinaldo Limonta

Percusionista y cantante habanero, nacido en 1997. Ha estado con distintas agrupaciones como Ma'Tomasa y sus piquininis. En la actualidad figura en Echú Alabbony.

Reinier Sarria

Cantante, bailarín y percusionista, nacido en Cienfuegos. Dirige Rumbalay. El fuerte de la agrupación es la rumba, aunque también hacen yoruba, congo (este último es ejecutado con instrumentos de percusión nativos de la provincia de Cienfuegos como la caja o tambor de palito). Por su calidad, el grupo obtuvo la beca que patrocina Timbalaye.

René Martínez

Nació el 2 de agosto de 1961 en La Habana. Cantador de rumbas y percusionista. Dirigió el grupo folclórico Aché-Illá. Autor de «África tiene congos».

René Rivero Guillén

Nacido en Cárdenas por los años treinta, inició una admirada pareja con la célebre rumbera Estela y en La Habana actuaron principalmente en el Edén Concert. Según datos de Rosa Marquetti en su *blog* Desmemoriados, como ambos eran menores, adoptan los nombres y apellidos de sus respectivas madres para poder viajar a Tampa y luego participar en la Feria

Mundial de la Exposición de Chicago. Triunfaron. Hicieron un breve viaje a La Habana y regresaron a Nueva York. Luego, la gira a México, donde en 1938, filman tres películas: *Tierra Brava*, *México lindo* y *María*. Estados Unidos los espera. Se radican en la Gran Manzana, esta vez con Pedrito Hernández, tamborero casado con Estela. La pareja de bailarines actúan en el filme *Another thin man*, en 1939, brillan en otro evento mundial: la New York Word's Fair. Ellos muestran la verdadera rumba cubana con todo el sabor que la caracteriza. No los abandonan los aplausos en sus presentaciones en el Cotton Club de Broadway, el teatro Cervantes, el Yumurí, La Conga, el Ugambi Club…René, el creador de un estilo de baile, el hombre que hizo famoso el baile del tornillo, regresa a Cuba muy enfermo y con solo veinte y cinco años fallece en 1941.

Reynaldo Delgado, Flecha
Percusionista y bailarín. Nació el 4 de agosto de 1968. Tuvo entre sus maestros a grandes del género como Luis Santamaría, Luis Chacón, Ricardo Jáuregui. Comenzó a bailar a los doce años con el grupo Cumbayé. Perteneció también a Olorum. Está radicado en el extranjero donde se ha destacado como maestro de nuestro folclor.

Reynaldo Hernández
Nació en La Habana, 1959. Hijo de El Goyo. Buen rumbero y excelente maestro de la percusión. También cantante y bailarín. Conoce los géneros de la música cubana y del folclor. Ha actuado con los grupos Casino, Mulemba y Candomble a Color, Papo Angarica, entre otros. Perteneció a la nómina del Conjunto Folklórico Nacional en 1980. Ha hecho numerosas giras por Francia, Italia, Martinica y Bélgica. Reside en Roma.

Reinaldo Reinoso
Cantante y tocador de rumba. Por muchos años fue figura principal de la comparsa Los Marqueses de Atarés. Además cantó con El Paso Franco y Los Roncos.

Reinaldo Savon, Montero
Una de las figuras conocidas de la rumba en Guantánamo. Exponente del género que cultivó desde joven en fiestas y peñas. Participó en el Primer Festival de Rumba en esa provincia oriental.

Ricardo Campos, el Chiqui

Rumbero de Yoruba Andabo. Participó en sus primeras grabaciones y en el audiovisual Quién baila aquí. *La rumba sin lentejuelas.*

Ricardo Carballo

El 7 de febrero de 1932 nació en La Habana. Percusionista que muy joven dirigió en el solar El África un grupo de guaguancó llamado La Estrella de Pueblo Nuevo. Participó en varias comparsas como Los Guaracheros. Trabajó como bongosero en el Conjunto Típico Habanero, tumbador de la orquesta de Julio Brito y de percusionista en el Conjunto Folklórico Nacional.

Ricardo Díaz

Percusionista y compositor. Nació el 9 de junio de 1926 en La Habana. De pequeño, se enamoró de la rumba cuando empezó a percutir en un cajón de bacalao. Por la década del cuarenta trabajó el género con los Riveros, Oscar Valdés y Juan Argudín. Ricardo creó numerosas rumbas para la comparsa El Alacrán. Sus obras han sido interpretadas por Celeste Mendoza, Los Papines, Pello, el Afrokán, Hermanos Bravos, Irakere… En la línea del guaguancó compuso: «Los 31 de Redención», «Mi redención», «Por modorro», «Al pan y al vino», «Allá en Manga Larga», «Doña Chana», «Acérquense» y «La historia de la corbata». De su inspiración nacieron las rumbas: «Como baila Tongolele», «Jugando al cubilete», «La alegre rumba cubana», «Lucha por televisión», «A golpe de mocha» o los «mambises del siglo XX», entre otras. También es autor de la popular pieza, bolero-guaguancó, «Ese atrevimiento».

Ricardo Gómez, Santa Cruz

Nació en La Habana en 1931. Cantante, bailarín, percusionista y profesor, actuó en importantes centros nocturnos como el cabaret Tropicana, y con grandes maestros como Trinidad Torregrosa y Jesús Pérez. Vivió su juventud en Atarés junto al Tío Tom y Chavalonga. Fue figura destacada en las comparsas Los Marqueses, La Jardinera y Los Dandys. Estuvo con el Conjunto Folklórico Nacional y en Danza Contemporánea; con esta última compañía apareció en obras emblemáticas como *Panorama de la Música*, *Suite Yoruba*, *Súlkary*, *Pájaro Dorado*, entre otras. Viajó por Francia, Noruega, Dinamarca, Finlandia y otros países. Participó en el disco *Homenaje, a la memoria de Jesús Pérez*. Ricardo, conocido como El Rey de la Columbia, fue llamado Santa Cruz por su estilo de bailar realizando gestos con sus manos y brazos que recuerdan la señal de la cruz. Autor de varias rumbas, entre ellas: «Yo tengo un cráneo contigo» y «Yo soy tuyo hasta la muerte». La obra de Ricardo como compositor está reflejada en el número Compa Galletano, en el filme *Calle 54*, de Fernando Trueba, que interpreta Orlando Ríos, Puntilla, junto a la agrupación Nueva Generación. Su voz y peculiar manera de bailar fue tomada para el filme de dibujos animados *Chico y Rita*, de Fernando Trueba y Javier Mariscal. El rumbero aparece en el audiovisual holandés *Raíces y Panoramas*. Falleció el 30 de julio del 2010.

Ricardo Jáuregui, Windo

Pertenece a la familia rumbera de los Aspirina. Brilló como bailarín en las obras del Conjunto Folklórico Nacional de Cuba.

Ricardo Llorca, Chacho

Nacido el 6 de junio de 1938, es una de las voces hermosas de Los Muñequitos de Matanzas, en cuyas giras y espectáculos ha participado.

Rito Ramón Ordoñez, Mongo el Villano

Cantante de Clave y Guaguancó en una de sus primeras etapas. Hizo grabaciones con esta agrupación rumbera.

Roberto Borrell

La sangre rumbera ha corrido por las venas de este tamborero, especialista en batá y música afrocubana. Fue miembro del Conjunto Folklórico Nacional. Director de la compañía Cubatá. Consagrado como Omo aña. Se instaló en Estados Unidos.

Roberto Maza

Cantante, que perteneció a varias agrupaciones rumberas, entre ellas a la de guaguancó llamada La Estrella de Pueblo Nuevo. Se hizo famoso con «El vive bien», de Alberto Zayas, que la disquera Panart, grabó en 1957; en contestación a este número que sonaba a todas horas en las victrolas y la radio del país, el músico Senén Suárez compuso «La sopita en botella», interpretado por Celia Cruz, y de la que se han hecho varias versiones. Entre otras grabaciones de Maza destacan «María la O Kuenda» y «Aquí entre las flores» y «La china linda». El malogrado cantante tuvo su propio grupo de guaguancó formado por Amado Dedeu, Lázaro Rizo, Guillermo Triana y Humberto Pluma. Cantó con Clave y Guaguancó. Falleció en 1960, a consecuencia de las heridas recibidas en una riña en un billar habanero.

Roberto Molina, el Tío

Bailarín y coreógrafo. Comenzó bailando en Tropicana en 1971. En 1978, ingresó en la compañía de Alberto Alonso. Dirigió los espectáculos del Hotel Comodoro y Playas del Este. Se ha presentado en los escenarios del Bolshoi, Moscú; Bellas Artes, México, y en el Rubén Darío, de Nicaragua. Creó el espectáculo *La rumba del siglo* con famosos tocadores, cantantes y bailarines de rumba, presentado en el teatro América.

Roberto Pascual Leal, Palillo

Percusionista y cantante formó parte de la nómina de Pello El Afrokán, desde su creación. Nacido en 1934, Palillo, como lo llamaban, falleció el 18 de marzo de 2012.

Roberto Salazar, Mosso

Se distinguió como rumbero en Santiago de Cuba. Formó parte del Ballet Folclórico de Oriente. En su ciudad se realiza el Festival de la Rumba Roberto Salazar Mosso.

Robelio Pérez, Yeyo

Uno de los fundadores y director de la emblemática agrupación Tambores de Bejucal, de gran significación en la música cubana. Interpreta expresiones de nuestro folclor como el complejo de la rumba con sus variantes y el mozambique y la conga. Tienen varios discos, el más reciente se titula *50 más 50*, grabado para la Egrem con producción de Emilio Vega. La placa incluye piezas como la versión del «Ave María», de Schubert interpretada por Bárbara Llanes, «Zapateo Ñáñigo» y «Mozambique número 1», entre otras. Si algo los caracteriza es el uso de las rejas y la campana que le da una sonoridad muy propia. Yeyo fue reconocido con los premios Nacional de Cultura Comunitaria en 2006 y de Honor Cubadisco 2016. Falleció a los ochenta y cinco años, en el 2016 en su natal Bejucal. En homenaje a ese fundador y a Pello El Afrokán se editará el CD *Yeyomozampello*.

Rodolfo Chacón

Nació en Cienfuegos, 8 de abril de 1957.Comenzó sus estudios en la Escuela de Iniciación Artística de la entonces provincia de Las Villas. Estudió la especialidad de guitarra con la profesora Clara Romero en la Escuela Nacional de Arte, ENA. Fue profesor de guitarra en la Escuela Fernando Carnicer. Graduado del Instituto Superior de Arte, ISA. Ha hecho la producción musical de los discos *Cantaremos y bailaremos* y *Rapsodia rumbera* con grandes cultores del género. Chacón creó en el 2002, la agrupación Rumberos de Cuba, que ha grabado los discos *Dónde andabas tú, Acerekó, La rumba me llama* y *Habana de mi corazón*. Su más reciente trabajo se titula *Del tambor a la conga* (DVD), filmado por el realizador Rolando Almirante.

Rogelio Ernesto Gatell, Gato

Nació en 1946, La Habana. Percusionista y cantante ha figurado en las varias formaciones rumberas como Clave y Guaguancó, Rumberos de Cuba, Grupo de Tata Güines, Obá Ilú, Afrekete, Conjunto Folklórico Nacional. Autor de «El Tio Tom», «Amigo», «Si te dijeran» y «Rumba con sentimiento». Discografía: *Déjala en la puntica, Rapsosdia rumbera, Tata Güines Aniversario, Santería, Chamalongo, Cuban Odissey, Ritmo mas Soul, Dónde andabas tú, Acerekó,* y *Tributo a Gonzalo Asencio Tío Tom*. Filmografía: *Rumbón Tropical*. Ha hecho presentaciones en escenarios de varios países como República Dominicana, Venezuela, México y Japón.

Rogelio de la Caridad García

Percusionista, cantante y compositor. Nació el 10 de febrero de 1942. Fue fundador de Estrellas del Guaguancó y de Habana Son, agrupación que dirigió el Chino Lam. Rogelio falleció el 5 de noviembre de 2009.

Rogelio Martínez Furé

Uno de nuestros más grandes folclorista, nacido el 28 de agosto de 1937. Investigador del Instituto de Etnología y Folklore de la Academia de Ciencias de Cuba. Uno de los fundadores, 1962, del Conjunto Folklórico Nacional de Cuba. Creador del popular espacio del Sábado de la Rumba en el patio de esa institución. Premio Nacional de Danza. Libretista de las obras: Congo, Rumbas y Comparsas, Abakuá, Palenque, Guateque, Oshún Oggún, Oyá, Baile de las chancletas y Comparsa Cabildo entre otras. Entre sus obras también figuran «El amor de la mulata» y «Te quiero así», «habaneras»; «Como cambia la gente», «guaracha», «Nada nuevo», 1980, ciclo de canciones inspiradas en la poesía anónima africana. Autor de «Poesía yorubá», «Poesía anónima africana», «Diván africano» y «Cimarrón de palabras» (descargas). Filmografía: *El aché de la palabra*, documental de Félix de la Nuez.

Rolando Espinosa

Nació en el barrio de Los Sitios el 25 de mayo de 1925. Aprendió la rumba en lo solares habaneros y la estilizó para llevarla al espectáculo. Fue pareja de Elena Burke, Omara Portuondo y Vilma Valle; bailó además con Anisia y Meche y se le catalogó como un excelente rumbero en su época. Hizo exitosas presentaciones en teatro, cabaret y televisión. Falleció en La Habana el 21 de noviembre de 2004.

Rolando Hermida, Fuico

Cantante y uno de los grandes exponentes del género. Desde joven se vinculó a la rumba e integró varios grupos. Hizo grabaciones con Papín y sus rumberos. Su número «Yo tenía una mujer» fue llevado al disco por esa agrupación en Guaguancó Vol. 2

Rolando Hernández

Tumbador de Santiago de las Vegas, La Habana, que se ha destacado con su grupo El gran piquete en los carnavales. Se ha dedicado a la enseñanza como director de una escuela primaria.

Román Díaz

Tamborero y cantante de rumba nacido en La Habana. Fue alumno de Pancho Quinto. Tocó en las comparsas de Los Marqueses de Atarés y Los Componedores de Bateas. Profesor de la ENA. Ha trabajado con los grupos Raíces Profundas, T con E y la orquesta Sublime. Estuvo con Yoruba Andabo y el grupo de Pancho Quinto. En 1997, formó con este maestro el quinteto Los Cinco Solos, que integraban también Ricardo Gómez Santa Cruz, Pedrito y Tonito Martínez. Con el mismo Pancho estuvo en el grupo Wemilere, que se convirtió en Ventú y más tarde en Chavalonga y el Ventú Rumbero. En 1999, marchó a Nueva York, donde ha seguido su carrera. Ha participado activamente en las rumbas del Parque Central de la urbe neoyorkina. Junto a Pedro Martínez, dirigió el CD *Rumbos de la rumba* con nuevos conceptos en lo que se ha llamado guarapachangueo.

El disco incluye las piezas «Salud Estomacal», «Conflicto», «Enciclopedia del tambor», entre otras. Él ha opinado: « (…) porque en la rumba cada cual adquiere su personalidad de acuerdo a sus sentimientos». Ha actuado en los domingos de rumba. Esquina habanera. Unión City. New Jersey, con dirección de David Oquendo. Con el grupo Omi Odara ha hecho demostraciones para el doctor Ivor Miller. Participó en el Festival de Cultura Yoruba en Bahía, Brasil, 2004 y en el Festival Internacional Ekpe, Calabar Nigeria, 2004. Colaboró en los discos *Espíritu de La Habana*, *El callejón de los rumberos*, *Aché IV* y *Aché V*, de Merceditas Valdés, *Montvale rumba*, *Wemilere*, *Ekobio Enyenison* del proyecto Enyenison Enkama, 2009. Para el álbum *Rumba de la Isla* escribió un tema junto a Pedrito Martínez.

Rolando Martínez
Cantante de rumbas, nacido en el capitalino barrio de la Víbora, 1972. Ha pertenecido a los grupos Los Ibeyi, Clave y Guaguancó y Ensila Mundo.

Rolando Rodríguez González
Habanero, nacido el 4 de febrero de 1968. Actualmente es percusionista y cantante de Agüiri-yo, antes ha estado con Obá Ilú, Clave y Guaguancó, Ébano y Obbá-iré. Participó en el disco de *Agüiri-yo*.

Rolando Rodríguez, Malanga
Nació en La Habana el 19 de diciembre de 1932. Cantante y percusionista, se crió en el barrio de San Juan de Dios. Tocó en distintas comparsas: Los Reyecitos, La Frutera, Los Guaracheros. Profesionalmente, empezó con la agrupación Alejandro y sus Muchachos, y actuó además con Estrellas de Chocolate, Chappottín, Roberto Faz, Melodías del 40, la Monumental y por treinta años fue tumbador de la orquesta de Jorrín. Por ser un gran conocedor de la rumba ha trabajado mucho tiempo como asesor de diferentes grupos. Hizo grabaciones para Arcaño y el conjunto Tropicabana, de Orlando Vallejo. Falleció a fines de los noventa.

Rosa Carmina Riveron, Rosa Carmina
Nació en Santa Clara, 19 de noviembre de 1929. Pertenece a la generación del llamado cine de rumberas, personificado casi siempre por heroínas trágicas, que bailaban en cabarets. Llegó al cine de la mano de su esposo Juan Orol, cuyas «películas ingenuas y primitivas tenían el discreto encanto de la sinceridad». Ella tuvo en la RHC Cadena Azul el espacio Rosa

Carmina, El alma de la canción, que compartió con el autor Candito Ruiz. Rosa Carmina sabía bailar la rumba de cajón, que Orol había aprendido en los solares habaneros. Se estableció en México, donde llegó a filmar más de cuarenta largometrajes, entre los que se encuentran *Una mujer de Oriente, Tania, la salvaje, El charro del arrabal, Cabaret Shangai, Quiéreme con música, Viajera...*

Rubén González, el Tao la onda

Cantante que se estableció en Nueva York. Participó en las rumbas del Central Park, donde unió su voz a varios de sus compatriotas que sentaron plaza en Estados Unidos y, entre ellos, a Manuel Martínez, El Llanero Solitario. Juntos aparecen en grabaciones y en varios videos. En una entrevista opinó: «El tambor es un misterio musical, un misterio básico».

Sabino San Martin, Sabino Canto

Legendario rumbero de Pueblo Nuevo, en el municipio de Artemisa, que se distinguió por los años cuarenta como bailador de columbia. Se cuenta que conoció a Chano Pozo, quien lo admiró al verlo bailar. Otros famosos rumberos del lugar por esa época fueron los conocidos por Cabo Coto, Félix Junco, El Sheriff y Bacardí. Según el musicólogo Helio Orovio, entre los primeros rumberos de esa localidad artemiseña estaban Timbalaye, Higinio Montes y Catalino Navalé. Se tocaba la rumba en bares como El Cambalache, Casa de Manuela, La quemá, Casa de Yoyo Lima, bodega de Hermógenes El gallego...

Sandalio Crespo, Macho

Tamborero que tuvo destaque en el grupo Agüiri-yo. Participó en el documental *La rumba no va a morir.*

Santiago Garzón, Chaguito

Nació en Guantánamo. Tamborero, cantante, bailarín y compositor. Tocó en su provincia con grupos de changüí. Trabajó en Clave y Guaguancó y fue director musical de Rumberos de Cuba. Discografía: *Déjala en la puntica, Noche de rumba, Cuando los espíritus bailan mambo.* También participó en la placa *Rumba para hombres inmensos.* Filmografía: DVD *Rumbanbeo. La columbia Yo ya maté,* mayoral se escucha en el disco *La rumba del siglo* de la agrupación Rumbatá.

Santos Tomás Miró

Director del grupo Arabba, de Unión de Reyes, Matanzas, perteneciente al Movimiento de Artistas Aficionados. Participaron en la filmación del docudrama *Tríptico para un rumbero*, filmado por Mundo Latino. Animan mensualmente el Parque de la Rumba, en esa localidad.

Salomé Fernández

Famoso tocador de quinto en Matanzas y bailador de rumba. A sus fiestas acudían rumberos de distintas provincias para verlo tocar. Varias generaciones bebieron de sus conocimientos en el complejo de la rumba.

Salvador González Escalona

Relevante pintor, muralista y escultor, nacido en Camagüey en 1948. Uno de los grandes promotores de la rumba en La Habana, donde ha creado espacios para el género en el Callejón de Hammel. También fomentó talleres de pintura para niños y jóvenes en una activa labor comunitaria. Ha tenido exposiciones en el extranjero. Obras suyas se encuentran en varios países como México, Puerto Rico, Estados Unidos. En Puerto Rico realizó pinturas murales con el tema rumbero. Obtuvo El Premio de Honor Cubadisco 2014. En el disco *Rumba de tinajón*, de la exitosa agrupación Rumbatá, que dirige Wilmer Ferrán, hay un número dedicado a Salvador, quien tanto ha contribuido a la difusión de la rumba.

Sara Gobell

Cantante y bailarina de Afrocuba. Su vida ha estado llena de música porque, según ella, es lo que oía a todas horas en su casa en Matanzas. Aprendió viendo y oyendo a sus mayores, que no eran profesionales, pero conocían profundamente el folclor: palo, rumba, los rezos a los orishas…

Silvina Fabars

Intérprete excepcional de las danzas folclóricas cubanas. Nació en 1944, en Santiago de Cuba. Se ha destacado en el ciclo congo, en la superproducción María Antonia y en el Cabildo de Regla. Inolvidable su actuación en *La última rumba,* del coreógrafo Gerardo Lastra. Ha realizado una importante labor pedagógica en varias provincias del país y, además, en Canadá, Inglaterra y Tokío, Japón. Ostenta la Medalla Alejo Carpentier, el Premio Lorna Bursal y el Premio Nacional de la Danza, 2014.

Sofía Ramos

Con el grupo femenino Iyá Aché comenzó su carrera de cantante, Sofía Ramos. Integró Rumberos de Cuba. Discografía: *¿Dónde andabas tú, Acerekó?* y *Habana de mi corazón*, con Rumberos de Cuba.

Sonia Alfonso

Desde pequeña se aficionó al folclor en Matanzas y, en especial, a la rumba; luego, estuvo con los grupos Madera y Los Matanceros y otros que contribuyeron a formarla como bailarina. Integrante de Afrocuba, opina que le gusta el repertorio de esta agrupación por considerarlo muy rico, dada las distintas líneas que aborda.

Sonia Calero

Nació en la capital cubana, 1936. Estudió ballet en el Conservatorio Municipal de La Habana. Debutó con el Ballet CMQ TV. De la mano del famoso coreógrafo Alberto Alonso desarrolló una extraordinaria carrera como bailarina. Participó en el estreno en la TV del ballet *La rebambaramba*, compuesto por Amadeo Roldán. Luego, se integró al elenco del Teatro Musical de La Habana. En 1966 intervino en Mi solar, con música de Tony Taño y libreto de Lisandro Otero. Posteriormente, ingresó en el Ballet Nacional de Cuba y alcanzó la categoría de primera bailarina. Ella logró popularidad con el solo *La rumba*, con el Conjunto Experimental de Danza, en 1965. Triunfó en Moscú con *El solar* y fue muy aplaudida con esta obra en el Teatro Olympia de París. Trabajó en 1966 en el filme *Un día en el solar*, primer largometraje cubano realizado en color y dirigido por Eduardo Manet. Su interpretación de *La rumba* ha prevalecido como modelo de referencia en cuanto a la capacidad de estilización de un baile de carácter popular en la escena.

Tani y Chano

Hay pocos datos sobre la vida de esta pareja artística que bailó la rumba. Según los informantes, se presentaron en banquetes, principalmente, de la Cuban Telephone Company así como en el exclusivo Rotary Club, en La Habana. Ella cautivó al público con su participación en los carnavales habaneros de 1925.

Tato Quiñones

Nació en La Habana, 1942. Periodista, narrador, guionista y realizador. Investigador de la rumba. Entre sus realizaciones audiovisuales están: *Quién baila aquí*. (*La rumba sin lentejuelas*); *Ashé Moyuba Orisha* (en torno a la santería cubana); *Nganga Kiyangala* (los congos en Cuba), y la serie de cinco capítulos *Lukumí* (de la presencia e influencia de la cultura yoruba en lo cubano). Tiene en preparación su libro Asere *Núncue Itiá Ecobio Enyene Abacuá* (algunos documentos y aportes para una historia de las Hermandades Abacuá en la ciudad de La Habana).

Tomás Ariza

Brilló como cantante y autor en la época en que florecieron las claves de rumba. Perteneció a El Paso Franco, de Carraguao, y para esta agrupación creó su número: «Hoy pregunta» El Paso Franco.

Tomás Pérez

Uno de los viejos rumberos de la etapa de Ignacio Piñeiro. Tuvo a su cargo la producción melódica y literaria del coro Los Roncos, de Pueblo Nuevo, que dirigía el propio Piñeiro.

Tomás Ramos, Panga

Reconocido percusionista que participó en distintas agrupaciones. Viajó a Estados Unidos y Puerto Rico con el Septeto de Ignacio Piñeiro. La agrupación fue nominada a un Grammy anglosajón en el 2003.

Trinidad Torregrosa

En una entrevista aparecida en la revista *Cuba*, realizada por Rogelio Martínez Furé, el notable batalero dio a conocer: «Me llamo José del Carmen de la Trinidad Torregrosa y Hernández, pero mi nombre en la santería es Omí Osaindé, que quiere decir: el agua que choca contra los arrecifes». Esta notable figura nació en la Habana en 1893. Adquirió sus conocimientos con grandes maestros de la época como Eduardo Salakó, Matías Mesa y Andrés, el Sublime. Con Emilio Estrada aprendió a construir los tambores batá, del cual se hizo un especialista. Fue informante del sabio Fernando Ortiz y participó en sus conferencias ilustradas. Trabajó en los *shows* de Tropicana e incluso con Bebo Valdés y su creativa banda en el ritmo Batanga. Por su sabiduría Argeliers León lo llamó «Biblioteca viviente» Figuró en la nómina del Conjunto Folklórico Nacional con el cual viajó por numerosos países, entre ellos, Estados Unidos, Jamaica, Haití, República Dominicana. Una vieja foto que aparece en el libro *La Africanía de la Música Folclórica en Cuba* presenta a integrantes de una orquesta batá. Según la reseña de Ortiz están presentes: «El olubatá akpuataki señor Raúl Díaz, a cargo del tambor Iyá, es llamado como tamborero litúrgico con el nombre sacerdotal africano de Omó ológun, o sea "hijo de la hechicería". El señor Trinidad Torregrosa toca el Okónkolo y se llama E Meta Lókan, lo que en lucumí quiere decir precisamente 'trinidad' o sea "«tres en uno»". Otro habilísimo tamborero que colaboró en dichas investigaciones fue el señor Giraldo Rodríguez, conocido en la grey lucumí por Obanilú *Rey del tambor*, tañendo el Itóstele». Trinidad Torregrosa Hernández y Jesús Pérez asesoraron al maestro Argeliers León en el espectáculo Cantos, bailes y leyendas cubanas, presentado en la Sala Covarrubias del Teatro Nacional. Torregrosa dirigió el grupo de tambores Isupo Irawo. Falleció en su ciudad natal el 20 de abril de 1977.

Tula Montenegro

Popularísima rumbera que por los años cincuenta y sesenta actuó en los cabarets de la Playa de Marianao y, en especial, en el Pennsylvania, uno de los mejores. Bailaba con gracia al ritmo de los tambores, pero lo que más cautivaba a los parroquianos que asistían al lugar era cómo podía mover con independencia cada una de sus nalgas o los senos de su cuerpo.

Ulises Mora

Bailarín, coreógrafo y director artístico. Se crió en la barriada de Lawton en una atmósfera rumbera: cerca de su casa cantaban figuras del género como Mingo el Meta y Arsenio el cabezón. Sus primeras clases de baile las dio en casa de Tata El Mosongo, en Atarés y en la Casa de Cultura del Cerro. También aprendió con Pancho Quinto, y de Eduardo Rivero, la técnica de la danza moderna.… Ulises estudió en la Escuela Nacional de Arte, ENA. Ha pertenecido a diferentes agrupaciones como el Conjunto Folklórico Nacional de Cuba, Teatro Irrumpe y Raíces Profundas. Para él fue fundamental su acercamiento a investigadores de la talla de Alberto Pedro y Leyda Oquendo. La obra de Ulises Orum cubano bajo el concepto de folclor contemporáneo fue premiada en el Primer Festival de Coreografía de la Asociación Hermanos Saíz. En la actualidad preside el Encuentro Internacional de la Rumba, Timbalaye, del que se han hecho varias ediciones. Su hermana la poeta María Elena Mora ha sido fiel colaboradora de este evento. Ulises está radicado en Italia, donde promueve otros proyectos sobre música cubana. La Universidad Latinoamericana de México así como otras instituciones culturales le otorgaron el título de Doctor Honoris Causa. A él se deben los importantes proyectos Timbalaye y el Festival Internacional La Ruta de la Rumba. Su intenso trabajo a favor del género contribuyó a que la Unesco lo declarara Patrimonio Cultural Inmaterial de la Humanidad.

Urbana Troche
Rumbera cubana que posiblemente trabajó con el Septeto de Ignacio Piñero cuando este se presentó en la Feria de Sevilla por 1929. Apenas hay datos de esta artista.

Victoriano Espinosa, el Titi
Nació el 2 de junio de 1953. Excelente quinto de Los Muñequitos de Matanzas. Falleció el 3 de enero de 1988.

Victor Herrera
Nació en La Habana. Fundador y director por muchos años de la comparsa Los Marqueses de Atarés, organizada principalmente por los abakuá de esa barriada. La comparsa representaba con lujosos trajes los bailes de la nobleza. La primera coreografía se debe a Ambrosio Díaz. *Rumbas y congas* animaban el conjunto danzario. Según se ha planteado es posible que el palatino, variante de la rumba, naciera de esta comparsa.

Víctor Quesada,Tatín
Se ha distinguido como tamborero, plaza que por los años ochenta ocupó en el conjunto Clave y Guaguancó.

Víctor Marín
Rumbero, que se distinguió como compositor. Autor de la famosa pieza «Quítate el zapato», que en su tiempo fue muy popular.

Virgilio Martí
Nació en La Habana. Compositor, cantante y percusionista, que se inició en las barriadas habaneras interpretando y creando rumbas, especialmente en la variante del guaguancó. Hacia 1940 se radicó en Nueva York, donde continuó cultivando el género con éxito. Acompañó a la bailarina Tongo-

lele en sus espectáculos. Se hizo muy popular su número «Más que nada», con Patato Valdés, Totico y el grupo Afrocuban Fantasy. Es autor de «Y sonaremos el tambor» y «Todos vuelven», entre otras piezas. Falleció el 17 de octubre de 1995.

Vivian Ramos

Nació en el barrio matancero de La Marina, 1971. Su talento para el baile dentro del complejo rumba se manifestó desde muy pequeña: no podemos olvidar de que es hija de Diosdado Ramos. Es bailarina de Los Muñequitos de Matanzas, agrupación en la que ha desarrollado una exitosa carrera en Cuba y el extranjero.

Vitia Jael Valdés

Cantante principal de Rumbalay. También bailarín y percusionista. Formó parte de Obbá Ilú. Nació el 9 de agosto de 1982 en Cienfuegos.

Walter Jerez

Nacido en Cienfuegos, 1973. Percusionista, graduado de la Escuela de Instructores de Arte. Ha pertenecido a las agrupaciones Cielito Lindo y Obá Ilú, de Cienfuegos. Actualmente, integra Rumbalay.

Wilfredo Fernando Vicente, Chonguito

Tamborero. Comenzó en la RHC Cadena Azul cuando solo tenía doce años; en esa emisora conoció a Chano Pozo. En 1949 salió de Cuba con Las Mulatas de Fuego. Vivió veinte años en los Estados Unidos, donde hizo grabaciones con músicos norteamericanos. Tocó con Charlie Parker. Fue uno de los que enseñó a tocar a famosos tumbadores como Gilberto Miguel Calderón conocido como Joe Cuba. A los ochenta y dos años trabajó en el espectáculo *En busca de Chano Pozo*, comedia musical de Jerome Savary, coproducción del Teatro América y la Ópera Cómica de París, y estrenada en Cuba y Europa.

Xavier Cugat

Músico catalán (1900-1990). Viajó a Cuba en 1904. Estudió violín con Arturo Bovi. Amenizó tandas en distintos cines habaneros como el Politeama Chico y La Caricatura. Fue violinista de la compañía de Enrico Caruso. En 1923 marchó a Nueva York y por treinta y cuatro años se estableció en el Wardolf Astoria, donde tocó los géneros de la música afrocubana y contribuyó a popularizar la rumba y la conga, dentro de una fórmula puramente comercial. Con él trabajaron músicos cubanos como Miguelito Valdés, Desi Arnaz, Frank Grillo, Machito y Nilo Menéndez, entre otros. Se le dio el rimbombante título de El Rey de la Rumba.

Xiomara Rodríguez

Bailarina, graduada en la Escuela Nacional de Arte. Desde 1980 se radicó en Nueva York, donde ha actuado con los más conocidos grupos folclóricos y entre ellos Los Afortunados, Nueva Generación de Puntilla y el grupo de Mikel Sotolongo. Como profesora ha impartido clases en el Puerto de las Artes. Ella es una reconocida bailarina de las danzas sagradas africanas y del complejo de la rumba.

Yamil Castillo

Percusionista. Hizo grabaciones con el grupo afrocubano Afrekete. Concierto en Martinica, 2007.

Yamil Maquira

Bailarín. Nació el 13 de abril de 1994. Empezó la rumba a los ocho años en el proyecto infantil de Natividad Calderón. Actualmente, pertenece a Echú Alabbony.

Yasmany Alfonso

Joven cantante, nacido en La Habana, 1992. Pertenece a la agrupación Echú Alabbony. Antes trabajó como bailarín en Habana-sol.

Yimba

Con ese apodo se conoce a una rumbera muy aplaudida por los años sesenta, principalmente, en los cabarets de la Playa de Marianao, donde se dice alternó con los percusionistas Chori y Teherán en los *shows* de ese lugar que animó la vida nocturna de la ciudad. Se registra la actuación de la pareja de Alberto y Yimba en el programa de los *Cantos y bailes folclóricos*, ofrecidos durante la actividad dedicada a la Misión Cultural Soviética en La Habana.

Yoannis Tamayo

Maestro de la rumba. Fue bailarín en la Casa de la Música en Santiago de Cuba. Imparte talleres en Europa. Su estilo de baile, él lo califica como afrofusión y es una mezcla de afro, son, salsa y rumba.

Yoelkis Torres

Investigador matancero y promotor de la rumba. Ha hecho estudios sobre Africanía, Transculturación y Sociedad Cubana Actual, en el Colegio San Gerónimo y Casa de África, en La Habana. Realizado conferencias y publicado artículos sobre cultura africana y afroamericana. Proyecto Sociocultural Comunitario AfroAtenas y Ateneo de la Rumba, en Matanzas. Investigación: *Los Cabildos en Cuba Iyessá-Moddu*. Premio Memoria Viva 2013.

Yolanda González

Destacada rumbera que llevó su baile a otras tierras, principalmente con la orquesta de Julio Brito. Actuó en el cortometraje musical *Maracas y bongó*, de 1932, junto al cantante Fernando Collazo. Dirigido por Max Tosquella, es el primer cortometraje sonoro de ficción realizado en Cuba. También bailó en el documental *Tam Tam o El origen de la rumba*, de Ernesto Caparrós. Rodado en 1938, aparece el conjunto de bailes del Edén Concert, y aborda el desarrollo de ese género desde la esclavitud hasta el momento de su producción cinematográfica.

Yurién García

Ha formado parte de varios conjuntos de rumba en Matanzas y, entre ellos, Los Muñequitos. Con Afrocuba ha viajado por varios países le gusta bailar para Yemayá y Oshún, y mostrarle al mundo los diferentes tipos de rumba.

Zenaida Armenteros

Destacada cantante, bailarina y actriz. Nació el 10 de enero de 1931 en La Habana. Fundadora y primera bailarina del Conjunto Folklórico Nacional, donde ha participado en las obras fundamentales de esa compañía, entre ellas, *Alafín de Oyó*. Otras memorables interpretaciones han sido en *Palenque*, de Rogelio Martínez Furé; *Obedí el cazador*, del dramaturgo Eugenio Hernández y *Tríptico Oriental*, de Ramiro Guerra. Se ha especializado en rumba, yoruba, arará y cantos de comparsas. Discografía: *Toques y Cantos de Santos*. Volúmenes I y II con el Grupo Folklórico de Cuba;

Conjunto Folklórico Nacional *Música Yoruba*. Filmografía: Conjunto Folklórico Nacional en Brooklyn 1980, *Yambaó, Mulata* y *La Ayabga de Cuba*. Premio Nacional de la Danza, 2005. También le fue entregada la distinción Mariana de Gonitch que, por primera vez, otorgó la Academia de Canto Mariana de Gonitch.

Al compás de la rumba

El vive bien
Guaguancó: Alberto Zayas

Ay, en esta, en esta
preciosa Habana, León,
donde yo la conocí
la enamoré una mañana
y ella me dijo sí
yo le dije a ella sí
nosotros nos casaremos
muy felices viviremos
en nuestro cuarto bendito
de un solo pan comeremos
y con lo que tú trabajes
yo podré comprarme un traje
y los domingo saldremos.
y cuando te pongas bella
y vengas de la cocina,
y me traigas la cantina
y la sopa en botella,
te diré que eres mi estrella
y me traigas la cantina
y la sopa en botella,
te diré que eres mi estrella
y que yo mucho te quiero,
tú vendrás con el dinero
de la primera mesada,
tu conmigo estás casada, mi amor,
lo tuyo me pertenece
ven aquí todos los meses
sin tocar del guano nada
y al fin de la gran jornada,
dirás que yo soy muy bueno,
muy felices viviremos,
pero yo sin hacer nada.
Coro: Sosa, so kere...

Los cubanos son rareza
Guaguancó: Tío Tom

Los cubanos son rareza
con un tambor en la mano
hacen la tierra temblar,
y dicen los mexicanos
cuando siente los tambores
a Cuba voy a gozar...
Estribillo:
Si te quieres divertir
escucha esta rumba buena (se repite)

Homenaje a Chano Pozo (Rumberos del ayer)

Guaguancó: Benny Moré

Qué sentimiento me da
cada vez que yo recuerdo
de los rumberos famosos.
Qué sentimiento me da
Oh, Chano, murió Chano Pozo
la muerte de Andrea Baró
Malanga también murió
murió Lilón y Pablito
murió Mulense y René
Oh, Chano, murió Chano Pozo.

Solista: Sí, a la rumba yo no voy más
Coro: Sin Chano

Mal de yerba
Guaguancó: Tío Tom

El cartero llama dos veces.
Mal de Yerba. El suplicio de una madre.
Tener o no tener. El gran bar.
La luz que agoniza, ya lo ves...
Murieron con las botas puestas.
En todos estos parrafitos
que componen mi rumbón
hay más de un peliculón
que yo llevo en la memoria
para gravarlo en la historia
del libro de mis amores...

Castillo Mangüé
Yambú

Yo quiero saber, mi mama,
cuando me muera yo
arriba de quién, maye santa,
me, llorarán.
Yo no quiero que me lloren,
yo no quiero que a mí me canten,
mamá, un lindo yambú,
como aquel que ayer decía,
pregonando
por las calles de La Habana:
Oh, mangüé
-Castillo mangüé,
mangüé,
Castillo mangüe.

El frutero

Gregorio Hernández, El Goyo.

Por las calles de La Habana
había un vendedor
que pregonaba así
vendiendo frutas extranjeras
y también de mi país;
y yo recuerdo que en su pregón, él decía así:
Oye, llegó el frutero
oye, llegó el frutero
Bien coloradas las manzanas,
piñas blancas, verdes y moradas;
ciruelas de California
baratas las peras de agua.
Para comer melocotones
De China son las naranjas...
Capetillo:
También traigo canistel.

Yambú matacero

Yambú, yambú, yambú,
caballero
Este es mi yambú
Imaliano.
Yambú, yambú, yambú,
Venid a oír mi yambú
Imaliano
Yamabú, yambú, yambú
caballero
Este es mi yambú
Imaliano.

Leguleya no
Guaguancó: Julián Mesa

Solista:
Leguleya no
yo no quiero discusión
quiero cumplir mi promesa
porque yo soy IYABÓ
no me puedo incomodar,
no me puedo lloviznar,
no me pueden dar las doce
del día ni de la noche
porque yo soy Iyabó,
y si llego a delinquir
lo malo lo sufro yo.
O KAMABO
mi el padrino me dio la letra
O KAMABO
mi padrino me dio la letra
Coro:
O KAMABO
mi padrino me dio la letra
O KAMABO...

El tonelero
Guaguancó: Florencio Calle

Tonelero,
tonelero,
tonelero,
tonelero,
señora, yo soy el tonelero
señora, yo soy el tonelero
señora, yo soy el tonelero
sobre las tres de la tarde
por la puerta de mi casa
se oye un bonito pregonar

muy cadencioso y bullanguero, pues se trata de
un señor,
pues se trata de un señor, que dice que es tonelero
y que compone bateas
que las compone que no se salen
y que las cobra a cuatro reales,
y que las cobra a cuatro reales.
Tonelero,
tonelero,
tonelero,
tonelero,
Coro:
Compongo batea que no se sale
yo compongo batea, pregúntele a mi vecina.
Llegó el tonelero;
yo compongo batea que no se sale
yo soy el componedor,
pregúntele a mi vecina.
Llegó el tonelero...

A Malanga (Columbia)

Solista: Siento una vó que me dice
Areniyeo
Siento una vó que me llama
Malanga murió
Siento una vó que me dice
Malanga murió
Siento una vó que me dice
Malanga murió
Unión de Reye llora
a su timbero mayó.
Unión de Reye llora
a su timbero mayó
Que vino regando flore

desde la'Bana a Morón
Unión de Reye llora
Poqque Malanga murió
Poqque Malanga murió
Poqque Malanga murió
Coro: Unión de Reye llora
poqque Malanga murió...

A Nieves Fresneda
Gregorio Hernández, El Goyo.

Hoy está crecido el mar
no es que la marea suba por un hecho natural
es que llora Yemayá,
llora por Nieves Fresneda
que ya no la bailará más.
Akolona o yale (bis)
einle, einle yaloddo
yale omi yalé
achaba omio.
Nieves cuando te recuerdo
lejos de sentir dolor
siento un deseo profundo
de cantar un guaguancó.
de tocar el bongó
para hablarle de ti a ekué
de sentarme en un taburete
y con mi tres en las manos
inspirar un son cubano
como tú me lo enseñaste.
Nieves no puedo llorarte
porque tú eres mi tambor
te veo en el Ionofó
de la música arará
en los tambores batá
que yo hago hablar con mis manos
en el tumbador, el quinto,

en la marimba y el guayo,
en la mula del cachimbo,
en la caja de los congos,
en el salidor, la conga,
el redoblante y el bombo.
Nieves tú eres bongó
eres bulá, eres premier
eres secón y catá;
tuvo de ti celo Añá
por ser reina del tambor
no te lloro,ni te olvido
porque tú eres mi folclor.
Akolona o yale
einle, einle yalodde
yale omi yalé
achaba omio

Coro: Ibaé balle tonú

Si cocinas como caminas
Guaguancó: Tío Tom

Si cocinas como caminas
tú verás
si cocinas como caminas
soy campeón
que si cocinas como caminas
tú verás
que si cocinas como caminas
soy campeón
así le dije un día
por allá abajo
que venía del trabajo
me gustó su caminar
oye, si cocinas como caminas
tu verás

que si cocinas como caminas
quiero ver
ay, quiero ver,
quiero ver…
Ay, mira nena
bongó, bongó que me llama
ya tu lo vé
ya tú lo ve
mi querer.

La batidora
Rumba-son: Ignacio Piñeiro

Lalala lalalaa lalalaa.
Vamo' a cantar que la rumba
que la rumba está llamando,
oye el tambor qué rico está repicando
vamo' a gozar el guaguancó.

Si a usted le gusta el meneo,
la guasanga y la sandunga
baile como una mañunga
que el que la tumba la paga.

Coro:
Aé la meneadera.
Meneadera, meneadera

Coro:
Cinturita tiesa pa'fuera.
Coro:
Meneadera, meneadera
Coro:
Retozando a mi manera.
Coro:
Mujeres a burujón

me llevan a un vacilón
al son de la meneadera.
Coro:
Goza mi mulata entera.
Coro:
Cantándole a mi manera
en tremendo predecir,
a todo el mundo yo vi
bailando con la lengua afuera.
Coro:
Meneadera, meneadera.
Coro:
Eh, la chinita está buena
Coro:
Goza mi negrona entera.

Tonada guaguancó para Celina González
Guaguancó: Mario Facundo Rodríguez Maño

Coro:
A la wa la wa
A la wa la wa

Oigan, público presente
esto que le canto yo
una tonada campesina
en tiempo de guaguancó.
Esta tonada la dedico
a una artista sin igual
conocida en nuestra Cuba
y en la arena internacional:
cuando se escucha su canto
a todo el mundo le fascina;
ella es como hierba verde,
que sirve de medicina.
El guateque se pone alegre

cuando al cantar ella sale;
yo me refiero señores
a la gran Celina González.

Dice mi coro:
A la wa la wa

Canta obras relevantes
eso lo aseguro yo
como el punto cubano
también !Qué viva Changó!
Yemayá y Changó a Celina
siempre darán protección
para que el mundo disfrute
su interpretación.
Los campos de Cuba dicen
que al cantar, ella es muy tierna
y en la música campesina
tiene corona de reina.

Coro:
Ay, con su canto se disfruta
tiene sabor de tabaco, ron y caña de azúcar.

Coro:
Tonada guaguancó para Celina,
ella es la reina de la música campesina.

Güiro:
Tonada guaguancó rumbero para Celina,
ella es la reina de la música campesina.
quién tenga duda, timbero
que venga aquí y me lo diga.
Coro:
Tonada guaguancó para Celina,
ella es la reina de la música campesina.
Para así decirte Celina
cuánto te quiero.

Una rumba en la bodega
Guaguancó: Santos Ramírez

Óyela, rumbero, óyela
Óyela, la rumba, óyela.

Una rumba en la bodega
Alberto Zayas formó,
revolucionó La Habana
con el ritmo guaguancó.

Óyela, rumbero, óyela
Óyela, la rumba, óyela.

Una rumba en la bodega
Alberto Zayas formó,
pero vino el vigilante
y la victrola paró.
El solista es un muchacho,
que le llaman El Vive Bien,
el tumbador e' Gerardo
y el quinto no sé quién es.

Óyela, rumbero, óyela
Óyela, la rumba, óyela.

Vigilante:
Bueno, caballeros, se acabó la rumba.

Rumbera:
Vigilante, por su madre,
no pare esta rumba;
la rumba no le tema,
pues la rumba no hace daño
y la bailaban aquí en Cuba
desde los tiempos de antaño.
Óyela, rumbero, óyela
Óyela, la rumba, óyela.

Timbalaye
Guaguancó

Yo soy de la Timbalaye
¡Qué guaguancó!
Yo soy de la Timbalaye
¡Qué guaguancó!
Al compás de los tambores,
Oigan mi voz,
Ritmo africano
Sabor africano
Y angolano también.
Coro:
Timbalaye, yo soy latino-africano,
Timbalaye
Yeye yeyé mawo, su manía de oro.
Yeye yeyé mawo, su manía de oro.

A San Miguel del Padrón
Guaguancó: Carlos Embale

En San Miguel del Padrón,
me invitaron a una rumba,
en casa de Nona y Roberto
una rumba pa' gozar:
de pronto, llegó Miguel
cantando muy delicioso:
Dáme harina con quimbombó,
este plato es muy sabroso
lo digo de corazón
porque lo quiero comer,
dáme harina con quimbombó
que me la voy a comer.
Coro:
Lalú unyéum
Alaroye lalú unyéum...

Xiomara

Guaguancó: Evaristo Aparicio. El Pícaro

Ya se oye por la esquina
un rumbón muy especial
que baña la calle bella
con su luz primaveral.

Ya está cayendo la noche
y el misterio nocturnal
lo mismo que mi alma
se refugia en tu mirar.
Tengo el alma muy contenta
porque anoche te besé
y al son de tu mirada
mi cariño te entregué
Pero porqué
tú tendrás que ver
que en este nuevo amor
la historia se repetirá
por eso yo me he puesto a analizar
de que todo en la vida es un cuento.

Xiomara, ¿Por qué?
Xiomara ¿Por qué?
Tú eres así

Óyelo bien, Xiomara, habla
dime si estás arrepentida
de haberme querido tanto
como yo te quise a ti.
Jamás podrás comprender
cuánto te quise
Jamás podrás olvidar
cuanto te adoro
ya todo terminó
ahora tú me ves
Sin amigo y sin amor

Que yo también como todos un día
tuve dinero, amigos y amor
Si el amor se ha olvidado de mí
y mis amigos me brindan traición
Mi amigo y mi amor
se han ido los dos.
Coro:
Qué lástima con Xiomara a mi me da

Los caminos
Guaguancó: Pablo Milanés

Los caminos,
los caminos no se hicieron solos;
cuando el hombre,
cuando el hombre dejó de arrastrarse.
Los caminos,
los caminos fueron a encontrarse;
cuando el hombre,
cuando el hombre ya no anduvo solo,
Los caminos,
los caminos que encontramos hechos;
son deshechos,
son deshechos de viejos vecinos.
No crucemos,
no crucemos por esos caminos;
porque solo,
porque solo son caminos muertos.

Hay caminos que conducen a una sola dirección
ese camino lo escojo como única solución.
Rompiendo montes, ciudades;
cambiando el curso a los ríos;
bajando hasta mi montaña,
subiendo el mar a los ríos;

haciendo un camino largo,
largo hasta ver el mañana;
toda esta tierra temprana
que se quiere levantar
mañana va a despertar
sin ver sus días amargos.

Los caminos,
los caminos que encontramos hechos;
son deshechos,
son deshechos de viejos vecinos.
No crucemos,
No crucemos por esos caminos;
Porque solo,
Porque solo son caminos muertos.

Blen, Blen, Blen

Guaguancó: Chano Pozo

Blen, blen, blen, blen
Blen, blen, blen, blen
Blen, blen, blen, blen
Blém, blém, blém, blém
O mi o blen, blen, blen
Okete mi o mo ba le
O mi o blen, blen, blen
(bis)
Gbogbo yaré, yaré
Gbogbo yaré, yaré
Iyá mí, gbo nkuare, iyá mi
Iyá mi, gbo nkuare, iyá mi
O mi o blen, blen, blen
Okete mi o mo ba le
O mi o blen, blen, blen
Coro:
Yaré, yaré, gbo mbo wini, yaré, yaré
O mi blen, blen, blen

O kete me o mo ba le
O mi o blen, blen, blen
Coro:
Yaré, yaré, gbo mbo win, yaré, yaré

Bibliografía

ACOSTA, Leonardo: *Del tambor al sintetizador*. Ed. Letras Cubanas, La Habana, 1983.
___ *Elige tú, que canto yo*. Editorial Letras Cubanas, La Habana, 1993.
___ *Descarga cubana: el jazz en Cuba 1900-1950*. Ediciones Unión, La Habana, 2000.
___ *Descarga número dos: el jazz en Cuba 1950-2000*. Ediciones Unión, La Habana, 2002.

AGRAMONTE, Arturo y Luciano Castillo: *Cronología del cine cubano (1937-1944)*. Ediciones Icaic, La Habana.
___ *Cronología del cine cubano (1945-1952)*, t. III. Ediciones Icaic, La Habana, 2013.

BARNET, Miguel. *Autógrafos cubanos*. La Habana. Artex, 1999

CALDERÓN González, Jorge. *María Teresa Vera*. Editorial Letras Cubanas, La Habana, 1986.
___ *Nosotros, la música y el cine*. Universidad Veracruzana. Veracruz, 1997.

CARPENTIER, Alejo. *La música en Cuba*. Fondo de Cultura Económica, México, 1946.
___ *Ese músico que llevo dentro*. Editorial Letras Cubanas, t. II. La Habana, 1980.
___ *Temas de la lira y el bongo*. Editorial Letras Cubanas. La Habana, 1980.

CASANELLAS Cué, Liliana. *En defensa del texto*. Editorial Oriente, Santiago de Cuba, 2000.

CASTRO Lobo, Manuel R. *La música latinoamericana y sus fuentes*. Ed. Alma Mater. San José Costa Rica, 1985.

CEDEÑO Pineda, Reinaldo y Michel Damián Suárez. *Son de la loma. Los dioses de la música cantan en Santiago de Cuba.*

MERCIE Ediciones. *Andante* Editorial Musical de Cuba, La Habana, 2001.

CONTRERAS, Félix. *Yo conocí a Benny Moré.* Ediciones Unión, 2002.

DOUGLAS, María Eulalia. *Catálogo del cine cubano 1897-1960.* Cinemateca de Cuba. Ediciones ICAIC. La Habana, 2008.

EZQUENAZI, Martha. *Del areíto y otros sones.* Editorial Letras Cubanas. Centro de Investigación y Desarrollo de la Cultura Cubana Juan Marinello. La Habana, 2001.

FAJARDO Estrada, Ramón. *Rita Montaner. Testimonio de una época.* Casa de las Américas, La Habana, 1997.

GONZÁLEZ, Reynaldo: *El más humano de los autores*, Ediciones Unión, La Habana, 2009.

HERNÁNDEZ Erena, *La música en persona.* Editorial Letras Cubanas, La Habana, 1986.

LEAL, Rine. *La selva oscura. De los bufos a la neocolonia (Historia del teatro cubano de 1868 a 1902).* Editorial Arte y Literatura. La Habana, 1982.

LEÓN, Argeliers. *Del canto y el tiempo.* Editorial Pueblo y Educación. La Habana, 1974.

LINARES, María Teresa. *Introducción a Cuba: la música.* Instituto del Libro. La Habana, 1969.

LÓPEZ, Oscar Luis. *La radio en Cuba.* Editorial Letras Cubanas, La Habana, 1981.

MARQUETTI Torres, Rosa: *Chano Pozo. La vida* (1915-1948). Editorial Oriente. 2018. Santiago de Cuba.

MARTÍNEZ, Mayra A. Cubanos en la música. Editorial Letras Cubanas, La Habana, 1993.
___ MARTÍNEZ, Mayra A. CUBA EN VOZ Y CANTO DE MUJER. La música en voces femeninas. Editorial Oriente, 2018.

MARTÍNEZ Furé, Rogelio. Diálogos imaginarios. La Habana. Editorial Letras Cubanas, 1997.

MARTÍNEZ, Raúl. *Benny Moré*. Editorial Letras Cubanas. La Habana, 1993.

MARTÍNEZ Malo, Aldo: *Rita La Única*, Editorial Abril, La Habana, 1988.

MARTRÉ, Gonzalo: «Rumberos de ayer». *Músicos cubanos en México (1930-1950)* Instituto Veracruzano, Veracruz, 1997.

NEYRA, Lino. *Cómo suena un tambor abakuá.* La Habana. Editorial Pueblo y Educación, 1991.

ORTIZ, Fernando. *Africanía de la música folklórica de Cuba.* Universidad Central de Las Villas. Cuba, 1965.
___ *Los bailes y el teatro de los negros en el folklore de Cuba.* Editorial Letras Cubanas. La Habana, 1993.

PADURA, Leonardo. *El viaje más largo.* Ediciones Unión, La Habana, 1994.

REYES Fortún, José. «El arte de Benny Moré». *Ofrenda criolla II.* Ediciones Museo de la Música, 2009.

ROBREÑO, Eduardo. Teatro Alhambra. Editorial Letras Cubanas. La Habana.1979
___ *Como lo pienso lo digo.* Ediciones Unión. La Habana, 1985.

RAMOS, Joseán: *Vengo a decirle adiós a los muchachos.* Sociedad de autores libres. Puerto Rico, 1989.

STEARNS, Marshall W. *La historia del jazz.* Editorial Nacional de Cuba. La Habana, 1966.

TORRES Zayas, Ramón. *Relación barrio-juego abakuá en la ciudad de La Habana.* Fundación Fernando Ortiz. Ed. La fuente viva. La Habana, 2010.

Diccionarios

GIRO, Radamés. *Diccionario Enciclopédico de la Música en Cuba. Tomos 1, 2, 3 y 4.* Editorial Letras Cubanas, La Habana 2007.

OROVIO, Helio. *Diccionario de la música cubana. Biográfico y técnico.* Editorial Letras Cubanas, 1981.

Scholes, Percy A. Diccionario Oxford de la Música. Pueblo y Educación. La Habana, 1973.

VALDÉS, Alicia. *Diccionario de mujeres notables en la música cubana.* Ediciones Unión. La Habana, 2005

Publicaciones periódicas

ACOSTA, Leonardo: «El Tambor de Cuba: Chano, rumbero y jazzista». *Salsa Cubana*, año 4, no 11, La Habana,2000.

ALÉN Rodríguez, Olavo. «Arsenio Rodríguez y la música cubana». *Revista Clave.* Año 9.Número 3/ 2007

BARNET, Miguel. «Una conmoción del espíritu». Revista *Timbalaye.* No.2 Marzo de 2012. Ediciones Unión.

_____ «La rumba nació con destino de eternidad». Palabras de Miguel Barnet en la inauguración de *Timbalaye*. No 2. Marzo de 2012. Ediciones Unión.

CARCASSÉS Bobby. «Un blues para Chano». *Música Cubana* (La Habana) (3) Pág. 42- 45, 1997.

BLANCO, Jesús. «La fiesta cubana Rumba». Revista *Salsa Cubana*. Año 4. No 11, 2000.

FERNÁNDEZ Era, Jorge. «Soñar la rumba». Entrevista a Ulises Mora, presidente de Timbalaye. Revista *Timbalaye*, 2011.

FERNÁNDEZ, Raúl. «Mongo Santamaría. Sonando en cubano». *La Gaceta de Cuba*, La Habana. Mayo-junio, 2005.

LLEP, Onar E. «Ha muerto el Tambor de Cuba». *Bohemia*, La Habana, diciembre ,1948.

MARTÍNEZ Rodríguez, Raúl: Ignacio Piñeiro creador de sones. rumbas y claves ñáñigas, *La Jiribilla*, año IV No. 216, Julio, 2015.

MESTAS, María del Carmen. «Como me lo contó Evaristo». Revista *Romances*. La Habana.
_____ «De una estrella fugaz y eterna». *Mujeres*. (4) La Habana. 30-31, 2006.
_____ «Chavalonga, rumbero de ley». Págs. 40-41. Revista *Salsa Cubana*. Año 4.No.13, 2000.
_____ «Chachá, un rumbero que hizo historia». Revista *Timbalaye*, 2011.
_____ «La conga más famosa». Revista *Bohemia*, 1993.
_____ «La pequeña aché». Revista *Mujeres*. No.4, 2004.
_____ «Pancho Quinto». Revista *Salsa Cubana*. Año 4. No 11, 2000.
_____ «Recuerdos de Carlos Embale». Revista *Cauce*. No 4. Pinar del Río. 2008.
_____ «Para hablar de Clave y Guaguancó». Revista *Salsa Cubana*. Año 6. No.18, 2002.
_____ «Tío Tom, la leyenda». Revista *Cauce*. No 3, Pinar del Río. 2008.

JOTTAR, Berta. «La rumba en el Central Park de Nueva York y el regreso a las raíces africanas (1960-1970)». Revista *Timbalaye*. No 2. Marzo 2012.

ORTIZ, Fernando. «Sin el negro Cuba o seria Cuba». *Catauro*. No 2, 2001.

PADURA, Leonardo. «Conversación en la Catedral con Mario Bauzá». *La Gaceta de Cuba*. Nov-dic, 1993.

REYES Fortún, José. «50 Años de la rumba en la discografía cubana». Revista *Salsa Cubana*. Año 4.No 11, 2000.

Páginas Web

Albero S. Ismael. La rumba baile olvidado de la escena. *Cubarte*. 24 octubre, 2009.

De la Hoz, Pedro. Caminos actuales de las rumba. *Cubarte*. 9 de septiembre, 2013.

Martínez, Berta. La rumba en Artemisa, Su cuna. Pueblo Nuevo, barrio marginal. Crónica de una época ¡*Vamos a guarachar*! 31 de enero, 2009.

Guerrero, Ángel. Ibiono. Abacuá en la *AfroCubaWeb*. 3/2008

Martínez, Raúl. La rumba. *La Jiribilla*. Del 21 al 27 de mayo, 2005.

Torres, Ramón. La era del negro. *La Jiribilla*, 2002.

http://cancionerorumbero.blogspot.com/

www.dcubajazz.cult.cu

www.herencialatina.com

www.jazzdisco.org

Audiovisuales

CHÁVEZ Rebeca: *Buscando a Chano Pozo*. Icaic, Cuba, 1987.

_____ *Con todo mi amor, Rita*. Icaic-IbermediaB, Cuba-México, 2000.

LÓPEZ Pego, Rigoberto.Yo soy del son a la salsa. Cuba-Estados Unidos, 1996.

RODRÍGUEZ Pelegrín, Ileana. Chano Pozo. La leyenda negra. Producciones Colibrí, CUBA, 2006.

RUIZ, Elio. Quién baila aquí. La rumba sin lentejuelas. Empresa cubana productora de videos. 1990.

VALDÉS, Oscar Luis. La rumba. Icaic, 1978.

VALDÉS, Oscar Luis: Rita. Icaic, 1980.

María del Carmen Mestas

Periodista, poeta y narradora. Licenciada en Ciencias Políticas, Universidad de La Habana. Se ha desempeñado como periodista en las publicaciones *Combate, Romances, Radio Habana Cuba, Muchacha* y *Mujeres.* Tiene publicados los libros: *Cantos y rondas* (1993); *Pasión de rumbero* (1998); *Trampas, retratos y un 17 rojo,* en coatoría con Antonio López Sánchez y Marcel Luiero, 2006; y *De amores, fantasmas y otras historias* (cuentos)2010. Su obra para niños aparece en selecciones y antologías. Ha obtenido premios y menciones en concursos de literatura infantil y juvenil. En 2013 recibió el Premio Extraordinario Iberoamericano Chamán. Es miembro de la UPEC y la Uneac.

OTROS TÍTULOS

ROSA MARQUETTI TORRES

CHANO POZO
LA VIDA (1915 - 1948)

Es un libro mayor que va a sentar una pauta, un modelo a seguir, porque es un libro de etno-historia, un estudio de caso que se inserta dentro de la etno-historia musicológica.

MIGUEL BARNET

El más completo trabajo publicado sobre Chano Pozo hasta la fecha.

CRISTÓBAL DÍAZ AYALA

Libro singular si los hay, donde la autora da muestras de conocimiento, paciencia y pasión que la llevaron a hurgar en las más disímiles fuentes documentales: biografías, autobiografías, prensa, entrevistas a músicos o amigos que le conocieron y su discografía –hasta hora no explorada–, le han permitido situar las actuaciones de Chano en Cuba, Estados Unidos y Europa, hecho este último que no había sido estudiado hasta ahora.

RADAMÉS GIRO

Este es un libro de esos que cuando uno llega al final y cierra la tapa, tiene que reflexionar un instante para esbozar una sonrisa de satisfacción, esa sonrisa que brota cuando uno se dice: acabo de leer una obra excelente.

TONY PINELLI

Esta obra debía ser lectura obligada para todos aquellos que de alguna forma se inclinen hacia ese género musical que hoy llamamos Jazz Latino o *Latin Jazz*.

PAQUITO D'RIVERA

Siempre tuve temor a que perdiéramos la memoria histórica de nuestra cultura musical, tan importante para todos y que las nuevas generaciones desconocieran a las figuras que hicieron posible el desarrollo de nuestro presente musical, de ahí la importancia de obras como esta.

Chucho Valdés

KABIOSILES
Los músicos de Cuba

Aquí están reunidos sesenta y seis retratos de nuestros dioses terrenales: los músicos de Cuba. Esos que andan en nuestra memoria, en nuestra piel y en la niebla de nuestra identidad. Son los rostros que conforman nuestro ADN sonoro. Estos «Kabiosiles», son saludos desde lo más profundo del corazón.

Vicentico, Benny Moré, Rita, La Lupe, Bola de Nieve, Celia Cruz, Machín, Arsenio Rodríguez, son algunos nombres en ese mapa de lo que somos. Porque, como escribió el poeta Ramón Fernández-Larrea, el autor de este libro: «Bajo la noche catalana, en las calles de melancolía de París, en viejos pueblos volcánicos de Canarias tengo una luz. De esa luz baja una lluvia como un son espléndido como la vida, con guiños de mujer y olores que me mecen, y el alma se divierte y se expande, y es la única razón que nos une y nos abraza a todos por igual. A tristes y serenos, a poetas y amargados, a viudos y combancheros, a cercanos y lejanos. Los que siempre nos encontraremos en el único mar de nuestros sueños reales».

Ramón Fernández-Larrea

ÑICO SAQUITO

EL REY DE LA GUARACHA

Oscar Montoto Mayor

Ñico Saquito: El rey de la guaracha   Oscar Montoto Mayor

EL REY DE LA GUARACHA

A mucho más de medio siglo de ser compuestas, aún se escuchan en bares, cantinas y la radio de toda Cuba y fuera del país, muchas de sus creaciones como «Cuidadito Compay Gallo» o «María Cristina»; sin embargo, poco se sabe de la vida de este hombre cuyo verdadero nombre es revelado por el autor de esta obra, Oscar Montoto Mayor, apasionado baracoense, quien a partir de los testimonios de Antonio Fernández Arbelo, hijo de Ñico Saquito y auxiliado por el extenso archivo sobre su notable padre, junto a la pasión de sus nietos Alejandro y Toni, y las confesiones del propio compositor realizadas en entrevistas que están diseminadas por la radio y periódicos de la época, reconstruye en esta monografía paso a paso la vida y obra de este rey de la guaracha cubana. Con un lenguaje muy acorde a su estilo como escritor e investigador, el autor nos ofrece una crónica rica en anécdotas y valoraciones de este notable músico y compositor, en una etapa siempre valiosa y fundamental para la difusión de la música cubana. Ñico Saquito, una de las figuras célebres del pentagrama cubano tristemente olvidado, que ahora intentamos revivir al cumplir de un simpático doble sentido; centenares de guarachas y otros géneros musicales dieron para su dinero. El doble sentido y su criollo sabor que lamentablemente ha caído en la chabacanería y el mal gusto a pesar de la herencia que nos legaron otras figuras como Faustino Oramas, el Guayabero, y nuestro biografiado, el mago que sacaba de un sombrero-saco, guarachas y pregones sin las cuales hoy no se podría escribir sobre estas creaciones originales y ricas en temas y melodías. Así fue es Ñico Saquito.

UNOS & OTROS
EDICIONES

BOLA DE NIEVE

Si me pudieras querer

RAMÓN FAJARDO ESTRADA

BOLA DE NIEVE   Ramón Fajardo Estrada

Esta biografía eminentemente documentada de Bola de Nieve se levanta como un panorama donde entran sus familiares, sus creencias, sus gustos, sus amistades y preferencias, al tiempo que dedica a perfeccionar las interpretaciones que le dieran fama internacional y lo convirtieron en auténtico embajador de la cultura cubana. Para quienes lo conocimos y disfrutamos de su arte resulta un estimulador de la nostalgia. Para quienes, por su juventud, a través de la lectura se acercan a un artista de la talla de Bola de Nieve, resultará una sorpresa conocer circunstancias y anécdotas irrepetibles, personalidades, ciudades, escenarios, una vida colmada de interés y una trayectoria ejemplar.

Reynaldo González

«Hay otro personaje clave en mi formación sentimental. Para descubrirme a mí mismo, para advertir lo que me ha producido felicidad y dolor, no he acudido al psiquiatra, sino a Bola de Nieve. En mi opinión es otro de los genios que habéis engendrado aquí [...].»

Pedro Almodóvar

[...] la labor escénica de Bola de Nieve: una forma de expresión, de sensibilidad, de calidad espiritual. Cuando uno lo trae al recuerdo, está habituado a relacionarlo con Rita Montaner y Benny Moré y —desde el punto de vista profesional— me cuesta trabajo compararlos, no en el sentido de su estatura individual, de lo que cada uno significa en la música cubana, sino porque Bola resulta ser una cosa distinta con respecto a los otros dos; es un fenómeno, algo realmente inexplicable, ya que hablar de un cantante cuya voz parece algo absurdo, surrealista. Quizás él sea un clásico ejemplo de la intensidad del arte cubano, de disciplina, de estudio, de amor y entrega total a lo que se realiza.

Harold Gramatges

UNOS & OTROS
EDICIONES

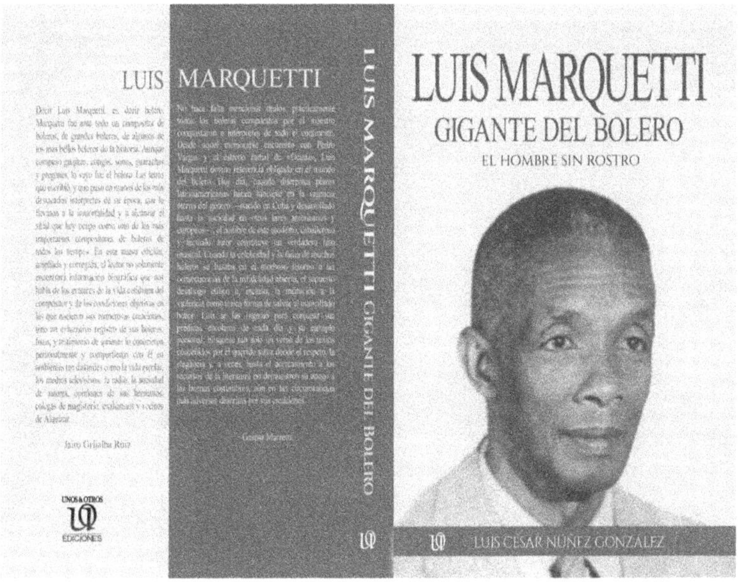
LUIS MARQUETTI
Jairo Grijalba Ruiz
UNOS & OTROS
EDICIONES
LUIS MARQUETTI GIGANTE DEL BOLERO
LUIS MARQUETTI
GIGANTE DEL BOLERO
EL HOMBRE SIN ROSTRO
LUIS CÉSAR NÚÑEZ GONZÁLEZ

ARSENIO RODRÍGUEZ
EL CIEGO MARAVILLOSO
JAIRO GRIJALBA RUIZ
EL PROFETA DE LA MÚSICA AFROCUBANA
ARSENIO RODRÍGUEZ
EL CORSARIO NEGRO
DE LA CHAMBELONA
JAIRO GRIJALBA RUIZ

Robert Téllez Moreno

WILLIE ROSARIO

EL REY DEL RITMO

Biografía autorizada

En esta obra documental está todo Willie Rosario, el ser humano y el orquestador, el hombre y el músico, el jazzista y el salsero, el romántico y el rumbero, el boricua y el afro-latino-americano. Y está, sobre todo, su testimonio, su voz, para que esta y las siguientes generaciones entiendan que es lo que hay detrás de tantas creaciones musicales. Robert ha extraído de Rosario la esencia de su sonido y nos cuenta en estas páginas los secretos de su afinque.

JOSÉ ARTEAGA

Willie Rosario es un gran maestro. Para nosotros los percusionistas siempre ha sido una figura de mucho aprendizaje por su control sobre el ritmo, aspecto en el que es un pionero.

EDWIN CLEMENTE

Willie Rosario siempre se ha preocupado por tener excelentes músicos y contar con los mejores arreglistas para su música. Su experiencia y sabiduría ha ido dejando una huella imborrable. Es el timbalero de más cadencia y sentido rítmico que existe. Una leyenda viva de la salsa. Willie es el maestro del swing.

EDWIN MORALES, MELENZE

El trabajo de Willie Rosario es una colección de aciertos y logros en el competitivo mundo de la industria salsera. Por el arquitecto de un estilo y sonido diferente en generaciones posteriores de músicos. La combinación de líneas armónicas y rítmicas de piano, bajo y sonidón barítono, creó ese estilo «gordo» y profundo que cautiva paz y salsa. Con visión musical y empresarial, consistencia, disciplina, elegancia y orgullo profesional, Rosario ha mantenido por años una imagen asociada de liderazgo que le ha ganado la admiración y aplausos de los bailadores de salsa en todo el mundo.

ELMER GONZÁLEZ CRUZ

El músico Willie Rosario es una de esas figuras del protagonista de la salsa que han cargado sobre sus hombros la lucha por la permanencia del género, lidiando contra las adversidades que, en muchas ocasiones, impone el mercado artístico.

HIRAM GUADALUPE PÉREZ

Su orquesta ha sido una escuela para muchos cantantes y músicos. El concepto que desarrolló, donde el saxo barítono vino a ser protagonista, es un concepto definitivamente ganador. Tenemos que estar muy agradecidos por la aportación que Willie Rosario ha hecho a la música latina, no solo en la salsa, también en el bolero.

NÉSTOR GALÁN, EL BUHO DE LA...

Robert Téllez Moreno

WILLIE ROSARIO

UNOS&OTROS
EDICIONES

RAY BARRETTO
FUERZA GIGANTE

ROBERT TÉLLEZ MORENO

Escrito con la perspectiva de un periodista que dedicó cinco años de rigurosa investigación acerca de la vida y obra del notable músico Ray Barretto, conocido internacionalmente como Manos Duras, considerado un icono de la percusión; su autor recrea la trayectoria musical del percusionista newyorican, su comienzo a partir del jazz y trayectoria en la Salsa, que le valió más de diez nominaciones al premio Grammy.

Con admirable fluidez y amenidad, Robert Téllez va intercalando abundantes y sustanciosos fragmentos de entrevistas realizadas en distintas épocas con músicos y cantantes que trabajaron con Ray, así mismo con el testimonio de su viuda nos entrega a otra dimensión humana y la Fuerza de un Gigante con la que superó las adversidades que enfrentó en diferentes momentos de su carrera.

Robert Téllez Moreno. Bogotá, Colombia, 1973. Graduado en Locución y Producción de Medios Audiovisuales. Se ha desempeñado como programador de distintas estaciones radiales musicales de su país. Fundador y director general de la revista Sonfonía, investigador musical incansable, que lo ha llevado a visitar varios países como: Estados Unidos, Cuba, Puerto Rico, Perú, Panamá y Venezuela. Ha colaborado en la producción del documental Diego Galé, Alma Latina. Como investigador de la música afroantillana, ha participado en numerosos eventos internacionales como fue el Primer Festival Cartagena-La Habana Son en el año 2008, donde se desempeñó como jefe de prensa. Desde el 2012 forma parte del equipo musical de la Radio Nacional de Colombia, donde permanece hasta la actualidad. Allí dirige y conduce el programa Conversando La Salsa y hace parte del equipo de panelistas del programa Son de la Música.

UNOS&OTROS
EDICIONES

ROBERT TÉLLEZ MORENO

RAY BARRETTO, FUERZA GIGANTE

FRANKIE RUIZ

Han pasado veinte años de la muy temprana desaparición física de Frankie Ruiz, un hombre que con un genuino estilo, carisma, voz cálida y dulce, nos dejó un gran legado musical. La figura de Frankie surgió en un momento trascendental para la industria, justamente en uno de los períodos de mayor dificultad para la promoción de la música salsa. Su influencia marcó una pauta que aún perdura en muchas generaciones de artistas.

Solo contaba 40 años al morir, pero su vida y obra merecen ser contadas. Sin duda, Frankie fue el primer cantante líder del movimiento de salsa romántica y el inspirador para otras figuras que luego alcanzaron el éxito. Su particular estilo cargado de *swing* y su personalidad arrolladora, lo convirtieron en ese ícono que representa una salsa con letras que enamoran, acopladas espléndidamente mediante arreglos musicales cadenciosos y muy bailables, una fórmula ganadora que hoy sigue dando resultados.

Los autores de este libro, Robert Téllez (colombiano) y Félix Fojo, (cubano) rememoran de una manera agradable, novelada, la vida y trayectoria musical de este ídolo del pueblo que fue Frankie Ruiz.

Es también un homenaje al Puerto Rico querido de Frankie, la bella Isla del Encanto, a sus paisajes, música y su gente. Al Papá de la salsa, su carrera, su público, *fans* en muchas partes del mundo, a los músicos, a los compositores, arreglistas y productores, a los manejadores, a su familia, en fin, a todos aquellos que hicieron posible que un talento tan natural como el de Frankie Ruiz, pudiera alcanzar el lugar en la historia de la música que merecía.

Es para Frankie, como: Volver a nacer.

UNOS&OTROS EDICIONES

VOLVER A NACER

FRANKIE RUIZ
VOLVER A NACER

ROBERT TÉLLEZ
FÉLIX FOJO

UNOS&OTROS EDICIONES

THE BEATLES

Los Beatles, el grupo más admirado de la década del 60 y uno de los mejores de todos los tiempos, iniciaron una revolución cultural que trascendió más allá de la música. Es por eso por lo que ni las generaciones actuales quedan indiferentes a sus letras, ritmos e historia. *El largo y tortuoso camino de los Beatles* es un recorrido por la trayectoria de los *Cuatro Fantásticos*, desde sus inicios hasta la disolución del grupo. Sus seguidores, así como cualquiera que quiera descubrir la magia de los chicos de Liverpool, podrán disfrutar en este libro de entrevistas, reseñas de álbumes y canciones, y estadísticas de sus posiciones en la revista *Billboard*. Asimismo, su autor, Joao Pablo Fariñas González, nos invita a seguir la huella de estos músicos tras su separación, recorriendo sus carreras y vidas en solitario, para completar la historia y leyenda de este famoso grupo. Al concluir, el lector solo corre un riesgo: convertirse en un fanático de los Beatles —si es novel—, o disfrutar con pasión de la continuación de la *Beatlemanía*.

UNOS&OTROS EDICIONES

EL LARGO Y TORTUOSO CAMINO DE LOS

BEATLES

Joao P. Fariñas

EL LARGO Y TORTUOSO CAMINO DE LOS
BEATLES

JOAO PABLO FARIÑAS GONZÁLEZ

UNOS&OTROS EDICIONES

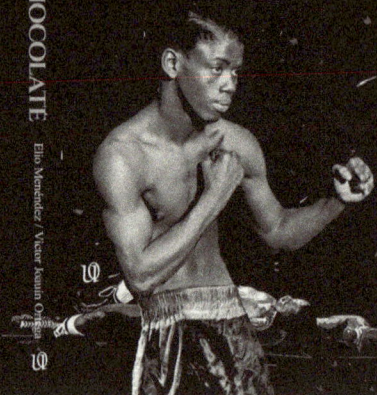

Kid Chocolate — El boxeo soy yo (back cover)

Dos grandes pasiones unen a Estados Unidos y Cuba: el amor al béisbol y al boxeo. Kid Chocolate apareció en las marquesinas del Madison Square Garden, el llamado templo del boxeo profesional, con veinte años. Y en su piel de ébano se reflejaron las luces de ese monumental estadio cuando un día conquistó para Cuba el primer cinturón de oro. En ese momento la leyenda del negrito del Cerro, limpiabotas, comenzó a escribirse en la populosa ciudad de Nueva York, meca del deporte de los puños del orbe. Como en un viejo filme la lectura de este libro nos trasladada a la época dorada del boxeo.
Este hombre llegó a ser declarado «El hombre más elegante del mundo» Y bajaba del *ring*, después de quince *rounds*, sin ser despeinado.

GUSTAVO VEGA IZQUIERDO

El cuerpo a cuerpo con los autores del libro, está al comenzar. La voz del Chócolo los llevará a la época del esplendor del doble titular del orbe; los sentará junto a Pincho, Canzoneri y Jack Berg; les contará del amor, de la amistad, de las alegrías y tristeza. Y... ¡A pelear! Ha sonado la campana.

ÚLTIMA ENTREVISTA A KID CHOCOLATE

Elio Menéndez / Víctor Joaquín Ortega

KID CHOCOLATE

EL BOXEO SOY YO

UO EDICIONES

Flores para una leyenda, Yarini el rey de San Isidro (cover)

Ochenta años después de la muerte del proxeneta Alberto Yarini, ocurrida por motivos pasionales en 1910, en el barrio de San Isidro, un joven historiador visita la tumba del legendario chulo para cumplir una promesa contraída con un amigo. Un misterioso búcaro que siempre tendrá flores frescas sobre el sepulcro del proxeneta, le estimula a emprender una investigación en la que afloran vivencias de la vida del protagonista Luis Fernández Figueroa y su relación personaje.

Miguel Angel Sabater Reyes (La Habana, 1960), Licenciado en Filología en la Facultad de Artes y Letras de la Universidad de La Habana. Ha publicado *Cuentos Orichas* (Extranuros), de la Editorial Unos&Otros los títulos, *Crónicas Humorísticas cubanas* (2014), *Los últimos días de Jaime Partagás (2013); La Virgen de Regla y Yemayá* (2014).

Su novela es en verdad apasionante, y se estructura de forma singular.
El Nuevo Herald | Olga Connor

Escrita por un historiador e investigador sagaz, la novela nos deja una admiración contenida que alimenta la llama de un mito que el tiempo no podrá apagar, a pesar de inútiles y continuas explicaciones.
Eusebio Leal Spengler, Historiador de La Habana.

UNOS&OTROS EDICIONES

FLORES PARA UNA LEYENDA

MIGUEL SABATER REYES

FLORES PARA UNA
LEYENDA, YARINI
EL REY DE SAN ISIDRO

MIGUEL SABATER REYES

HISTORIA DE LA SANTERÍA CUBANA

Historia de la santería cubana, no es un libro más de los muchos que, desde la década de los 90, se han publicado en Cuba y el resto del mundo sobre el tema. Se trata de un estudio que aborda las formas tradicionales de la santería con las variantes asumidas en la sociedad cubana desde su introducción en la isla hasta nuestros días. Aplicando el análisis que vincula aspectos de diferentes disciplinas como la antropología y la sociología, el autor reflexiona en temas como la instauración del imperio yoruba, el proceso ritual de iniciación personal, el código ético e identitario de la Regla de Ocha, definición de Oricha, orígenes del sistema oracular del Ifá, entre otros, para ofrecernos en estos trece ensayos, una variedad de puntos de vista sobre un fenómeno tan consustancial a la idiosincrasia cubana como son las tradiciones afro-religiosas.

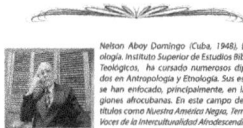

Nelson Aboy Domingo (Cuba, 1948), Lic. Teología, Instituto Superior de Estudios Bíblicos y Teológicos, ha cursado numerosos diplomados en Antropología y Etnología. Sus estudios se han enfocado, principalmente, en las religiones afrocubanas. En este campo destacan títulos como *Nuestra América Negra, Territorio y Voces de la Interculturalidad Afrodescendientes.*

Es miembro de la Unión de Historiadores de Cuba y colaborador de disímiles instituciones culturales, Presidente del Consejo Científico de La Casa Museo de África adjunto a la Oficina del Historiador de la Ciudad de la Habana, Miembro Permanente de The Nacional African Religión Congress Philadelphia, California, EE.UU.

UNOS & OTROS
EDICIONES

HISTORIA
DE LA
SANTERÍA
CUBANA

NELSON ABOY DOMINGO

UNOS & OTROS
EDICIONES

NELSON ABOY DOMINGO

HISTORIA DE LA SANTERÍA CUBANA

JAURÍAS DE LA URBE

Otra vez hombres y perros discuten el protagonismo en historias que perturban por insólitas, sin embargo que son tan reales como la vida misma. «El animal ha devenido leyenda urbana entre policías, hombres, forenses y paramédicos.

Cuentan que es común encontrarlo en los sitios donde han ocurrido tragedias, sin importar cuan distantes estén unos de otros. Algunos dicen que nunca existió, que solo es una más de las muchas habladurías de la gente, como todo en la ciudad... ».

Así comienza el primer relato de *Jaurías de la urbe*, historias, en las que el mejor amigo del hombre pone a prueba la capacidad humana para responder ante situaciones límites. ¿Puede el ser humano ser fiel a sí mismo? O podrán más el egoísmo, el desamor, la violencia y la soledad.

Eric Flores es un heredero de Horacio Quiroga, supo digerir bien cuentos como *Anaconda* y trasladar su esencia a un hoy en el asfalto de cualquier ciudad contemporánea. Es tradicional desde lo moderno, es irreverente desde el respeto, es un narrador convencido de que ... «Los perros hablan y él va a aprender. A escuchar, a que no son las cuatro patas lo que hacen a un perro. También que una vida de perros, como la suya, no puede esperar nada más que una muerte de perros, como la que ellos le reservan. Va a aprender que al final son uno, que son iguales, aunque él traiga un móvil en lugar de una correa».

UNOS & OTROS
EDICIONES

JAURÍAS
DE LA URBE

RELATOS SOBRE PERROS Y HOMBRES QUE
RESCATAN EL ESPÍRITU DE JACK LONDON

ERIC FLORES TAYLOR

9 781950 424115

POLICE LINE DO NOT CROSS

www.unosotrosediciones.com

infoeditorialunosotros@gmail.com

UNOS & OTROS

EDICIONES

UnosOtrosEdiciones

Siguenos en Facebook, Twitter e Instagram:

www.unosotrosediciones.com

www.ingramcontent.com/pod-product-compliance
Lightning Source LLC
Chambersburg PA
CBHW022112080426
42734CB00006B/104